THE WOUND OF KNOWLEDGE

상처 입은 앎

그리스도교 신앙의 역사 다시 보기

THE WOUND OF KNOWLEDGE

상처 입은 앎

그리스도교 신앙의 역사 다시 보기

로완 윌리엄스 지음

민경찬·손승우 옮김

비아
VIA

차례

일러두기

· 초기 그리스도교 문헌의 한글 제목은 한국교부학연구회,『교부 문헌 용례집』(수원가
  톨릭대학교출판부, 2017)을 따랐습니다.

· 교부들의 인명의 경우에는『교부학 인명,지명 용례집』(분도출판사, 2008)을 따랐습니다.

· 성서 표기는『공동번역개정판』(1999)을 따르되 인용은 주로 대한성서공회판『새번역』
  (2001)을, 원문과 지나치게 차이가 날 경우에는 역자들이 영어 본문을 한국어로 옮겼
  음을 밝힙니다.

· 1차 문헌은 「 」표시를, 2차 문헌은 『 』표시를, 현대에 1차 문헌들을 모아 놓은 선
  집의 경우 『 』표시를 사용했습니다.

· * 표시는 독자의 이해를 돕기 위해 옮긴이가 단 주석입니다.

이 책의 초판이 나온 지도 10년이 넘었습니다. 그 사이 그리스도교 영성, 그리스도교 영성의 역사에 대한 관심과 연구는 폭발적으로 증가했습니다. 탁월한 안내서들이 나왔으며, 구할 수 있는 영성 고전 번역서와 판본도 많아졌습니다. 2판을 내놓으며 저는 참고도서 목록에 이를 반영했습니다. 또한, 역사와 관련해 몇 가지 바뀐 제 생각을 반영하고 초판의 여러 부분에 대한 다양한 비판을 고려해 내용을 수정했습니다. 내용 전체에 걸쳐 많은 부분을 다듬었는데, 이로써 초판이 지녔던 문제점들이 제거되었기를 바랍니다. 그리스도교 영성 연구 분야와 관련해 생각하고 연구를 이어갈 수 있도록 끊임없이 자양분을 제공해 준 수많은 친구와 동료, 지난 10년간 이 책에 관해 다양한 비평과 질문을 던진 모든 분께 감사드립니다. 이들의 격려 덕분에 책이 여전히 몇몇 이들에게 도움을 줄 수 있다고 생각하게 되었습니다.

1990년 주현절
로완 윌리엄스

초판 서문

이 책은 4년간 진행한 그리스도교 영성사 강의의 산물입니다. 강의는 처음에는 머필드에 있는 부활 신학교College of the Resurrection에서, 그다음에는 케임브리지에 있는 웨스트콧 하우스Westcott House에서 진행했습니다. 강의를 듣고 강의 내용을 비평하고 함께 논의해 준 모든 학생에게 커다란 빚을 졌습니다. 그들의 공감과 반응이 없었다면, 저는 결코이 책을 쓰지 못했을 것입니다. 머필드에서 이 주제를 가지고 강의를할 수 있도록 초대해주고, 생활하고 일할 수 있는 좋은 환경을 제공해준 부활 공동체Community of the Resurrection에도 감사드립니다. 변함없는 우정을 나누고 여러 면에서 자극을 준 케임브리지의 동료들에게도 감사를 전합니다. 웨스트콧 하우스의 학장인 마크 산터Mark Santer, 케임브리

지 대학교 노리스-헐스 신학 교수인 니콜라스 래쉬Nicholas Lash*는 자신
들이 아는 것 이상으로 이 책이 나오는 데 커다란 도움을 주었습니다.

다운사이드 수도원에 있는 베네딕투스회 수도사들에게도 감사드
립니다. 그곳 수련 수도사들을 대상으로 한 강연에서 저는 이 책에
서 다룬 일부 주제에 관해 이야기했습니다. 특히 일티드 트레토완Illtyd
Trethowan은 여러 해에 걸쳐 신학, 철학, 영성에 관해 이야기를 나누어
주었습니다. 그와 함께 보낸 모든 시간이 저에게는 커다란 기쁨이었
습니다.

학창 시절부터 우정을 나누고 기도로 늘 함께해 준, 페어에이커스
에 있는 하느님 사랑 수녀회의 수녀님들을 기억합니다. 특히 베네딕타
와드Benedicta Ward** 수녀님, 그리고 (저뿐만 아니라 많은 사람이 그렇겠지만)
메리 클레어Mary Clare 수녀원장님께 감사드립니다. 두 분은 제게 참된
영성과 영적 성숙이 무엇인지, 그리고 이것들이 얼마나 커다란 용기와
정직함을 필요로 하는지를 몸소 보여 주셨습니다.

---

* 니콜라스 래쉬(1934-2020)는 영국의 로마 가톨릭 사제이자 신학자다. 아일랜드 출신으
로 세인트 메리 칼리지에서 훈련을 받고 사제 서품을 받은 뒤 1975년까지 사목활동을
했다. 사목활동을 마친 후에는 학자로서 강의에 전념했으며, 1978년부터 1999년까지
도널드 맥키넌에 이어 케임브리지 노리스-헐스 교수를 역임했다. 퍼거스 커Fergus Kerr,
코넬리우스 에른스트Cornelius Ernst와 함께 비트겐슈타인의 철학을 통해 아퀴나스 신학
을 회복하는 데 공헌한 학자로 평가받는다. 주요 저서로 『세계 가운데 드러나는 주님
의 현존』His Presence in the World, 『희망의 문제』A Matter of Hope, 『엠마오 도상의 신학』Theology
on the Way to Emmaus 등이 있다.

** 베네딕타 와드(1933-2022)는 영국 성공회 수녀이자 신학자, 역사가다. 맨체스터 대학
교에서 역사를 공부하고, 1955년 하느님 사랑 수녀회 수녀가 된 뒤 옥스퍼드 대학교
세인트 앤스 칼리지에서 중세 신학 사상에 관한 연구로 박사학위를 받았다. 이후 옥
스퍼드 대학교 울프슨 칼리지, 해리스 맨체스터 칼리지 등에서 그리스도교 역사와
그리스도교 영성을 가르치고 다양한 저술 활동을 했으며 특히 그리스도교 고전들에
대한 번역가로 명성을 날렸다. 대표적인 번역서로는 사막 교부들의 금언집이 알려져
있으며 한국에도 『사막 교부들의 금언』(분도출판사)로 소개된 바 있다.

옥스퍼드 대학교 우스터 칼리지에서 그리스 신비주의 신학을 가르치고 있는 앤드루 라우스Andrew Louth* 신부님의 강의록은 저에게 커다란 도움이 되었습니다. 교부학에 대한 신부님의 방대한 지식과 섬세한 접근은 저 같은 어리숙한 학자에게 커다란 영감이자 자극이 되었습니다. 그리스도교 영성사의 다양한 면모에 대한 자신의 생각을 나누어 준 존 세이워드John Saward를 기억합니다. 그와 이야기하며 저는 영성사에 대한 새로운 내용은 물론, 익숙한 주제의 새로운 측면에 대해서도 알게 되었습니다.

쿠어 수도원의 조지프 워릴로우Joseph Warrilow 신부님, 그리고 케임브리지 대학교의 노리스-헐스 명예교수인 도널드 맥키넌Donald MacKinnon** 교수님은 지난 9년 혹은 10년 동안 제 생각과 기도의 방향을 다잡는 데 누구보다 커다란 영향을 미쳤습니다. 제가 이분들에게 얼마나 커다

---

* 앤드루 라우스(1944-)는 영국의 정교회 사제이자 신학자다. 케임브리지와 에든버러 대학교에서 수학과 신학을 배웠으며, 칼 바르트에 대한 논문을 썼다. 성공회 사제로 서품을 받았다가 1989년 정교회로 개종하였으며, 2003년 정교회 사제 서품을 받았다. 옥스퍼드 대학교와 런던 대학교 골드 스미스 칼리지에서 비잔티움 시대와 중세 초기 역사를 가르쳤으며, 1996년부터 현재까지 더럼 대학교 신학부에서 명예교수로 활동하고 있다. 초대 그리스도교 신학에서부터 현대까지 다양한 정교회 신학을 소개하고 있다. 주요 저서로 『신비를 분별하다』Discerning the Mystery, 『고백자 막시무스』Maximus the Confessor, 『비잔티움 교회의 지혜』Wisdom of the Byzantine Church, 『동방 정교회 신학 입문』 Introducing Eastern Orthodox Theology 등이 있다. 한국에는 『서양 신비사상의 기원』(분도출판사)이 소개된 바 있다.

** 도널드 맥키넌(1913-1994)은 스코틀랜드 출신 철학자이자 성공회 신학자다. 옥스퍼드 대학교 뉴 칼리지에서 신학을 공부하고, 1947년부터 1959년까지 애버딘 대학교에서 도덕 철학을 가르쳤으며, 1960년부터 1978년 은퇴할 때까지 케임브리지 대학교의 노리스-헐스 교수를 지냈다. 로완 윌리엄스, 새라 코클리Sarah Coakley, 데이비드 F. 포드 David F. Ford와 같은 신학자들뿐만 아니라 아이리스 머독Iris Murdoch, 필리파 루스 풋 Philippa Ruth Foot과 같은 철학자들에게도 깊은 영향을 미쳤다. 주요 저서로는 『그리스도교 신앙을 반대하는 이들에 대한 '도덕적 반대'』'Moral Objections' in Objections to Christian Belief, 『형이상학의 문제』The Problem of Metaphysics, 『신학의 주제들』Themes in Theology 등이 있다.

란 빚을 졌는지는 말로 표현할 수 없습니다. 여기에는 이분들에 대한 제 사랑과 존경, 감사의 표시만을 남겨 둡니다. 이외에도 이 책이 나오기까지 너무나 많은 분이 저에게 많은 도움을 주셨습니다. 이 책이 지닌 결점들, 그분들이 아닌 제가 만들어낸 수많은 결점을 그분들이 (평소에 그러하듯) 너그럽게 봐 주시기를 바랄 뿐입니다.

마지막으로, 초고 타이핑을 자원하셔서 전문가 못지않은 결과물을 만들어 주신 어머님께 진심으로 감사드립니다. 우정과 공감의 태도로 책을 만들어내 원고의 수많은 문제를 덜어낸 다턴 롱맨 앤드 토드 Darton,Longman&Todd 출판사 편집진에게도 깊은 감사를 표합니다. '상처 입은 앎'이라는 제목은 R. S. 토머스R.S.Thomas의 시 '로저 베이컨'Roger Bacon 에서 따왔음을 밝힙니다.* 그는 오래전 제가 하고 싶은 말을 이미 대부분 이야기했습니다.

1979년 성 베드로 축일에

로완 윌리엄스

---

* R.S.Thomas, 'Roger Bacon', *Frequencies* (London: Macmillan, 1978), 40.

01

하느님의 수난

그리스도교 신앙은 심오한 모순의 경험에서 비롯되었다. 이 경험은 당대 종교 범주들에 대해 커다란 물음을 제기했다. 수 세기 동안 그리스도인들의 과제는 바로 이 경험을 종교 언어로 새롭게 구성하는 것이었다. 어떤 면에서, 이는 세대가 바뀔 때마다 그리스도인들이 다시금 짊어져야 할 과제다. '영성'spiritulaity의 일관된 의미는 바로 이 과제를 수행하는 가운데 밝혀야 한다. 그리스도인 한 사람 한 사람은 고전적인 그리스도교 문서들과 고유한 만남의 과정, 그 문서들에서 분명하게 발견되는 신앙의 핵심에 대한 물음과 응답의 과정을 거친다. '영성'의 일관된 의미는 그러한 흐름 가운데 드러난다.

분명히 말해 두지만, 이는 오늘날 다양한 모습으로 유행하는 상대주의를 옹호하거나, (신앙에는 믿음과 의심이 혼합되어 있다는) '절반의 믿음'half-belief을 미화하려는 것이 아니다. 저 만남에서 일어나는 질문은 우리가 원천을 향해 던지는 질문이 아니라 원천이 우리에게 던지는 질문이다. 그리스도교 신앙은 종교성religiosity에 바탕을 둔 가정들에 끊임없이 도전한다. 이러한 측면에서 그리스도교 신앙의 바탕은 매우 낯설고 다루기 어렵다. 그리스도인들은 바로 이 바탕을 받았으며, 그렇기에 세대를 걸쳐 그리스도인들이 마주하게 되는 질문은 근본적으로 하나이며 동일하다. 그리스도교 성인들이 위대한 점은 신앙의 중심에게 질문받고, 심판받고, 벌거벗겨지고, 말문이 막힐 준비가 되어 있었다는 데 있다. 역사 질서, 인류의 과거에 대한 그리스도교의 태도는 언제나 문제였으며 앞으로도 그럴 것이다. 그리스도교는 삶과 현실의 모든 의미는 과거 팔레스타인에서 일어난 일련의 사건을 기준으로 판단해야 한다고 확언했으며, 이로써 (대다수 그리스도인은 미처 의식하지 못했겠지만) '무시간적인 진리'timeless truth로 가는 길을 차단했다. 그리스도교 사상에서는 인간에게 궁극적으로 중요한 경험을 초월 세계로의 도피, 역사와 육체로부터의 탈출로 보기가 점점 더 어려워졌다. 심지어 그리스도교 작가들이 그러한 그림을 떠올리게 하는 언어를 사용할 때조차 반대 방향으로 끌어당기는 힘이 있어서, 역사의 중요성을, 따라서 인간의 변화와 성장을 긍정할 것을 요구했다.

어떤 한 사람의 이야기, 그의 성장과 갈등과 죽음의 이야기가 '의미'의 핵심이라면, 기이하며 양가적인 모든 인간의 이야기를 하느님의 구원 활동이라는 측면에서 해석할 수 있게 된다. 여기서 '순수한' 실재(영혼, 지성의 세계) 및 이와 '타협'이 이루어지는 활동, 혹은 영역(개인의 몸,

영혼, 가족, 국가)의 구분은 사라지며 영적 삶spiritual life은 훨씬 더 복잡하고 광범위하며 다루기 힘든 문제가 된다. 그러므로 '영성'spirituality은 특별한 사적 경험을 해석하는 학문을 넘어서는 활동이다. 영성은 인간 경험의 모든 영역, 즉 공적인 영역과 사회적 영역, 고통스럽고 부정적인 것뿐만 아니라 인간 정신, 인간관계, 윤리적인 세계와 그 병든 차원 역시 다루어야 한다. 이러한 맥락에서 그리스도교에서 제시하는 삶의 목적은 '깨달음'이 아니라 '온전함'이다. 즉 복잡하고 뒤죽박죽인 자신의 경험들을 하느님께서 창조 활동을 펼치시는 무대로 받아들이는 것이다.

이 책에서는 그리스도교 성인들이 그리스도인으로 부름받은 과정에서 본 것, 영감받은 것을 어떻게 표현하려 했는지, 또 온전함을 향하여 나아가라는 부름에 어떻게 응답했는지를 다루려 한다. 그들이 남긴 저술들과 그들의 삶을 보면, 자신들이 지닌 자료의 속성을 마주해 얼마나 갈등하고 곤혹스러워할 수밖에 없었는지를 알 수 있다. 그리고 이를 감내하고 견딜 수 있도록 한 것은 오직 하나, 바로 하느님의 은총이었다. 사람들이 그들을 어떻게 보든 간에, 그들은 하느님이 은총으로 자신과 화해하셨으며, 자신을 받아들이셨으며 (아무리 위태롭다 할지라도) 자신을 붙들고 계심을 '경험'했다. 그들의 모든 사유는 바로 여기서 출발한다. 그리고 이 은총의 경험은 '함께하는 삶'과 언어라는 객관적인 형태, 특정 본문을 읽고 특정 행동을 하기 위해 모인 공적이고 역사적인 공동체를 통해 전달되었다.

교회란 하느님이 던진 질문을 세대에 걸쳐 전달하는 공동체, 이 질문을 품고 있는 공동체라고 정의할 수 있다. 뒤집어 말하면, 이 질문을 품고 있는 공동체는 (그 형태가 어떠하든) 모두 교회다. 이 다양하기 그지 없는 공동체, 시간과 공간을 넘어 널리 퍼진 이 공동체야말로 각 사람 이 저 질문을 품게 해 주는 첫 번째 자원이다. 어떠한 그리스도인도 역 사 가운데서 이루어지는 하느님의 활동을 온전히 파악하고 표현하는 데 실패할 수밖에 없다. 하지만 그 실패조차 우리가 삶을 살아가는 동 안 의심을 갖게 될 때 우리를 든든히 세워 주고, 심지어는 용기를 북돋 아 주는 증언이 될 수 있다.

공동의 여정을 걷고 있다는 감각, 말을 나눈다는 감각은 우리가 '개 인'individual이라는 관념에서 벗어나는 데 도움을 준다. 누군가의 삶에 담 긴 의미는 단순히 그의 사적이고 특정한 경험들이 아니라 그 경험들을 통합하고 구조와 정체성을 부여하는 실재에서 나오기 때문이다. 그리 고 이 실재는 실재에 관한 제한된 표현들로 축소되지 않는다. 따라서 그리스도교의 과거에 대한 연구는 수동적이거나 무비판적으로 이루 어져서는 안 되며, 교회 '안에서' 좀 더 진지하게 살아가는 가운데 교회 전통에 흐르는 역사적 공동체성에 참여하는 방식으로, 교회 전통이 머 금고 있는 풍요로움과 희망을 발견하고 그 전통에 참여하고자 하는 방 식으로 이루어져야 한다.

그렇다면 우리는 가장 먼저 그리스도교의 첫 번째 원천, 즉 고대 팔 레스타인 지역에서 하느님이 나타나셨고 활동하셨다는 주장에 담긴 의미에 관해 물어야 한다. 좀 더 구체적으로 말하면, 종교 언어에 가장 예리한 문제를 제기하는 이야기, 즉 예수 그리스도 안에 하느님이 계 시며, 그를 통해 하느님께서 활동하셨다는 이야기에 관심을 기울여야 한다. 그리스도교가 전하는 '말'이 참된 말인지를 가늠하고 조정하며 다시 묻게끔 자극하는 것은 십자가, 즉 나자렛 예수가 처형당한 사건이다. 최초의 그리스도인들은 하느님께서 인간으로 오셔서 유죄 판결을 받고 죽었으며 이를 통해 당신의 목적을 드러내셨다는 역설과 마주했다. 그리스도교는 이 역설을 붙들고 몸부림치는 가운데 태어났다. 나자렛 예수가 하느님의 전령herald, 혹은 대리인이라고 믿었던 이들은, 하느님께서 당신의 백성을 회복하시기 위해 보낸 약속의 인물이 하느님의 백성이라 자처하는 이들에게 거부당했으며, 그 백성의 적들 손에 치욕스러운 죽음을 맞이했다는 사실을 어떻게 받아들여야 할지 고민했다. 유대 지역에서 종교를 통제하려는 이들의 선동으로 기름 부음받은 자가 도륙당했고, 이스라엘의 신실한 이들에게 이방인 왕들이 승리를 거두었다는 것, 이것이 초기 그리스도인들이 당면한 새로운 시대 상황이었다. 그들은 정치체로서 이스라엘의 율법과 언약을 따른다 해도 하느님에게 참된 순종을 하는 것이 아닐 수도 있다는 가능성을 마주했다. 이는 매우 위협적이었고 혼란을 낳는 생각이었다. 한 세대가 채 지나지 않아 '옛' 언약은 망상에 지나지 않는다고 생각하는 이들이 나타나기도 했다.

하지만 신약성서는 이 손쉬운 길을 완강히 거부했다. 물론 신약성서는 때때로 유대인들에 대한 적의를 표현한다. 이와 관련된 표현들이 반反유대주의anti-semitism라는 끔찍한 역사의 자양분이 되었으며 이를 정당화하는 구실이 되었다는 점은 부정할 수 없다. 그리스도교 경전에 담긴 수많은 생각 중 이러한 측면을 묵인하거나 누그러뜨릴 방법은 없다. 그러나 유대인들을 향한 분노와 당혹감 중 일부는 이스라엘 백성과 새로운 공동체를 연결하려는 마음에서 비롯되었음을 염두에 두어야 한다. 새로운 그리스도 공동체의 신자들이 '참된' 이스라엘 백성이 되기 위해서는, 옛 이스라엘 백성과 언약을 맺은 바로 그 하느님이 예수의 처형을 둘러싸고 일어난 갈등과 분열의 사건들, 기존의 종교 언어로는 이해하기 어려운 사건들, 자신들이 믿던 기존 종교에 위기를 가져온 사건들 가운데서도 활동하고 계심을 믿어야 했다. 그들은 예수가 자신의 활동과 죽음을 통해 하느님의 목적과 이 목적을 성취하는 데 인간이 어떻게 참여하는지를 몸소 보여 주었다고 믿었다. 이는 제2성전기와 로마 점령기라는 특수한 상황에 있었던 기존 이스라엘 종교 지도자들의 생각과 이해를 전복하는 것이었다. 이처럼 최초의 그리스도교는 유대민족의 전체 역사에 대한 기존 이해에 맞서 새로운 틀을 제시하는 방식으로 진행되었다.

하느님의 전령과 하느님의 백성이 공공연히, 그리고 숙명적으로 충돌을 일으킨다면 하느님의 '동일성'sameness에 대해서도 숙고할 수밖에 없다. 최초의 그리스도인들이 보기에 그들이 믿는 하느님의 정체성은 유대인들이 믿는 하느님의 정체성과 모든 면에서 완벽히 맞아떨어지는 것 같지는 않았다. 그렇다고 하느님이 전혀 다른 분도 아니었고 이스라엘 백성의 역사를 통해 드러난 하느님을 대체할 수도 없었다. 예수의 처형 가운데서도 하느님께서 활동하신다면, 그분은 정말로 낯설고 기이한 분이며 숨어계신 분이라고 그들은 생각했다. 그분은 진보라는 일직선의 움직임을 통해 당신의 뜻을 드러내는 분이 아니었다. 오히려 그분은 혼란스럽고 모호한 세계로 온전히 들어오셔서 모순 가운데 활동하시는 분, 옛 언약을 성취하심과 동시에 이를 근본적으로 변혁하는 새로운 언약을 세우시는 분이었다. 새로운 생각, 메시아의 시대는 현재의 고통과 실패 가운데 실현된다는 생각이 싹트고 있었다.

신약성서의 토대들

신약성서를 이루는 대다수 글 저변에는 이러한 긴장들에 대한 경험이 자리하고 있다. 신약성서의 모든 저자는 어떤 식으로든 예수의 충격적인 결말을 받아들일 수 있는 길을 모색했다. 예수를 따르는 이들은 율법과 선택받은 백성에 대해 예전과 같은 태도를 취할 수는 없었다. 세상은 아무것도 변하지 않은 것처럼 보였고, 삶을 살아가는 동안 일어나는 문제들도 달라지지 않았다. 하지만 그렇다고 해서 저 결말을 회피할 수는 없었다. 예수를 따르는 이들은 자신들이 십자가에 못 박히고 부활한 예수의 생명 안에서, 그 생명으로 살아감을 알게 되었다. 하느님 아버지는 죽임당한 예수가 정당함을 입증하셨다. 부활은 십자가에 못 박힌 사람이 하느님의 결정적인 현현manifestation임을 드러낸 사건이었다. 그는 "거룩한 영으로… 죽은 사람들 가운데서 부활"한 "하느님의 아들"(로마 1:4)이었다.

> 하느님께서는 그를 지극히 높이시고, 모든 이름 위에 뛰어난 이름을 그에게 주셨습니다. (필립 2:9)

예수가 부활함으로, 그가 이룬 화해는 모든 시간과 공간에 있는 사람이 누릴 수 있게 되었다(마태 28:18-20, 루가 24:45-48, 요한 20:21-23). 이제 그는 역사적 특수성("육신의 잣대"(2고린 5:16))에 매이지 않는다. 부활한 예수는 다른 누군가가 아닌, 본티오 빌라도에게 처형당한 바로 그 예수다. 하지만 그는 완결되고 결정된 과거에 매이지 않는다. 그의 육체 또한 마찬가지다. 이를 빈 무덤 이야기들은 인상적으로 전한다. 그는 '주님'이다. 이제 만물과 모든 조건과 상황은 예수와 관계가 있으며, 그의 이야기가 만들어낸 흐름 안으로 들어온다. 이런 의미에서 예수는 자신을 믿는 이들의 '현재'뿐만 아니라 유대 민족의 '과거'까지 바꾸었다. 부활은 교회를 자유케 해 화해를 이루는 사명을 감당하게 하며 화해하는 삶을 살게 한다. 또한, 부활은 교회를 이루는 우리를 십자가 사건으로 인도하며, 이 사건을 하느님이 어떤 분이신지, 하느님이 어떻게 활동하시는지를 나타내는 사건, 곧 진리를 밝히는 사건으로 보게 한다. 이 사건은 하느님과 하느님의 활동이 어떠한지 끊임없이, 다시 생각하도록 요구한다. 이제부터는 과거든 현재든 하느님의 활동은 저 사실에 비추어 이야기해야만 한다.

이는 곧바로 하느님이 위기와 분열을 유발한다는 불편한 생각을 불러일으킨다. 예수는 공생애 기간 자신의 활동으로 인한 비극적인 분열에 관하여 여러 차례 이야기한 바 있다(마태 10:34-39과 병행 구절, 23:37-39과 병행 구절, 가장 분명하게는 26:24와 병행 구절). 요한 복음서는 이를 주요 주제로 삼아 한 이야기에서 구원과 저주가 얽혀 나타나는 아이러니를 너무나도 섬세하게 표현했다. 물론 신약성서에서 이 아이러니를 직시하고 이해하는 데 가장 진지한 노력을 기울인 사람은 바울이며, 로마인들에게 보낸 편지와 고린토인들에게 보낸 둘째 편지는 그 대표적인 예다. 로마인들에게 보낸 편지 9장부터 11장까지 그는 자신에게도 절박했던 문제, 곧 하느님의 신실함과 한결같음이라는 문제를 다루기 위해 분투했다. 그는 묻는다. '하느님의 말씀은 실패했는가? 하느님은 불공평하신가? 그분은 당신의 백성을 거부하셨는가?' 이 질문들은 구약성서 중 가장 음산한 구절들(예레미야 애가, 욥기, 시편 89편)을 다시 보게 한다. 여기에서 하느님은 택하시고 사랑하시는 분이기만 한 것이 아니라 저버리시고 파괴하시는 분이다. 하느님은 당신의 백성을 몰아붙여 당신에게서 등을 돌리게 하신다. 이 구절들은 요한 복음서의 난해한 구절("내가 와서 그들에게 말해주지 아니하였더라면, 그들에게는 죄가 없었을 것이다. 그러나 이제는 그들이 자기 죄를 변명할 길이 없다"(요한 15:22))을 떠올리게 한다. 사람들이 예수를 저버림과 동시에 하느님께서 사람들을 저버리신다. 그리고 이때 버림받는 이들은 하느님께서 온전함에 이르도록 친히 자신들을 택하셨음을 깨닫는 특권과 멍에를 받은 백성들이다. 여기서 바울은 그리스도교를 유대적 배경에서 벗어나게 한 한 가지 거대한 사실에 주목하는데, 이 유대적 배경은 그리스도교 신앙을 다른 것과 구별되게 만들었으며 현재도 만들고 있는 것이었다. 그가 주목하고 받아들인 것은 단지 예수가 중요한 인물이라는 것도, 그가 최고의 선생이나 본보기라고 인정하는 것도 아니다. 예수는 하느님을 인간의 실패와 무력함 가운데 계시는 분, 그러한 가운데서 활동하시는 분으로 인정하는 존재다. 예수의 삶과 죽음이라는 사건을 통해 하느님은 사람들로 하여금 자신들의 실패를 인정할지 말지 결단하도록 밀어붙이신다.

바울이 보기에 하느님께서는 예수의 죽음을 통해 '율법'의 부적절함을 드러내셨다. 현대 독자들은 이를 두고 바울이 자유주의에 바탕을 둔 낙관주의 성향을 보인다고, 모든 법과 규제에 반대한다고 오해할 수 있다. 하지만 바울에게 율법은 근본적으로 자기 의존self-dependence을 의미한다. '율법'을 따르는 삶은 인간의 축적된 행동 양식, 계획, 조직을 따르는 삶이다. 물론 우리는 이러한 것들 없이는 살 수 없다. 이스라엘 백성이 선물로 받은 율법은 개인과 공동체 생활의 모든 측면에서 하느님을 경외하며 살 기회이자 가능성이었다. 그러나 율법이 관념적인 요구로 바뀔 때, 또한 이를 만족시킴으로써 하느님의 호의를 주장할 수 있다고 생각하게 될 때, 율법은 자신과 타인을 억압하는 수단이 된다. 여기에는 개인의 눈에 보이는 성과에 기대어 우리 스스로 안전한 현실을 구축할 수 있다는 생각, 서로에게 의존하고 친밀한 관계를 맺지 않고서도 모두에게 긍정적인 체제를 수립할 수 있다는 생각이 깔려 있다.

예수를 따르던 이들은 예수가 하느님 나라에 들어가기 위해서는 "어린이와 같이"(마르 10:15) 하느님을 신뢰하고 그분과 친밀한 관계 안에 있어야 하며, 자신을 순전히 따라야 한다(마르 10:17-31) 말했다고, 그렇게 하느님 나라에 들어가기 위한 조건을 정의했다고 기억했다. 예수의 그 말이 안정적 체제를 지향하는 자기 의존의 원리를 명백히 거스른다는 점에서(그것이 개인주의적 율법주의든, 경건주의자들의 우월주의든,

당시 예루살렘 제사장을 필두로 한 종교적 권력체제든), 예수는 '율법'에 반대했다고 말할 수 있다. 물론 그는 계획적으로 토라를 무시하는 설교를 한 적이 없다. 그러나 기록으로 남아 있는 그의 설교는 일반적으로 하느님에 대한 신실함이라고 인정받는 것들과는 사뭇 다른 신실함의 기준을 제시한다. 그리고 이러한 예수의 설교가 당시 점령 세력과 유대 성직자들이 암묵적으로 동맹을 맺고 통치하던 팔레스타인 정치 체제에 대한 위협으로 여겨졌다는 점에서, (바울의 정의에 따른) '율법'은 예수의 죽음에 책임이 있다고 할 수 있다.

독점을 지향하고 억압과 통제를 일삼는 종교는, 순전한 신뢰와 의존만을 구성원의 자격으로 삼는 사회와 공존할 수 없다. 예수의 하느님, 곧 어떠한 조건 없이 다가갈 수 있는 하느님, 모두를 긍휼히 여기시는 하느님, 질서와 계급, 공적과 상관없이 대책 없는 자비를 베푸시는 하느님을 믿는 것은 우리의 계획과 행동 양식이 실패의 표시이자 망상의 표시, 우리가 진리와 실재를 지배할 수 있다는 유아적인 믿음의 표시임을 받아들이는 것이다.

통제를 지향하는 우리의 노력이 공허한 자기 섬김self-serving일 수 있다는 앎은 우리에게 위협적이다. 이러한 앎은 고통을 안겨주기에 우리는 그러한 앎을 가진 이, 그 앎을 드러내는 이에게 주저 없이 폭력을 행사한다. 요한의 표현을 빌리면, 우리는 빛이 눈앞에 있는데도 우리가 잘 볼 수 있다고 주장하며 눈먼 자로 남아 있기를 바란다(요한 9:41 참조).

신약성서(특히 요한 복음서)는 이런 이해관계가 적나라하게 충돌할 때라야 우리의 '종교적 통제' 방식을 거스르는, 하느님이라는 타협하지 않는 실재가 분명하게 드러날 수 있음을 넌지시 보여 준다. 하느님께서는 '율법'에 대한 우리의 자기 기만적 의존성, 개인으로서 만들고 유지할 수 있는 것에 대한 의존성, 사회로서 이익을 보존하고 관리하는 것에 대한 의존성을 허물어뜨리시기 위해 위기를 불러일으키신다. 그리고 이러한 자기 의존은 곧 자기 파괴에 이르도록 작동하고 있음이 드러난다. 이러한 맥락에서 자기 의존은 실상 자신에 대한 증오와 크게 다르지 않다. 하느님께서는 자신을 신뢰하라고 우리를 초대하심에도 불구하고 우리는 우리 자신에게 의존한다. 바울은 말한다.

> 하느님께서 모든 사람을 순종하지 않는 상태에 가두신 것은 그들에게 자비를 베푸시려는 것입니다. (로마 11:32)

> 성경은 모든 것이 죄 아래에 갇혔다고 말합니다. 그것은 약속하신 것을, 예수 그리스도를 믿는 믿음에 근거하여, 믿는 사람들에게 주시려고 한 것입니다. (갈라 3:22)

바울이 보기에 하느님께서 하시는 활동의 연속성과 통일성은 이처럼 놀라운 반전으로 드러난다. 물론 다른 신자들과 마찬가지로 바울도 이를 받아들이기란 결코 쉬운 일이 아니었다. 로마인들에게 보낸 편지 9장부터 11장까지 치열한 논쟁을 벌인 끝에 그가 할 수 있는 것은 하느님의 활동 방식을 경이로워하는 것뿐이었다. 이러한 전개는 성서에서 결코 낯설지 않다. 시편 제3권을 마무리하는 89편 역시 고통 가운데 하느님을 향한 항변이 이어지지만 결국 영광송doxology으로 마무리된다.

주님, 영원토록 찬송을 받으십시오. 아멘, 아멘. (시편 89:52)

하지만 바울은 모든 것 중에서 가장 강력한 거부의 논리를 검토하지 않을 수 없었고, 자신이 전념하던 가장 기본적인 것들을 서로 조화시키기 위해 발버둥 쳐야 했다. 그가 믿기로 이스라엘은 하느님이 택하신 백성이었으며, 하느님의 은총을 받아 누리는 표본이었다. 또한, 하느님은 당신의 약속에 대해 한결같고 신실한 분이며, 그 하느님께서 결정적으로 임재하시고 활동하신 것은 십자가에 못 박힌 예수에게서, 그리고 그가 택하여 세례를 받고 예수를 믿게 된 이들이라는 것 또한 바울은 믿었다. 이와 같은 헌신의 대상인 하느님은 불로 구원하시는 하느님이다. 회심conversion과 회개repentance(그리스도교 신앙을 고백한다는 이들이 흔히 쓰는 두 단어)는 실은 성령이 '새로운 창조'를 위해 움직일 수 있도록 그리스도의 죽음이라는 혼돈의 물로 내려가는 것이다. 곧 다시 만들어지기 위해서는 부서져야 한다.

　이 주장은 새로운 생명, 새로운 삶은 특정 순간 단번에 모든 것이 충만함으로 가득 차는 것이 아님을 내포하고 있다. 새로운 생명, 새로운 삶은 새로운 율법, 어떤 고정된 규칙이나 소유물이 아니라 새로운 상태다. 이 새로운 "자리"에서, 회심한 이는 예수가 그랬듯 아버지께

"아빠, 아버지"(로마 8:5, 갈라 4:6)라고 부를 수 있으며, 다른 무엇보다도 참된 자유를 누리는 상태가 된다(2고린 3:17).* 그러나 이러한 상태를 우리는 소유할 수 없으며 언제나 하느님께서 실현하셔야 한다. 그리스도인은 희망의 근거로 성령을 "보증"(2고린 5:5)으로 받으며, 성령에 기대어 "앞에 있는 것을 향하여"(필립 3:13) 나아간다. 성령은 믿는 이가 그리스도를 닮아가도록 활동한다. 그리스도를 닮는 과정은 단번에 이루어지지 않으며 매일, 인간으로서 겪는 온갖 경험을 통해 이루어진다. 고린토인들에게 보낸 둘째 편지에서 바울은 이를 진지하게 성찰한다. 여기서 그는 매일의 고난, 매일의 거절, 매일의 죽음 가운데 성령께서 활동하셔서 우리를 "영광에서 다른 영광으로"(2고린 3:18)으로 변화시킨다고 이야기한다. 율법의 너울이 벗겨지는 변화, 망상에서 벗어나는 변화는 인간 삶의 모든 영역에 아주 천천히 스며든다. 삶에 만연한 실패를 경험하는 가운데, 명확함, 간편함, 효율성을 추구하는 본능이 "낡아가는"(2고린 4:16) 가운데, 하느님께서 하시는 활동이 감추어져 있음을 받아들이게 함으로써 말이다. 그렇기에 바울은 사뭇 기쁜 어조로 "하느님의 일꾼"들은 세상이 보기에 모순덩어리로 보이기 마련임을 인정하고 "비난을 받든, 칭찬을 받든" 그들이 겪는 재앙은 오히려 그들이 "자랑할 수 있는 근거"가 된다고 말한다(2고린 6:3-10 참조). 이 편지의 뒷부분은 다른 문서에서 발췌했을 가능성이 높지만, 그 내용을 가져와 편지의 앞부분과 하나로 엮은 것은 바람직한 일이었다. 여기서

---

* "주님은 영이십니다. 주님의 영이 계신 곳에는 자유가 있습니다."(2고린 3:17)

바울은 슬퍼하고 분노하고 괴로워하는 가운데 자신의 사도성을 의심하는 이들에게 자신이 사도로서 충분한 자격이 있음을 이야기한다. 그 근거는 역설적으로 다마스쿠스에서 도망친 일, 수치스럽게 탈출한 굴욕을 포함한 온갖 비참한 일들이다(2고린 11:32-33).* 매일 실현되는, "영광에서 다른 영광으로" 나아가는 변모의 과정은 부조리하며, 쓰라리고, 심지어는 우스꽝스러워 보인다. 바울은 놀랍게도 이러한 삶이 메시아의 시대 안에서 사는 것, 메시아의 본을 따르는 삶이라고 말한다. 미래가 현재의 질서를 꿰뚫고 들어오는 모습은 그리스도를 향한 "어리석음", 두 세계의 부조화를 드러내는 낯설고 기이한 삶으로 드러난다. 다시 말하지만, 하느님께서 일으키시는 새로운 생명은 소유할 수 있는 것이 아니다. 새로운 삶, 새로운 가능성의 세계, 날마다 구성되어야 할 새로운 미래다. 그렇기에 결국, 삶은 운동이자 성장이다. 너무나 분명해 진부해 보이기까지 한 이 깨달음은 그리스도교 영성이 무엇인지를 이해하기 위한 가장 중요한 지표라 할 수 있다. 바울뿐만 아니라 다른 그리스도교 사상가들도 하느님께서 우리를 성숙의 길로 부르셨으며, 퇴보의 위험성을 얼마나 강조했는지를 주목해야 한다. 구원은 성장하는 가운데 실현되며, 성장하지 않는 것은 타락하는 것이다.

고린토인들에게 보낸 첫째 편지 초반부에서 바울은 자기만족에 빠진 회심자들에게, 하느님께서 그들을 택하신 이유는 그들이 약한 사람

---

* "영원히 찬양을 받으실 주 예수의 아버지 하느님께서 내 말이 거짓말이 아님을 아십니다. 다마스쿠스에서는 아레다 왕의 총리가 나를 잡으려고 다마스쿠스 성을 지키고 있었으나, 교우들이 나를 광주리에 담아 성벽의 창문으로 내려 주어서, 나는 그 손에서 벗어났습니다." (2고린 11:32-33)

들이기 때문임을 상기한다.

> 형제자매 여러분, 여러분이 부르심을 받을 때에, 그 처지가 어떠하였
> 는지 생각하여 보십시오. 육신의 기준으로 보아서, 지혜 있는 사람이
> 많지 않고, 권력 있는 사람이 많지 않고, 가문이 훌륭한 사람이 많지
> 않았습니다. 그런데 하느님께서는, 지혜 있는 자들을 부끄럽게 하시려
> 고 세상의 어리석은 것들을 택하셨으며, 강한 것들을 부끄럽게 하시려
> 고 세상의 약한 것들을 택하셨습니다. 하느님께서는 세상에서 비천한
> 것들과 멸시받는 것들을 택하셨으니 곧 잘났다고 하는 것들을 없애시
> 려고 아무것도 아닌 것들을 택하셨습니다. 이리하여 아무도 하느님 앞
> 에서는 자랑하지 못하게 하시려는 것입니다. 그러나 여러분은 하느님
> 의 자녀로서 그리스도 예수 안에 있습니다. 그는 우리에게 하느님으로
> 부터 오는 지혜가 되시며, 의와 거룩함과 구원이 되셨습니다. 그것은,
> 성경에 기록되어 있는 바 "누구든지 자랑하려거든 주님을 자랑하라"
> 한 대로 되게 하시려는 것입니다. (1고린 1:26-31)

그들이 부름받은 이유는 그리스도 안에서, 그리스도를 통한 하느님
의 활동이 세상이 보기에 연약하며 감추어져 있기 때문이다(1고린 1:17-
25, 2:1-9). 이를 깨달음으로써, 이를 드러내는 가운데 신자들은 성숙하
고 지혜로워진다(1고린 2:6). 신자들이 자기주장을 내세워 충돌하는 모
습은 그 자체로 그들이 아직 미성숙한 상태에 있음을 보여 준다(1고린
3:1-4). 그들은 자신들이 신앙의 유산을 안전하게 소유하고 있다고 믿

고 있다. 바울은 이들을 신랄하게 비판한다(1고린 4:8-13). 그들은 자신들이 영적인 부를 누리고 있다고 확신하며 눈에 보이는 신앙생활을 얼마나 열성적으로 하는지에 따라 성장 여부를 확인할 수 있다고 생각하지만, 하느님께서는 "이 세상의 쓰레기 ... 만물의 찌꺼기"(1고린 4:1)처럼 끊임없이 굴욕당하는 모습으로 자신의 종들을 구별하신다고 그는 말한다.

고린토인들에게 보낸 둘째 편지와 마찬가지로 여기서도 바울은 성장을 어떤 성취, 혹은 획득할 수 있는 것으로 보는 견해에 맞서 싸운다. 그러한 견해는 메시아 예수의 죽음과 죽음 이후의 삶이라는 모든 것을 변혁하는 사실이 우리에게 무언가를 요구한다는 것, 우리는 날마다 이 요구 앞에 도리 없이 사로잡히게 된다는 것과는 아무런 관련이 없기 때문이다. 이 온전하고 완성된 실재가 누군가를 덮치면 그는 곧바로 예수의 삶을 닮아가는 데 조금씩 관심을 기울이게 된다. 이런 상태에 놓인 사람을 향해 그리스도를 향한 '닮아감'의 영성이 없다 말하는 것은 전적으로 잘못된 말이다. 그는 이제 자신이 "부요하나" 우리를 위해 "가난하게 되신", "가난으로" 우리를 "부요하게 하시"는, 순종과 자기 비움의 그리스도라는 하나의 위대한 사실과 관련되어 있음을 깨닫고, 이 사실을 좇는다(2고린 8:9). 그리스도의 중요성이 점점 더 분명해지고, 그리스도의 선재, 그분의 "만유의 주님"됨을 의식할수록 예수의 삶과 죽음이 내포하는 겸손과 가난에 대한 경이도 커진다. 이 같은 맥락에서 필립비인들에게 보낸 편지 2장에 나오는 찬가는 인류의 구원자가 모든 사람의 종, 혹은 노예가 되었다는 복음의 내용을 강렬하게 표현한다.

> 그는 하느님의 모습을 지니셨으나, 하느님과 동등함을 당연하게 생각
> 하지 않으시고, 오히려 자기를 비워서 종의 모습을 취하시고, 사람과
> 같이 되셨습니다. 그는 사람의 모양으로 나타나셔서, 자기를 낮추시
> 고, 죽기까지 순종하셨으니, 곧 십자가에 죽기까지 하셨습니다. 그러
> 므로 하느님께서는 그를 지극히 높이시고, 모든 이름 위에 뛰어난 이
> 름을 그에게 주셨습니다. 그리하여 하늘과 땅 위와 땅 아래 있는 모든
> 것들이 예수의 이름 앞에 무릎을 꿇고, 모두가 예수 그리스도는 주님
> 이시라고 고백하여, 하느님 아버지께 영광을 돌리게 하셨습니다. (필립
> 2:6-11)

물론 초기 그리스도교 저술가들이 그리스도의 죽음과 관련해 이러
한 반응만 보인 것은 아니다. 히브리인들에게 보낸 편지의 저자 역시
바울 못지않게 성숙과 퇴보라는 주제에 관심을 기울이지만(히브 5:11-
6:12, 10:32-35, 12:1-11 등), 그는 고난받는 분이자 승리자로서의 그리스
도, 즉 자신의 소명을 받아들이는 과정에서 가장 극심한 유혹과 내적
투쟁을 겪은 그리스도의 면모에 더 주목한다. 이러한 맥락에서 그리스
도는 유혹에 시달리는 그리스도인이 따라야 할 본이다. 그분께서는 우
리보다 먼저 의심과 두려움, 연약함이라는 어두운 곳으로 가셨고 죽기
까지 견디셨다. 여기서 저자의 관심은 바울 사상이 그리는 완성된 실
재보다는 그 이면에 있는 파편화되고 불확실한 인간 역사를 향한다.

그는 바울이 무수히 언급했던 연약함, 실패, 자기 절망self-despair의 경험을 사목자의 마음으로 바라본다. 우리는 그리스도의 의심과 고통을 통해 구원을 얻었음을 앎으로써 우리의 의심과 고통을 해석하고 견딜 수 있다. 이 같은 맥락에서 그는 말한다.

> 그는 아드님이시지만, 고난을 당하심으로써 순종을 배우셨습니다. 그리고 완전하게 되신 뒤에, 자기에게 순종하는 모든 사람에게 영원한 구원의 근원이 되셨습니다. (히브 5:8-9)

우리는 하느님의 뜻에 순종함으로써 치유받는다. 치유는 그저 체념하는 것이 아니라 고뇌와 어둠 가운데 벌거벗기면서 일어난다. 상처가 깊어지지 않고도 치유 받을 수 있다는 생각은 신앙의 뿌리를 전혀 이해하지 못한 것이다. 이 땅에 있었을 때 예수는 아버지에게 순종함으로써, 유혹과 두려움 가운데 "큰소리로 부르짖"고 "눈물"(히브 5:7) 흘리며 순종함으로써 하느님과 사람들의 마음 사이에 오랫동안 닫혀 있던 문을 결정적으로 열었다. 하지만 한 사람 한 사람이 예수 그리스도께서 이루신 화해를 자신의 것으로 받아들이기 위해서는 저 문을 통과해야 한다. 이제 인간은 그리스도에게 '순종'해야 하며, 그분의 고통스러운 희생, 죽음이 빚어낸 흐름에 굴복해야 한다. 이러한 순종, 굴복은 어떤 규칙에 따라 자신을 제물로 바치는 것이 아니라 신앙인으로 살아가는 가운데 마주하는 시련들에 응답하는 것으로, 안정을 포기하는 삶을 살아내는 것으로, 그렇게 "보이지 않는 것들"을 "증거"하는 것으로 이루어진다. 신앙이란 감추어진 하느님과 그분의 낯선 활동을 받아들이는 것, "태워 없애는 불"(히브 12:27)에 의해 '나'가 벌거벗기고 정화될 때만 하느님에게 도달할 수 있음을 받아들이는 것이다. 옛 언약의 성도들이 그랬듯 우리들, 곧 새 언약의 백성은 "성문 밖"으로, "진영 밖"으로 나가 그에게로 나아간다(히브 13:12-14). 안정된 곳, 질서 잡힌 곳 너머 예수가 죽음을 맞이한 밤으로, 광야로 나아간다. 신학자 도로테 쵤레Dorothee Sölle는 뜨겁고도 감동적인 책 『고난』Suffering에서 갈등 없는 '영성', 십자가에 못 박힌 예수와 별도로 하느님을 찾을 수 있다는 망상에 대한 신약성서의 항의를 되풀이한다.

> 그리스도의 형상으로 나아가지 않은 채 하느님의 형상이 되려는 욕망은 우회하지 않으려는 욕망, 자기실현 없이 즉각 모든 것을 얻으려는 욕망, 자신의 생명을 십자가에 못 박아 고통의 밤을 체험할 필요를 느끼지 않은 채 불멸하며 전능한 신에게 정착하려 하는 자아의 자기도취적인 욕망이다.[1]

하지만 그녀는 그리스도에게로 나아가는 가운데 고통을 받아들이는 것과, 고통에 대한 경직된 반응 곧 비인간적인 수동성passivity을 동일시하는 것을 일관되게 거부한다. 그리스도인은 고통을 마주해 이를 받아들이면서도 희망을 잃지 않는다. 그렇기에 그리스도인은 고통과 마주

---

[1] Dorothee Sölle, *Suffering* (Philadelphia: Fortress Press, 1975), 131. 『고난』(한국신학연구소)

한 이들, 고통을 겪고 있는 이들과 자신을 동일시하며, 이를 통해 "고통과 사랑에 모두 능한" 새로운 인간으로 성장하려 분투한다.[2] 자기를 보호하고 다른 것으로부터 격리하려던 신자의 욕망은 고난 가운데 산산이 부서진다. 닫힌 마음이 허물어질 때 타자를 위한 공간, 연민을 위한 공간이 생기기 때문이다. 고통은 새로운 인간성, 측은지심의 인간성을 향한 희망 가운데 꽃을 피운다. 그리고 이 지점에서 우리는 신약성서로 돌아가 성령의 활동에 대해 다시 이야기할 수 있다. 성령은 우리가 점점 더 그리스도를 닮아갈 수 있다고 "보증"해 준다. 성령은 앞으로 나아가게 하며, '현재'에 저항하며 울부짖는 우리의 소리에서 희망을 창조한다. 우리가 저항하는 이유는 이미 새로운 생명, 하느님의 생명, 그분의 자기 선물self gift과 자기 망각self-forgetting에서 나오는 생명을 맛보았기 때문이다. 우리는 현재 일어나는 고통이 현실의 전부가 아니며 그 뒤에는 더 궁극적인 사실, 우리를 앞으로 나아가게 하는 하느님의 상처 입은 사랑이 있음을 안다. 하느님은 우리의 고통과 저항 안에 계신다. 이러한 맥락에서 바울은 성령이 우리의 운명과 소망을 "우리의 영과 함께 … 증언"(로마 8:16)하신다고, "이루 다 말할 수 없는 탄식으로"(로마 8:26) 우리 안에서 기도하신다고 말한다. 본향을 그리워하는 피조물의 울부짖음과 그리움은 피조물 안에서 일어나는 성령의 울부짖음이다. 겟세마니에서, 깊은 두려움과 의심 가운데 예수가 그러했듯 우리 역시 성령 안에서, 성령에 힘입어 하느님을 "아빠 아버지"라

---

2   위의 책, 134.

고 부른다. 신약성서에서 하느님을 아버지라고 부르는 울부짖음은 하느님의 추상적인 '아버지됨'에 관한 보편적인 진리를 차분히 인정하는 것이 아니다. 그보다는 차라리 악몽에서 깨어난 아이가 "아빠!"라고 울부짖는 것에 가깝다. 끔찍한 세상과 마주했을 때 일어나는 분노와 두려움 가운데 움츠러든 그리스도인은 하느님 아버지를 향해 울부짖는다. 이 울부짖음은 단순한 저항, 배타적인 저항이 아니라 아버지에 대한 신뢰에서 나오는 저항이다.

> 아빠, 아버지, 아버지께서는 모든 일을 하실 수 있으십니다. (마르 14:36)

어두운 밤을 거치며 우리는 하느님의 자비, 그분께서 궁극적으로 우리를 받아들이셨음을 인식한다. 그렇기에 아무런 위로를 받지 못할 때도 "내 뜻대로 하지 마시고, 아버지의 뜻대로 하여 주십시오"(마르 14:36)라고 희망할 수 있다. 희망은 무엇이든 하느님께서 당신의 뜻대로 하시는 데 있다. 그리고 이는 다른 무엇보다도 성령의 선물이다.

> 그리스도께서는 영원한 성령에 힘입어 자기 몸을 흠 없는 제물로 삼아 하느님께 바치셨습니다. (히브 9:14)

우리의 고통은 저항, 신뢰, 희망의 성령이 함께함으로써 그리스도께서 먼저 보이신 본과 일치하게 된다. 희망의 성령은 그리스도의 부활한 생명을 우리와 나눔으로써 우리를 "새 생명"(로마 6:4)으로 살게 한다. 그리스도의 부활한 생명은 죽음과 멸망의 위협, 즉 인간의 죄, 하느님에게서 인간이 멀어지면서 비롯된 '위협'에서 자유롭다.

> 그리스도께서는 죽은 사람들 가운데서 살아나셔서, 다시는 죽지 않으시며, 다시는 죽음이 그를 지배하지 못합니다. (로마 6:9)

이 생명을 나누어 받게 됨으로써 우리는 저 '위협'으로부터 자유할 수 있게 된다. 바울의 모든 서신을 보면 알 수 있듯 이 자유는 고통이나 두려움으로부터의 자유가 아니다. 죽음이나 허무가 아닌 하느님만이 궁극적 지평이 되는 새로운 삶의 차원으로 우리의 삶은 전환된다. 이 전환은 결정적이다.

> 이제부터 우리는 아무도 육신의 잣대로 알려고 하지 않습니다. 전에는 우리가 육신의 잣대로 그리스도를 알았지만, 이제는 그렇지 않습니다.
> (2고린 5:16)

죽음이 마지막 지평이 되는 "육신의 잣대"는 사라진다. 인간은 그리스도의 자유와 더불어 자유를 누린다. 요한의 표현을 빌리면 "죽음에서 생명으로 옮겨"(1요한 3:14)간 것이다. 바울과 요한이 보기에 이 이행은 사랑이 지닌 새로운 능력의 징표다.

우리가 이미 죽음에서 생명으로 옮겨갔다는 것을 우리는 압니다. 이것
을 아는 것은 우리가 형제자매를 사랑하기 때문입니다. (1요한 3:14)

이 구절은 율법에 대한 예수의 관점, 마태오 복음서에 나오는 최후 심
판 비유(마태 25:31-46)를 반영한다. 이 구절은 (최근 신약성서 윤리를 연구
하는 일부 학자가 이야기하듯) 사랑을 새 시대에 은총으로만 실현될 수 있
는 불가능한 이상으로 제시하는 것이 아니다. 이 구절은 사랑이 있는
곳에 하느님 나라가 있으며 우리가 인식하지 못한다 해도 하느님 아버
지와의 화해가 이루어지고 있다고 말하는 것으로 보아야 한다. 그리
스도의 죽음과 연합함으로써 '이기심을 내려놓'으려는 태도가 공적 세
계, 사회에서 현실이 된다. 하느님께서 아들 안에서, 아들을 통해 모든
이에게 자리를 주셨듯, 그리스도와 연합한 이들은 '나', 즉 자아를 버림
으로써 다른 이에게 자리를 내어준다. 우리는 사랑받기 때문에(1요한
4:7-11), 예수로 인해 "아버지의 집"에 우리가 있을 곳이 마련되었기 때
문에(요한 14:2-3) 사랑한다. 우리는 우리가 아무런 자격도 없음에도 받
아들여졌음을 알기에 '나'의 자리, 지위, 정당성을 얻기 위해 분투할 필
요가 없다. 우리는 궁극적인 안전이 하느님께서 주시는 선물임을 안
다. 우리가 겸손으로, '나'를 비워 다른 이들을 섬길 때 그들도 궁극적
인 안전이라는 선물을 발견하게 되리라는 것을 안다. 이러한 맥락에서
바울은 그의 위대한 찬가에서 노래한다.

사랑은 자기의 이익을 구하지 않습니다. (1고린 13:35. 제임스흠정역에서는

좀 더 포괄적인 의미를 담아 "자기 것을 구하지 않는다"고 표현한다.)

바울과 요한은 모두 사랑이 그리스도인의 가장 분명하고 영속적인 표식이라고 말한다. (종종 이런 식으로 해석이 되기도 했지만) 이는 모든 사람에 대한 추상적인 박애심이나 만인의 복지에 대한 일반적인 바람이 아니라, 자신을 전적으로 내어줄 가능성, 자아가 추구하는 표층적인 이익에 어떠한 자리도 내어주지 않는 섬김의 가능성이 현실화되는 것이다. 이 역시 점진적으로 발전한다.

고통스럽게 사랑이 여물어 가는 가운데 우리는 "어린아이의 일을 버리고", 우리의 이해는 어둠과 수수께끼에서 낮의 빛으로 나아간다(1고린 13:11-12). 하느님께서는 우리를 양자 삼으셨고 우리는 하느님의 자녀로서 "자리"를 얻었지만, 그것이 궁극적으로 어떻게 실현될지는 상상할 수 없다. 우리는 다만 그때 하느님의 참모습을 있는 그대로 보고, 그분의 형상을 온전히 닮게 될 것임을 알 뿐이다(1요한 3:2). 그리스도인에게 삶의 목적은 하느님의 형상을 닮아가며 하느님을 아는 것이다. 하느님에 대한 앎은 대상을 두고 주체가 개념적 이해를 얻는 것이 아니라 하느님이 어떤 분이신지를 공유하는 것, 좀 더 과감하게 말하면, 하느님의 '경험'을 공유하는 것이다. 하느님께서는 우리를 향한 연민 가운데 십자가에 못 박히심으로, 이를 몸소 행하심으로 당신을 알리신다. 그렇기에 우리의 삶이 이를 닮아갈 때 우리는 그분을 알게 될 것이다. 하느님께서 인간을 사랑하시며 인간의 조건을 아시기 때문이다. "하느님께서 우리를 아시는 것과 같이" 우리는 그분을 "온전히 알게 될 것이다"(1고린 13:12).

  과거 이스라엘 백성이 하느님과의 동일시, 사랑의 연합을 결혼으로
묘사했듯 신약성서도 그리스도와 그분을 믿는 공동체의 연합을 묘사
하기 위해 결혼의 심상을 적절하게 활용한다(2고린 11:2, 에페 5장, 계시록
마지막 장). 예수가 비유로 말했듯(마태 22:1-10, 25:1-13), 종말에 일어날
메시아의 잔치는 혼인 잔치다. 신부가 남편을 열망하듯 교회가, 그리
고 교회 안에서, 교회를 통해 저항하고 분투하는 성령이 열망한다. 성
령과 신부는 말한다.

  오소서. (계시 22:17)

안티오키아의 이그나티우스(기원후 35년경-110년경)

  신약성서에 나오는 그리스도인의 삶은 매우 다양하기에 여기서 하
나의 흐름을 도출하는 것은 주제넘은 일인 것처럼 보인다. 하지만 그
렇게 할 수 있다면, 이는 신약성서에 나오는 교회들과 그 교회들에 속
한 저자들이 하나의 계시된, 살아 있고, 실현된 모형에 기대어 살았기
때문이다. 그 모형이란 바로 나자렛 예수의 삶, 죽음, 그리고 (부활 사
건을 통한) 신원 회복이다. 초기 그리스도인들의 삶은 형식의 측면에서
가 아니라 방향과 전망의 측면에서 일치한다. 성서학자들은 신약성서
본문들에 얼마나 다양한 형태의 삶이 있는지 우리에게 알려주었다. 이
는 매우 유익한 일이다. 그러나 그렇다고 해서 그러한 삶들의 본질적
일치를 부정하거나 불가지론에 빠져서는 안 된다. 신약성서라는 단일

한 모음집이 결정되기 전 등장한 그리스도교 문서들을 살펴보더라도 신약성서와 같은 주제를 다루고 있음을 알 수 있다. 이 문서들은 초기 그리스도교 공동체들이 지향하는 방향이 일치함을 알려주는 놀라운 증거다.

특히 안티오키아의 주교였던 이그나티우스가 쓴 편지들은 사도 시대 직후의 그리스도교를 이해하는 데 커다란 도움을 준다. 굴욕적이고 고통스러운 죽음을 앞둔 상황에서 쓴 이 글들은 그리스도교의 순교 신학을 대표하며 (예수의 죽음이 한 세기도 채 지나지 않은 시점에 쓰였다는 점을 고려하면) 놀라운 깊이와 성숙도를 보여 준다. 20세기와 마찬가지로 2세기에도, 순교자 교회에서 나오는 신학은 매우 독특한 색채를 띠고 있다. 이러한 상황에서는 어두운 시대 가운데 하느님의 목적이 무엇인지, 고난이 왜 일어나는지, 하느님께서 자기 백성의 고통에 어떻게 참여하시는지가 긴급한 문제로 다가오기 때문이다. 사형 선고를 받은 신자들에게 그 외의 이야기는 별다른 영적 양분이 되지 못할 것이다. 이러한 맥락에서 이그나티우스는 하느님의 대리인, 혹은 인간의 몸을 입은 하느님인 구세주가 연약하기 그지없는 인간성을 완전히 공유한다는 것은 용납할 수 없다고 소리를 높였던 이들과 전력으로 맞섰고 논쟁을 벌였다. 그는 거대한 역설을 마주했고 이를 반드시 고수해야 한다는 것을 알았다. 하느님은 나자렛 예수 안에서, 그를 통해 구원 활동을 하신다. 그런데 이 활동은 예수의 고난과 죽음을 포함한다. 그렇다면 이 고난은 하느님께 일종의 수단일까? 혹은 하느님 자신의 고난인가? 예수가 하느님의 유일한 대리인, 그분의 사랑을 온전히,

그리고 독특하게 구현한 이라면, 십자가에 매달린 상태에서도 하느님과 연합하고 있고, 그분에게 신실했다면 하느님께서는 예수의 다른 경험들과 마찬가지로 십자가 처형을 자기 안으로 받아들이셨다고 말할 수 있다.

이는 바울이 (명시적으로) 나아갔던 것을 한참 넘어서는 생각이기는 하나 바울의 생각과 분명한 연속성이 있다. 바울계 문헌 곳곳에 흩어져 있는, 구원자의 '위격'person이 선재했다는 생각, 우리를 위해 스스로 "가난한" 자가 되어 자신을 고통에 노출한다는 생각을 이그나티우스는 좀 더 대담하게, 분명한 방식으로 제시한다. 그에게 예수는 "우리의 하느님"이다.[3] 예수는 아버지 하느님과 함께 서서 "세상"에 맞서고 있다. 그러므로 예수를 갈망하는 것은 이 세상을 향한 갈망을 내려놓는 것이다.[4] 예수의 죽음은 "내 하느님의 수난"이며, 구원은 "하느님의 피"에서 나온다.[5] "유일하게 참된 의사"인 예수는 육신을 입은 하느님, "태어났지만, 태어나지 않은" 분이며, "죽음 가운데 참 생명"인 분이다.[6] 하느님의 죽음인 예수의 죽음은 그를 따르는 순교자의 죽음에 특별한 의미를 부여한다. 동시에 순교자의 죽음은 인간 안에 계신 하느님의 죽음에 의미를 부여한다. 순교자는 그가 처한 속박, 두려움, 고통이라는 현실에 조금의 환상도 갖고 있지 않다. 그러나 그러한 현실 가운데

3 Ignatius of Antioch, *Epistula ad Romanos*, Prologue, III. 『일곱 편지』(분도출판사)

4 *Epistula ad Romanos*, VI, VII.

5 *Epistula ad Romanos*, VI., *Epistula ad Ephesios*, Ch. I.

6 *Epistula ad Ephesios*, VII.

서도 그는 하느님께서 자기 곁에 친밀히 계심을 안다.

> 맹수들 사이에 있는 것은 하느님과 함께 있는 것입니다.[7]

이때 순교자는 그리스도의 본과 일치를 이룬다. 그는 하느님과 고난이 만남으로써 이루어지는 화해와 치유의 망 안에 있다. 순교자가 이를 경험하면, 그는 주님께서 감내하신 고난의 실재를 인격적으로 확신하게 된다. 순교자가 고통을 인내할 수 있는 것은 그리스도의 십자가 때문이다. 그렇기에 그리스도의 십자가 수난은 순교자의 고난보다 결코 현실성이 떨어지지 않는다. 이러한 해석에는 일종의 순환이 있다. 순교자는 자신의 고난 속에서 하느님을 발견한다. 거룩하신 아버지의 자녀, 구원받은 이, 그리스도인이라는 정체성이 (그리스도의) 십자가 사건의 결실임을 확신하기 때문이다.[8] 그리고 순교자의 현재 경험은 그리스도 십자가의 "내용", 즉 그리스도께서 십자가에서 인내하시며 제정하신 것의 속성을 살찌운다. 이 모든 내용을 이그나티우스는 「스미르나 신자들에게 보낸 편지」Epistula ad Smyrnaeos에서 간략하게 표현한다.

> 우리 주님이 이루신 일들이 가현적으로 된 것이라면 제가 사슬에 묶인 것 역시 가현에 불과합니다.[9]

---

[7] *Epistula ad Smyrnaeos*, IV.

[8] *Epistula ad Smyrnaeos*, I.

[9] *Epistula ad Smyrnaeos*, IV.

이그나티우스가 자신의 죽음을 교회를 대신해 바치는 제물로 묘사할 때도 이와 비슷한 추론 과정이 담겨 있는 것처럼 보인다. 순교자의 피는 "하느님께 드리는 제물"이며, 순교는 자기를 "바치는 일"이다.[10] 이그나티우스가 보기에 하느님께서는 이그나티우스 자신의 고통과 죽음을 빌어 교회를 위한 은총을 흘러내려 주실 것이다. 그 자신은 고난받음으로써 은총과 치유가 솟아나는 궁극의 샘인 예수, 그의 희생과 만났고 하나를 이루었기 때문이다. 물론 순교는 그리스도인의 삶에서 다른 여러 사건으로부터 분리된 별개의 사건이 아니다. 자기를 바치는 일은 훨씬 전부터 시작되었고 헌신과 희생의 형태로 여전히 이루어지고 있다. 그 완성은 미래에 이루어질 것이다.[11] 이러한 면에서 이그나티우스가 교회 내에서의 순종과 자선에 관심을 기울이고 신자들에게 주교의 뜻에 따르라고 자주 권고한 것은 희생을 익히게 하기 위해서였다고 할 수 있다.[12] 교회는 매일 함께 생활하며 사심 없는 섬김을 배우는 곳이다. 그는 말한다.

하느님의 방법을 따라 서로를 섬기고 공경하도록 노력하십시오.[13]

---

[10] *Epistula ad Romanos*, II. 그리고 다음을 참조하라. *Epistula ad Ephesios*, VIII., *Epistula ad Trallianos*, XIII., *Epistula ad Polycarpum*, XIII.

[11] *Epistula ad Trallianos*, XIII.

[12] *Epistula ad Ephesios*, III., VI., *Epistula ad Magneios*, III., VI., *Epistula ad Trallianos*, XIII., *Epistula ad Smyrnaeos*, VIII.

[13] *Epistula ad Magneios*, VI.

하느님께서 당신의 피조물을 섬기고 "공경"하셨기에 우리도 서로를 섬기고 공경해야 한다. 그리스도께서는 장로elder의 원형이 아니라 부제deacon의 원형이다.[14] 그리스도인의 소명은 하느님께서 성육신을 통해 보여 주신 인류를 향한 공경, "섬김을 받기 위해서가 아니라 섬기기 위해" 오신 것을 공동체의 삶을 통해 생생하게 그려내는 것이다. 그러므로 공동체에서 권위의 형태 역시 이를 분명히 반영해야 한다. 이그나티우스에 따르면 주교는 하느님의 튀포스τύπος, 즉 원형을 따라 공동체를 주재해야 한다. 스미르나의 주교 폴리카르푸스Polycarp에게 보낸 편지에서 이그나티우스는 이 원형이 무엇인지 설명한다.

> 주님께서 당신에게 하시듯 당신도 모든 이를 참아주십시오. 이미 그렇게 하고 있겠지만, 사랑으로 모든 이를 인내하십시오. … 하느님께서 우리와 함께하실 때 그러하시듯 각 사람에게 적절한 방식으로 말하십시오. 완벽하게 경기에 임하는 선수처럼 모든 이의 잘못을 참아주십시오.[15]

제자도는 하느님의 겸손과 섬김을 닮아가는 것이다. 이그나티우스는 스미르나에서 트랄레스의 주교 폴리비우스Polybius가 보여 준 친절에 감동해 편지를 써서 주교를 통해 공동체 전체의 너그러움을 경험했다

---

[14] *Epistula ad Magneios*, VI.
[15] *Epistula ad Polycarpum*, I.

고, 그들이 "하느님을 닮아있음"을 알게 되어 기뻤다고 말한다.[16] 이러한 섬김은 공동체 내에서 실질적인 자선 활동으로 표현된다. 이그나티우스에 따르면 (당시 교회 안에서 서서히 세력을 넓혀가고 있던) 이단자들은 "고통받는 이, 옥살이하거나 감옥에서 나온 이, 굶주리거나 목마른 이에게" 관심을 기울이지 않는다는 특징이 있다.[17] 그들은 그리스도의 고난과 죽음을 믿지 않기 때문에 하느님께서 주신 본, 희생과 긍휼의 원형을 따르지 못한다. 그들의 그리스도는 환상에 불과하며, 그 결과 그들의 삶 역시 환영과 같다.[18] 신앙과 사랑은 밀접한 연관이 있으며 끊임없이 함께 나아간다.[19] 그렇지만 섬김은 그리스도의 몸 안으로만 제한되지 않는다. 모든 사람이 하느님께로 돌아올 가능성이 있기에 신자는 그리스도의 행동과 고난을 본받음으로써 모든 이가 "그리스도의 제자가 되는 법을 익히도록" 도와야 한다.[20] 불신자들이 분노하면 신자들은 이를 받아주고 온유하게 대하고, 인내하며, 끊임없이 기도함으로써 그리스도인들이 "그들의 형제임을 알게" 해야 한다.[21] 그렇게 그리스도인은 모든 굴욕과 불의를 기꺼이 감내함으로써, 그리스도 안에서, 그리스도를 통해 하시는 하느님의 활동이라는 본을 향해 나아갈

---

[16] *Epistula ad Trallianos*, I.

[17] *Epistula ad Smyrnaeos*, VI.

[18] *Epistula ad Trallianos*, X., *Epistula ad Smyrnaeos*, II.

[19] *Epistula ad Ephesios*, IX, XIV., *Epistula ad Magneios* I., *Epistula ad Trallianos*, VIII 등.

[20] *Epistula ad Ephesios*, X.

[21] *Epistula ad Ephesios*, X.

수 있다.[22] 순교는 이와 같은 자기를 내려놓는 과정의 자연스러운 귀결이다. 이 귀결은 한편으로는 정점이자 절정이기도 하기에 이그나티우스는 순교가 영광이자 특권이며 그리스도를 통해 하느님의 형상을 인간이라는 동전에 최종적으로 새기는 행위라고 말한다.[23]

한편, 순교는 하느님께서 자신을 빵과 포도주로 내어주시는 활동에 상응하는 행동이기도 하다. 이와 관련해 이그나티우스는 섬뜩한 심상을 활용한다.

> 저는 하느님의 밀이니 맹수의 이빨에 갈려서 순수한 빵이 될 것입니다.[24]

이 "순수한 빵"(일부 사본들에는 "그리스도의 순수한 빵", 혹은 "하느님의 순수한 빵"이라고 나와 있다)은 같은 편지 7장에 나오는 "그리스도의 살flesh인 하느님의 빵"과 나란히 놓고 보아야 한다. 이처럼 성체를 활용한 심상들은 편지 곳곳에 흩어져 있다. 순교는 그리스도에게 "이르는" 것, '그리스도를 닮는다'는 예정된 목표에 도달하는 것, 성숙한 인간이 되는 것이다.[25]

---

22 *Epistula ad Ephesios*, X., *Epistula ad Polycarpum*, III.

23 *Epistula ad Magneios*, V.

24 *Epistula ad Romanos*, IV.

25 *Epistula ad Romanos*, V. 신약성서 로마 11:7, 히브 6:15, 11:33에서 "도달하다", 혹은 "이르다"를 뜻하는 '페튀카이노'πετυχαίνω가 어떻게 쓰이는지를 비교해 보라.

거기에 이르렀을 때 저는 참 인간이 되어 있을 것입니다.[26]

이그나티우스가 이렇게 말했을 때 바울이 에페소인들에게 보낸 편지
에서 언급한 "그리스도의 충만하심의 경지에까지 다다"르게 된 "온전
한 사람"(에페 4:13)을 의식한 것 같지는 않다. 어휘와 어법이 매우 다르
기 때문이다('사람'을 가리킬 때 쓴 그리스어도 다르다). 그렇지만, 두 구절
에 비슷한 생각이 담겨 있다는 점을 부인하기는 어렵다. 이그나티우스
는 십자가에 달리신 그리스도가 인간 존재를 궁극적으로 좌우하는 모
형이라고 본다. 즉 인간이 된다는 것은 십자가 못 박힌 예수를 닮아가
는 것이다. 인류를 향한 하느님의 목적은 십자가에서 분명하게 드러났
다. 인간이 하느님의 생명에 "이르기" 위해서는 주님께서 그리하셨듯
자기를 부정하는 죽음을 통과해야 한다. 「로마 신자들에게 보낸 편지」
Epistula ad Romanos에서 이그나티우스는 가슴 아프게 울부짖는다.

> 제가 나의 하느님께서 감내하신 수난을 본받는 자가 될 수 있게 해 주
> 십시오. 누구든 자기 안에 하느님이 살아 계신다면, 제가 갈망하는 것
> 이 무엇인지 이해하기를 바랍니다. 제 감정을 나눌 수 있기를 바랍니
> 다. 그는 저를 짓누르는 것이 무엇인지 알 것입니다.[27]

하느님 나라의 불길이 일어나기를 갈망하기에, 그리스도가 받을 "세

---

[26] *Epistula ad Romanos*, VI.

[27] *Epistula ad Romanos*, VI.

례"가 성취되기를 갈망하기에, 그리스도를 따라 그는 짓눌리고 괴로워한다(루가 12:49-50 참조). 주님께서 실제로 고난받으셨다는 것에 의문을 제기하는 이들이 실제로는 비현실적인 데 빠지는 것과는 달리, 주님께서 실제로 고난받으셨음을 신뢰하는 순교자는 참된 현실, 순수함, 혹은 온전함, 참된 인간성에 도달한다. 순교자는 죽음으로 예수의 십자가와 하나됨으로써 진리를 계시하고 실현한다. 진리와 삶의 하나됨, 예수의 육신 가운데 현존하는 진리와 그가 머리 되는 교회가 겪는 일의 하나 됨에 대한 생생한 감각이 이그나티우스의 모든 편지에 스며들어 있다. 이에 관한 가장 분명하고 인상적인 표현을 「에페소 신자들에게 보낸 편지」Epistula ad Ephesios 15장에서 찾아볼 수 있다.

> 말하면서 존재하지 않기보다는 말없이 존재하는 것이 더 낫습니다(이와 관련해 6장에서 그는 과묵한 주교를 칭찬한다).

이 수수께끼 같은 말의 함의는 예수의 침묵을 다루면서 드러난다. 예수에게는 말과 행동이 하나이기에("그분은 말씀하신 대로 행하셨으며") 그의 행동 또한 말이다. 따라서 예수의 말을 온전히 이해하기 위해서는 그의 침묵을 이해해야 한다. 예수가 "침묵으로 행한 일들도 아버지께서 보시기에 합당"하기 때문이다.[28]

이 구절은 이그나티우스가 「로마 신자들에게 보낸 편지」 8장과 나

---

[28] *Epistula ad Ephesios*, XV.

란히 놓고 볼 수도 있다. 여기서 그는 그리스도를 "아버지께서 말씀하신 ... 입"으로 묘사한다. 이는 예수의 가르침에 아버지에게 받은 "구원하는 진리"가 있다는 뜻이 아니다. 예수가 바로 "아버지께서 말씀하신" 바다. 위에서 언급한 두 구절은 그리스도인의 삶의 목표를 진리의 상태, 아버지께서 말씀하신 예수로 제시한다. 그러므로 예수 안에서, 예수를 통해 하느님께서 하시는 활동을 본받을 때는 예수의 가르침을 익히고, 예수의 행동을 따르는 것 외에 또 다른 것이 있다. 즉 말과 행동이 하나를 이룬 예수의 침묵에 참여하는 것이다.

　예수의 침묵에는 또 다른 의미도 있다. 그의 침묵을 의식하게 됨으로써 우리는 예수 생애의 전체 과정을 모호하고 감추어져 있는 하느님의 활동, "이 세상 통치자들에게는 감추어진" 활동으로 볼 수 있게 된다.[29] 그리스도의 잉태, 탄생, 그리고 죽음은 "큰 소리로 선포된 세 가지 신비"지만, 모두 "하느님의 침묵 가운데" 나타났다고 이그나티우스는 말한다.[30] 하느님은 물질과 역사적 현실 가운데 말씀하시기에 그분의 음성은 그분의 말씀이 닿는 "세상성"worldliness에 감추어져 있다. 그렇게 이그나티우스는 자기 나름의 방식으로 바울의 역설,하느님께서 세상의 어리석은 것들, 약한 것들을 택하셨다는 이야기, 하느님의 어리석음과 약함(1고린 1:17-31)을 풀어낸다. 「로마 신자들에게 보낸 편지」에서 그는 이를 더 강조한다.

---

[29]　*Epistula ad Ephesios*, XIX.

[30]　*Epistula ad Ephesios*, XIX.

우리 하느님이신 예수 그리스도는 이제 아버지 안에 계시기에 더욱 분명하게 보입니다.[31]

"보이는 것" 그 자체로는 어떤 미덕이나 의미를 얻지 못한다. 이그나티우스 자신도 죽음을 통해 "이 세상에 보이지 않게 될 때" 주님을 향한 참된 신실함에 이르게 될 것이다.[32] 그렇기에 그는 어둠 한가운데서, 그 어느 때보다 힘있게 말할 수 있다.

> 이런 문제는 남을 설득한다고 될 일이 아닙니다. 그리스도교 신앙은 세상으로부터 미움을 받을 때 더 위대해집니다.[33]

이그타니우스는 자신의 참 생명, 참된 삶, 인간성, 실재는 경기장에서 시작된다는 확신 아래 굴욕과 고문을 감내하고 죽음을 향해 나아간다.

> 이제 출산의 진통이 시작되었습니다.[34]

진리는 인간의 육신을 입고, 인간의 죽음을 겪었다. 그럼으로써 인류

---

31 *Epistula ad Romanos*, III.
32 *Epistula ad Romanos*, III.
33 *Epistula ad Romanos*, III.
34 *Epistula ad Romanos*, VI.

에게서, 한 사람 한 사람의 육신과 죽음 가운데 '진리'의 가능성을, 이 세상은 무의미하다고 여기는 침묵, 실패, 죽음으로 이루어진 참되고 견실한(이그나티우스의 표현을 빌리면 "썩지 않는") 생명의 가능성을 새롭게 창조해냈다. 진리는 지적 관조 같은 것을 통해 육체에서 벗어난다고 해서 얻을 수 있는 것이 아니다. 어떤 면에서 죽음은 진실로 우리를 자유롭게 한다.[35] 그러나 바울도 이야기했듯, 그 자유는 "하느님의 성전"인 육신으로부터의 자유는 결코 아니다.[36] 이때 자유란 자아와 죄로부터의 자유이며, 그리스도는 아버지 하느님의 성정, "마음의 틀"γνώμη이기에 하느님께서 자신의 특징적인 활동으로 보여 주신 섬김과 사랑을 향한 해방이기도 하다.[37] 그리스도인들이 모여 서로 사랑하고 서로를 섬길 때 이 자유와 진리는 이미 작동하고 있으며 그리스도께서 몸소 주신 선물인 성찬에 새겨져 있다. 이러한 맥락에서 이그나티우스는 성체를 "불멸의 약"the medicine of immortality이라고 말한다.[38]

현대 독자들은 과거의 독자들보다 이그나티우스의 이야기를 미심쩍게 여기는 경향이 있다. 분명, 다가오는 죽음에 대한 그의 태도는 병적으로 보이기도 하고, 고통에 집착하고 거기서 묘한 만족을 느끼는 것 같기도 하다. 그리고 어떤 이들은 이그나티우스가 고백자, 미래의 순교자라는 지위를 활용해 자신의 신학, 특히 주교의 권위를 강조하

---

[35] *Epistula ad Romanos*, IV. "제가 고통을 겪는다면 예수 그리스도의 자유인이 될 수 있겠고 그분 안에서 자유인으로 다시 일어날 것입니다."

[36] *Epistula ad Philadelphenses*, VII.

[37] *Epistula ad Ephesios*, III.

[38] *Epistula ad Ephesios*, XX.

는 신학을 자신의 편지를 받는 교회들이 받아들이도록 조종했다고 비난하기도 한다. 그의 표현 중에는 노골적으로 자신의 권위를 과시하는 수사학을 구사하는 듯 보이는 것도 있다. 이 모든 평가에는 어느 정도 진실이 담겨 있다(바울에 대해서도 우리는 비슷한 평가를 할 수 있을 것이다). 그러나 이것이 이그나티우스의 전부는 아니다. 그의 동기에 여러 요소가 뒤섞여 있다 해서 그가 순교를 감내했을 때의 도덕적 진정성이나 순교자로서의 상징성이 없어지지는 않는다. 이그나티우스가 실제로 자신의 지위를 활용해 논쟁적인 사목 교리를 관철하려 했을 수도 있다. 그렇다 해도 그가 자신의 끔찍한 죽음을 동료 신자들에게 전하는 선물(그것도 그가 줄 수 있는 최상의 선물)로 여겼으며, 이를 염두에 둔 채 쇠고랑을 찼다는 근본적인 사실은 변하지 않는다. 그리고 이 사실은 그가 스스로 무엇을 하고 있다고 생각했는지 주의를 기울여볼 것을 요청한다. 그의 수사는 그저 말로 끝나지 않았기 때문이다. 지금까지 살펴보았듯 이는 그의 신학과도 합치한다. 순교를 향한 그의 열정은 단순히 자기혐오, 세상과 육신에 대한 경멸로 치부할 수 없다. 그는 육신의 삶이 어쩔 수 없이 짊어져야 할 짐이나 탈출해야 하는 감옥이 아니라, 은총 안에서 완성해야 할 과제라고 확신했다. 그리고 이는 바울 및 신약성서 전반의 내용과 가장 깊이 일치하는 부분이다. 삶은 (T.S. 엘리엇T.S.Eliot의 표현을 빌리면) "죽음으로 완전케 되는 상징"이지만, 이는 죽음이 삶 전체와 관계되어 의미 있게 될 때만 가능하다. 그러므로 섬김, 긍휼, 가난, 받아들임 등으로 특징지을 수 있는 삶은 이를 갈무리하는 죽음, 혹은 귀결이라 할 수 있는 죽음보다 본질적으로 가볍지 않으며,

분리될 수도 없다.

그리스도인의 삶은 '세상'의 삶과 날카로운 대비를 이루며 하느님과의 만남이라는 매우 특별한 체험에 바탕을 두고 있으나 그 체험은 결코 완전히 사적인 체험이거나 황홀경이 아니다. 그리스도교 영성은 이러한 확신에서 출발했다. 이그나티우스가 「에페소 신자들에게 보낸 편지」에 나오는 표현을 빌리면 참되게, 혹은 올바르게 산다는 것은 "영적인 방식으로 육적인 일을 하는 것"이며, 이는 인간 경험 전체를 변혁하는 것이다. 신약성서와 마찬가지로 교부들의 글에서도 윤리와 신앙, 혹은 '영성'은 분리되지 않는다. 둘이 경쟁한다는 틀 아래 둘을 분리하는 것은 궁핍한 윤리, 왜곡된 영성이다. 이는 그리스도인의 경험과 삶이 과거에 얻은 전망, 혹은 관점, 이해, 지식에 머무르지 않으며 미래를 지향함을, 그곳에 목표와 희망을 둔다는 것을 암시한다. 이는 결코 추상적인 예견이 아니다.

"미래"는 이미 나타났다. 그리스도인은 이미 한 인간이 이 땅에서 살아낸 삶의 본을 지향한다. 이 삶은 인간이 되신 하느님의 삶이기에 모든 시대에, 온 인류에게 영속적인 권위를 갖는다. 하느님께서 몸소 인간의 삶을 살아내셔서 본이 되셨기에, 육신을 입고 역사 속 인간들과 관계를 맺는 가운데 자신을 완전한 선물로 주셨기에, 그렇게 상징이 되셨기에, 이 본과 선물과 상징에 기대어 그리스도인들에게는 분명한 삶의 목표가 있고, 그 목표에 도달하기 위해 분투한다. 목표를 제시하고 이 모든 과정을 주도하시는 분이 하느님이시기에 그리스도인들의 분투는 순전한 인간의 노력이라 할 수 없다. 그 목표 역시 인간의 노력만으로는 도달할 수 없다. 이렇게 역사적 현실에 관심을 기울인다는 점, 인간의 성장과 분투에 관심을 기울인다는 점에서 1세기 그리스도교는 동시대 다른 제의 종교들과 날카롭게 구분된다.

그리스도교는 극심한 갈등과 비극으로 점철된 한 인간의 삶이 하느님의 계시라고, 그렇기에 인간이 처한 조건은 절망적이지 않으며, 비극 가운데서도 희망을 발견할 수 있다고, 하느님께서는 자기를 선물로 내어주시는 수단으로 비극적이고 파괴적인 고난을 택하셨다고, 하느님은 바로 그런 분이라고 주장했다. 그렇기에 그리스도교 교회가 선포한 '진리'는 관점이나 전망, 혹은 가르침 그 이상의 것이었다. 그리스도교 교회가 선포한 '진리'는 역사에서 성취된 구원의 기록이며, 사람들이 모인 실제 공동체에서 그들의 모든 경험이 변혁됨으로써 현실이 되었고, 그 진리는 그들을 구원한 이가 이룬 본에 개인과 집단이 몸담을 때 이를 성취할 수 있다는 희망이자 약속이기도 했다. 교회는 함께하는 공동체의 삶, 곧 성사에 바탕을 두고 (단순히 신비로운 종교 제의에 참여하는 것이 아니라) 공동체를 이루고 이를 이어가는 친교의 삶을 사는 가운데, 하느님의 아들, 종이신 성령과 함께하는 삶을 제시했다. 당시 이러한 믿음이 얼마나 낯선 것이었는지는 초기 교회가 이를 얼마나 부드러운 형태로 설명하려 노력했는지를 통해 알 수 있다. 많은 그리스도교 변증가는 이 신앙의 독특함과 세상성, 그리고 그 속에 담긴 하느님에 관한 암묵적인 가르침을 전하는 데 애를 먹었다.

하느님의 고난은 초기 그리스도교의 자랑이자 수치였다. 이러한 면에서 초기 그리스도교 사상의 역사는 겟세마니와 골고다의 낯선 하느님, 인간 경험의 어두운 측면과 그 구석을 맴돌던 바울과 이그나티우스가 기쁨으로 받아들인 하느님을 모두 소화해 내기 위한 분투의 역사다.

02

—

육신의 그림자

영지주의의 도전

편지 작가들은 특성상 비체계적이고 '즉흥적인' 사상가들이었다. 바울과 이그나티우스가 쓴 편지들에서 일정한 사유의 흐름을 추출할 수는 있겠지만, 무언가를 일관되게 분석하고 해석하는 경우를 바울의 편지들에서는 거의 찾아볼 수 없고, 이그나티우스의 편지들에서는 전혀 찾아볼 수 없다. 이른바 그리스도교 '조직신학' 저술들이 등장하기 시작한 것은 기원후 2세기에 이르러서다. 소아시아 출신인 리옹의 이레네우스Irenaeus of Lyons, 그리고 카르타고의 테르툴리아누스Tertullian of Carthage의 저술들이 그 대표적인 예다(이레네우스의 경우 이그나티우스가 아꼈던 폴리카르푸스를 알고 있기도 했다). 두 저자는 일반적으로 '영지주의'라 불리는 체계가 급속히 발전하는 모습에 자극을 받아 저술 활동을 했다. 물론 그 전에, 신약성서 본문들이 쓰이던 시기에도 이런 체계는 존재했다. 요한의 첫째 편지를 포함해 후기에 쓰인 신약성서 본문들에 나오는 "예수 그리스도께서 육신을 입고 오셨음을 고백하지 않는"(2요한 1:7) 이들에 대한 반박들은 '영지주의'와의 논쟁이 시작되었음을 보여 주며, 예수가 고난을 겪었다는 것에 의문을 제기한 이그나티우스의 대적자들도 같은 사유 세계에 속해 있었다고 할 수 있다. 그러나 '영지'를 중심으로 우주의 구조와 이를 깨닫는 방식, 구원의 원리를 설명하는 정교한 체계가 본격적으로 등장한 시기는 2세기 중엽이었다. 이는 교회가 일찍이 겪어보지 못한 심각한 지적 위협이었다. '영지주의'는 복잡미묘한 종교 체계로, 복음과 근본적으로 거리가 먼 입장을 표현하면서도 그리스도교 언어를 활용했기 때문이다. 이러한 도전에 맞서 교회는 그리스도교의 언어를 정의하고, 경계를 그어야 했다. 무엇보다도 교회는 우연적인 것the contingent, 육신을 지닌 것the fleshly에 그리스도교가 관심을 기울이고 헌신하는 이유, 이러한 헌신과 그리스도교 언어의 관계를 옹호하고 정당화해야 했다.

이 시기 그리스도교 저술가들은 영지주의를 개별자the particular로부터의 도피로 여겼다. 우주와 영혼에 관한 영지주의 "이야기들"(수많은 상징으로 가득 찬 이 이야기들을 이레네우스는 희화화했다)은 매우 다양하지만, 이들을 관통하는 중심 사상이 있다. 이를 일부 현대 학자들은 '세계 밖에 있는 신', '세계 밖에 있는 영혼'에 관한 가르침으로 요약했다. 영지주의에서 신과 세계는 서로에게 낯선 존재다. 세계는 우연히 발생했거나, 어떤 천상의 힘이 악용되어 발생했다. 그러므로 역사의 질서와 시간의 질서, 조건과 제한이 있는 세계는 결코 신의 목적 안에 있지 않다. 세계의 탄생은 일종의 낙태이고, 재앙이다. 그러나 세계와 그 안에 있는 만물에는 이해하는 능력을 지닌 영혼의 형태로 신성한 실재의 흔적이 남아 있다. 이 갇혀 있는 영혼이 자신의 숙명에 따르려면 세계라는 감옥에서 벗어나 '신' 안에 있는 그들의 고향으로 돌아가야 한다. 이러한 현세, 육신으로부터 벗어나고자 하는 열망이 종교로서 영지주의의 원동력이었다. 영지주의는 하나의 우주적 드라마, 혹은 '초월적 역사'transcendent history를 그렸으며 여기에서는 개별자, 개인의 '내재적 역사'immanent history가 특별한 역할을 할 수 없다. 해방의 원리는 모두에게 동일하게 적용되기 때문이다. 그렇기에 영지주의에서는 전 인류의 경험 세계이든 한 사람 한 사람의 다채로운 삶이든 인간의 경험은 하느님께서 이루시는 구원 활동의 무대일 수 없으며, 육신을 지니고 살아가는 삶을 성숙을 이루어야 하는 과정, 완성되어야 할 예술 작품으로 여길 수도 없다. 인간이 나아가야 할 참된 길은 오직 온갖 조건에서 철저히 자유로워지는 것, 역사에서 철저하게 벗어나는 것뿐이다. 이제 구원자의 생애와 경험을 통해 밝혀지는 의미가 분명해진다. 즉 중요한 것은 초월적이고 무조건적인 진리, 순수한 지성의 교류, 영혼의 양식이지 특정 인간의 특정 행위는 아무런 중요성을 갖지 못한다. 인간이 겪는 고통은 더 말할 것도 없다. 그렇기에 영지주의 '복음서들'(오늘날에도 상당 분량이 남아 있다)에는 예수의 행적이 아니라 말이 주로 기록되어 있으며, 그 역시 예수의 공생애 기간 중 시점을 특정하지 않은 경우이거나 부활 이후 40일 동안이다.

초기 그리스도교인들이 예수와 그를 따르던 이들의 삶 가운데 일어나는 갈등과 비극에 진지한 관심을 보이는 것(앞서 이야기했듯 이 점이야말로 초기 그리스도교 영성의 특징이다)을, 영지주의자들은 영적 미성숙의 징후이자 자유의 영역으로 나아가지 못했다는 증거로 여겼다. 영지주의에서는 그러한 경험들을 조화롭게 이해하거나 통합하는 데 관심을 기울일 이유가 없었다. '죄'나 '회개'repentance같은 말들을 쓸 수는 있었지만, 실제로 신자가 해야 할 일은 자신의 경험 중 어떤 부분들을 망상이고 무의미하며 구원받을 수 없는 것으로 여기고 이들을 거부하는 것이라고 영지주의자들은 이야기했다. 그들이 보기에 인간을 옥죄는 것은 (바울이 이야기했듯) 도덕적 무능과 교착 상태가 아니라 무지ignorance, 단순히 자아의 상태, 혹은 행동의 동기에 대한 무지가 아니라 '초월적 역사'에 대한 무지와 그 방법, 즉 인간 역사라는 제약에서 벗어나 초월적 역사에 합류하는 방법에 대한 무지였다.

> 살아계신 분인 예수께서 대답하여 이르셨다. "이것이 내 아버지의 생명이니, 너희는 이성의 종족으로부터 너희의 영혼을 받아라. 그리하여 지상에 머물기를 멈추고 내가 너희에게 말하는 것을 통해 지혜를 얻으라. 그리하면 완성에 이르러 이 영겁의 지배자와 끝없는 그의 속박에서 벗어날 수 있을 것이다."[1]

---

[1] Edgar Hennecke, Wilhelm Schneemelcher(ed.), 'Books of Jeu', *New Testament Apocrypha*, vol. 1 (London: Lutterworth Press, 1963), 261.

이들에 따르면 그리스도께서는 자신을 따르는 이들에게 하느님에 이르기까지 상승하는 데 필요한 정보를 주셨으며, 이를 통해 그들은 자신의 앞을 가로막는 권세들에게 이름을 붙일 수 있고 이로써 이들을 극복할 수 있다. 오래전 하르낙Adolf von Harnack이 파악했듯 영지주의는 매우 실질적인 질문들에 답했다. 여기서 얻어지는 지식, '그노시스'γνῶσις는 우주라는 미로를 통과할 수 있는 안전한 통로를 찾기 위해 말과 생각들을 조종하는 능력이자 "기술"technique이다. 이 같은 맥락에서 거듭남rebirth이란 영혼('프쉬케'ψυχή)의 참된 본성을 이해하여 지성의 가족, 혹은 종족('게노스'γένος)에 속하게 됨으로 영혼을 '되찾아 오는'repossession 것이다. 영혼은 영적 실재인 '정신', 즉 '누스'νοῦς의 일부다. 우주의 역사는 오직 이 실재에 관한 이야기다. 영지주의자들은 바로 이 이야기를 육신을 입은 채 가짜 역사라는 감옥에 살고 있는 사람들에게 들려주어 그 감옥에서 벗어나도록 해야 한다고 생각했다.

리옹의 이레네우스(기원후 130년경-200년경)

영지주의에 반대하는 그리스도교인들은 구원을 영적 기술로 축소하는 것에 대해 할 말이 많았다. 이레네우스는 주저 「이단 반박」Adversus Haereses 제2권에서 많은 분량을 할애해 하느님이 어떻게 퓌시스φύσις, 즉 '자연', 그리고 필연적 과정과 구분되느냐는 어려운 문제를 다룬다. 관건은 자신이 맞서는 견해에 굴복하지 않으면서 그러한 진술을 해야 한다는 것이다. 영지주의는 육체적 본성의 질서와 영적 본성의 질서를 철저하게 구분해야 한다고 제안했다. 이에 맞서 이레네우스는 육체적 본성이든 영적 본성이든, 본성과 자연이 하느님이 인간을 향해 베푸시는 전적인 은총에 의지한다고 말하면서도, 동시에 저 본성과 자연을 평가절하하지 말아야 했다. 이러한 맥락에서 그는 구원이 "자연스럽게", 즉 인간의 영적 측면을 잠재적으로 통제할 수 있으며 다만 깨달음을 필요로 할 뿐이라는 의미에서 "본성에 따라" 일어나는 일이 아님을 분명히 한다.[2] 구원은 하느님의 자유로운 선택에서 시작되어 일어나 하느님과 나누는 사랑의 관계이며, 그분의 "의"에 거하며 사는 이는 이를 누릴 수 있다. 하느님과의 친교는 의로운 삶에 대한 "보상"이다.[3] 즉, 하느님께서는 의로운 사람에게 자신을 내어 주신다. 그러나 "의"와 친교가 동일하지는 않다. 인간이 저절로 하느님을 볼 수 있게 되는 방법이나 행위는 없다. 다만 하느님 보시기에 "적합한" 행위는 있다. 이레네우스는 힘주어 이러한 행위는 전인격적인 행위라고 말한다.

의에 합당한 것들은 육체에서 완성된다.[4]

영혼의 생명은 그 자체로는 아무것도 아니다. 감각 경험, 성찰, 자유 의지는 모두 영혼 이상의 것과 관련이 있다.[5] 영혼과 육체는 불가분의 관계에 있으며, 영혼은 육체를 떠나 별도의 개체성이나 정체성을 갖지

---

2 *Adversus Haereses*, II. 44.

3 *Adversus Haereses*, II. 44, I. 2.

4 *Adversus Haereses*, II. 44.

5 *Adversus Haereses*, II. 45.

않는다.[6] 그러므로 이레네우스에게 단일한 '영적' 역사란 있을 수 없다. 하느님은 자연에서 일어나는 상호 작용의 질서, 인과율의 질서에 속하지 않기 때문에 역사를 갖고 있지 않다. 인간 역시 우연성과 다양성을 특징으로 하는 육체적 삶에서 벗어나 있다면 역사를 갖고 있지 않다. 영지주의자들이 하느님과 '정신'을 하나의 영적 '게노스'로 묶었다면 이레네우스는 둘을 분리한다. 그는 온갖 경험을 할 수밖에 없는 인간이 처한 조건이 자유롭지 않음을 부정하지 않는다. 그러나 영지주의자들과는 달리, 그는 이를 역사 속 인류를 향한 하느님의 본래 목적을 인간이 성취하지 못했기 때문이라고 말한다. 그에 따르면, 인류는 하느님의 형상을 따라, 즉 하느님께 순종함으로 그분과 관계 맺을 수 있는 능력을 지닌 존재로 창조되었다. 따라서 인류는 이 관계 맺음을 통해 본래의 목적을 성취할 수 있다.

    인간은 하느님의 형상이다.[7]

그러나 그 형상은 잠재적일 뿐이다. 인간은 선을 행함으로써 저 형상의 "모습"을 지녀야 한다.[8] 인류가 완벽하게 창조되었다면 저절로 선을 행했을 것이다. 그러나 하느님께서는 인간이 삶을 살아가는 가운데 자

---

[6] *Adversus Haereses*, II. 52-6.

[7] *Adversus Haereses*, IV. 34. 7.

[8] 다음을 보라. *Demonstratio apostolicae praedicationis*, II.

유롭게 올바른 행동의 양식을 창조하라고 요구하신다.[9] 하느님의 뜻은 인류가 자기 나름의 역사를 만들고, 그 역사 안에서 성장하여 하느님의 생명을 나누는 것이다

> 삶의 참된 실체는 하느님을 나눔을 통해 나온다. 하느님을 나눔은 그 분을 보고 그분의 관대함을 누리는 것이다.[10]

바로 이 지점에서 인류는 실패했다. 인류는 성장하기를 거부하고, 스스로 불완전하고 실체 없는 삶, "부패"를 향한 길, 곧 붕괴, 불안정, 혼돈, 궁극적으로는 육체적, 영적 죽음에 이르는 경향에 빠졌다.[11] 온전한 인격은 하느님의 모습을 실현하도록 부름을 받았지만, 그 온전한 인격은 실패했다. 그러므로 인간에게는 치유가 필요하다.

진지하게 다루어야 할 역사는 오직 육체를 지닌 인간들의 역사이기에, 인류의 구원 역시 역사 가운데 이루어져야 한다. 영지주의자들은 구약성서를 하느님이 자신의 피조물에게 개입한다는 조잡한 미신에 사로잡힌 한 민족의 기괴한 기록물로 여겼다. 이에 맞서 이레네우스는 하느님 활동의 연속성을 주장한다.[12] 하느님의 구원 활동은 이스라엘 역사에서 오랜 기간에 걸쳐 이루어지고 있으며, 족장들과 예언자

---

[9] *Adversus Haereses*, IV. 61.

[10] *Adversus Haereses*, IV. 34.

[11] *Adversus Haereses*, V. 7.

[12] *Adversus Haereses*, IV. 47 이하.

들을 통해 활동하시는 그 하느님이 그리스도 안에서, 그를 통해 활동하시는 하느님이라고 그는 말한다. 하느님께서는 유대인들에게 환상과 "신비", 예언자들의 말과 행동으로 자신을 알려 주셨다.[13] 여기서 흥미로운 점은 이레네우스가 이사야, 예레미야, 에스겔, 호세아 같은 예언자들의 상징적 행동(심지어 삶)을 하느님께서 인간과 소통하는 주요 수단으로 주목했다는 사실이다. 그는 관심을 역사적 사실에 관한 말과 생각에서, 그것에 관한 "발화"發話,speech로 옮긴다. 구약에서 하느님은 사람들에게 의를 베풀어 주시기 위해 율법과 예언을 통해 자신을 드러내셨다. 이들에 순종함으로써 그들은 하느님을 볼 수 있었고, 어느 정도 그분의 생명을 나눌 수 있었다.[14]

옛 언약에서도 하느님께서는 말씀하시지만, 여전히 눈에 보이지 않는 하느님과 인류 사이에는 거리가 있다. 인류가 하느님의 생명을 나누고 "하느님에게로 들어가려면", 하느님께서 말씀하실 뿐만 아니라 인류에게로 들어오셔야 한다.[15] 예언을 통한 계시는 결코 여기까지 나아갈 수는 없다. 인류는 "하느님의 영광"(IV.34)이 되도록 창조되었으나 아담이 유혹에 굴복함으로써 본래 지위와 자유의 세계를 박탈당했으며, 더는 삶에서 하느님의 아름다우심을 보여 주는 성스러운 모습을 만들어낼 수 없게 되었다. 이런 인류가 회복되려면 치유 받아야 하지만, 세상의 어떤 행위자도, 인류가 아닌 어떤 외적 힘도 인류를 치유하

---

13 *Adversus Haereses*, IV. 34.

14 *Adversus Haereses*, IV. 24, 28, 34.

15 *Adversus Haereses*, IV. 52.

지 못한다. 육신을 가진 인간의 치유는 참으로 자유로운 유일한 분, 창조주 하느님을 통해서만 이루어질 수 있다. 이렇게 창조주와 피조물의 철저한 분리와 구별(이는 이레네우스의 반영지주의 논의에서 기초를 이룬다)은 자유로우신 하느님께서 인간 역사에서 활동하심으로 극복된다. 이때 하느님께서는 인간으로서 역사 가운데 활동하시기에 창조주와 피조물의 구별은 (어떤 측면에서는) 절대적으로 유지된다.

다시 창조하시는 분The re-creator은 오직 피조물로서만 활동하실 수 있으며, 세계 역사 외부에 있는 창조주Creator로서는 활동하실 수 없다. 따라서, 구원자의 인격 안에서, 그를 통해 우리는 하느님을 알지만, "그분의 위대함에 따라"secundum magnitudinem 아는 것이 아니라, "그분의 사랑을 따라"secundum dilectionem 안다.[16] 이는 훗날 동방 신학자들이 하느님의 "본질"substance과 "활동"operation을 구분하듯 구분한 것이 아니다. 이를 통해 이레네우스는 하느님께서 이루시는 구원은 당신의 사랑으로 당신의 피조물을 사랑하고 기뻐하기로 한 그분의 자유로운 결정에 따라 시작된 관계임을 강조하려 했다. 구원은 저 멀리 있는, 찬탄해야 마땅한 위엄있는 분, 초월자를 보는 것이 아니라 세계에서 하느님을 만나는 것이다. 우리는 하느님의 위엄을 볼 수 없으며, 하느님의 '본성'을 이해할 수 없다.

영지주의의 오류는 그런 인간과 분리된, 비인격적인 앎은 불가능함에도 불구하고 그런 앎을 얻는 것이 치유이자 화해라고 가정했다는 데

---

[16] *Adversus Haereses*, IV. 34.

있다.[17] 오직 아들 안에서, 아들을 통해서만 우리는 이해할 수 없고 헤아릴 수 없는 아버지를, 그분께서 연민으로 우리 마음을 치유하고 새롭게 하시고 확장하심을 볼 수 있다.[18] 이를 통해 우리는 죽을 수밖에 없는 우리의 실존이 보이지 않는 아버지를 닮은 그리스도를 닮게끔 변모될 수 있음을 배운다.

> 하느님의 말씀이 육신이 되셨을 때 그분은 두 가지를 이루셨습니다. 즉 그분은 몸소 자신의 형상이 되심으로써 인류 안에 있는 하느님의 참된 형상을 우리에게 보여 주셨습니다. 그리고 눈에 보이는 말씀으로 활동하심으로써 인류가 보이지 않는 아버지를 닮게 해 인류와 하느님의 형상을 확립하고 회복시키셨습니다.[19]

「사도적 가르침의 논증」Demonstratio Apostolicae Praedicationis에서 아들이 아버지에 대한 "영지"라고 말했을 때, 이는 위 내용을 압축적으로 표현한 것이다.[20] 성부와 성자의 관계야말로 앎의 틀이다. 성부는 성자와 함께 누리는 친교를 통해 성자를 알며, 성자 역시 마찬가지다. 따라서 성자 안에서, 성자를 통해 하느님을 안다는 것은 친교 가운데, "연합을 지향하는 공동체"를 통해 그분을 안다는 것을 뜻한다.[21] 성령이 우리 안에

---

[17] *Adversus Haereses*, IV. 34.

[18] *Adversus Haereses*, III. 6, 11, IV. 11.

[19] *Adversus Haereses*, V. 16

[20] *Demonstratio Apostolicae Praedicationis*, 7.

[21] *Demonstratio Apostolicae Praedicationis*, 6, 31.

머물게 됨으로써, 그리하여 우리가 하느님에게 양자로 받아들여져 그 분을 "아바"라고 부를 수 있게 됨으로써 우리는 미래에 아버지와 맺게 될 관계를 미리 맛본다.[22] 이러한 이야기는 영지주의자들이 이야기하는 '영지'와는 거리가 멀다. 그리스도인의 목표는 삶을 나누며 하느님을 알아가는 것이다. 서로 친밀한 교제를 나누는 가운데, 그리고 하느님(의 인간성)과 친밀한 교제를 나누는 가운데 그리스도인은 성장한다.

> 천사들이 보기를 열망하는 하느님의 신비가 인류 안에서 온전히 이루어집니다.[23]

그러므로 구원은 인간적인 것에서 하느님에게로 도피하는 것이 아니라 하느님의 모습을 실현하는 것이며, 인간적인 것 안에서 그분의 생명을 나누는 것이다. 물질 세계, 육신을 지니고 경험하는 세계가 변모될 수 없고 구원받을 수 없다면 말씀이 육신이 된 역사는 아무런 의미도 없게 된다.[24]

이레네우스는 보이는 말씀, 만져서 알 수 있는 역사적인 하느님, 참 생명과 "부패하지 않은" 모습이라는 주제를 거듭 강조한다.[25] 그리고 이러한 모습은 지상에서 전개되는 삶, 지상에서 일어나는 갈등 가운데

---

[22] *Adversus Haereses*, V. 8. 여기서 그는 2고린 1:22, 갈라 4:6, 로마 8:13을 언급한다.

[23] *Adversus Haereses*, V. 36.

[24] *Adversus Haereses*, V. 14.

[25] *Demonstratio Apostolicae Praedicationis*, 6, 31, 39.

드러난다. 이레네우스는 수많은 논의를 거친 뒤 '총괄갱신'recapitulation에 관한 가르침에서 이를 분명히 드러낸다. 눈에 보이는 말씀은 예수의 삶과 죽음이라는 사건을 통해 말씀하시는 하느님이며 언제나 그렇듯 창조적으로 말씀하신다. 예수 사건은 인류가 하느님을 향하도록 원형이 되는 인간 상황들을 제정함으로써 인류를 다시 만든다.[26] 이러한 측면에서 '총괄갱신'은 그리스도를 새로운 아담으로 보는 바울의 그리스도상像을 확장한 해석이다. 이레네우스가 보기에 '총괄갱신'은 아담의 유혹과 관련지어 전개되어야 한다. 아담은 유혹에 굴복했지만, 예수는 유혹 앞에서 순종하며 인내하셨다. 둘 다 육체의 필요와 본능(배고픔)의 유혹, 그리고 어떤 영적 힘의 유혹을 받는다. 둘 다 연약하지만, 하나는 실패하고 하나는 승리한다. 바로 이런 측면에서 예수는 새로운 '원형'archetype을 창조했다고, 혹은 아담의 실패를 창조주께서 본래 의도하신 뜻을 따르는 원형으로 바꾸었다고 말할 수 있다. 하느님의 형상, 즉 하느님의 생명을 나눌 수 있는 가능성은 그리스도의 인내와 순종을 닮음으로써 실현된다. 볼프하르트 판넨베르크Wolfhart Pannenberg의 표현을 빌리면, "하느님과의 친교라는 인간의 숙명"이 이 인간의 삶에서 결정적으로 나타났다. 이 삶에서 그가 내린 모든 중요한 도덕적 혹은 영적 선택은 친교와 순종이 성장할 수 있는 자리가 된다. 그리고 예수의 수난, 음부 강하라는 극한의 경험은 인간 존재 전체의 성화라는 주제가 더 전면에 드러나게 한다.[27] 그렇게 예수는 인간 성장의 모든 단계를

---

[26] *Adversus Haereses*, V. 1, 10-23. 그리고 다음을 보라. *Demonstratio Apostolicae Praedicationis*, 33.

[27] *Adversus Haereses*, II. 22.

통과하며 그 모두를 새롭게 한다.[28]

이그나티우스는 예수의 행동(그리고 침묵)이 하느님의 발화, 말씀 사건을 구성한다고 보았다. 그와 마찬가지로 이레네우스는 구세주에 대한 인간의 체험과 분리된 "구원에 관한 정보"는 아무런 유익도, 가치도 없다고 생각했다. 구원을 "구원에 관한 지식"의 문제로 보는 것은 영지주의자에게 길을 터주는 것이며 인간의 인격 전체를 치유하고 통합하는 과정을 완전히 회피하는 것이다. 구세주만이 감당해야 할 임무가 영적 세계와 자연법칙에 관한 정보를 전달하는 것뿐이라면, 그는 역사에서 아무런 위치를 갖지 못한다. 영지주의자들에게는 예수가 부활 후 "40일"이라는 시간, 육체를 지닌 삶이라는 제약에 매이지 않는 그 시간 동안 가르침을 전달했다는 이야기가 너무나 적절해 보였다. 이런 관점에서는 부활 이후 예수의 상태를 그의 공생애 시절까지 소급 (이런 소급은 외경 「요한 행전」Acts of John 88-92, 예수의 실제로 고난을 겪었다는 것을 부인하는 가현설 전통docetic tradition에서 나타난다)하지 않는 한, 부활 이전 예수의 모든 것, 혹은 거의 모든 것은 구원에서 그 중요성이 제한적이다. 어떤 식으로든, 영지주의자들에게 중요한 예수는 연약함, 제약, 혹은 조건에 매이지 않는 예수다.

이레네우스가 신학사에 남긴 위대한 공헌은 바로 이 조건성condition-edness, 즉 유혹에 휘말리는 삶과 그때 하게 되는 선택의 필요성을 하느님께서 이루시는 구원 활동의 중심에 놓았다는 데 있다. 하느님께서는

---

[28] *Adversus Haereses*, III. 19.

육체를 지닌 피조물로 활동하심으로써, 피조물이 지닌 자유, 즉 조건과 제약에 응하는 자유를 온전히 행사하신다. 그리하여 인간이 "부패한 가운데"서도 하느님과 친교를 나누며 자유와 안정을 누릴 수 있음을 분명히 드러내신다. 이레네우스의 시선에서 하느님께서는 예수가 지상에서 살아간 삶, 그리고 그 삶을 살아가는 동안 우발적으로 일어난 구체적인 일들을 제쳐놓고 당신의 뜻을 전하시지 않는다. 영적 영역spiritual realm의 지형에 관한 담론들은 더더욱 그러하다. 하느님께서는 예수의 삶을 말씀하신다. 달리 말하면, 그분은 한 사건, 곧 한 인간의 역사를 "발화"하신다. 그분은 단순히 인간의 언어 체계, 혹은 개념들의 체계가 아닌 인간 사회, 공동체로 들어오셔서 인간이 자신과 어울리며 친교를 나누게 하신다commixtio et communio Dei et hominis.[29] 가장 온전한 의미에서 "생명의 형상"form of life을 나누는 것이다.

이 모든 이야기는 인간의 자기 이해에 영향을 미친다(구스타프 빙그렌Gustaf Wingren은 이레네우스에 관한 논문 「인간과 성육신」Man and the Incarnation에서 이를 탁월하게 설명한 바 있다). 이그나티우스와 마찬가지로 이레네우스의 논의 역시 우리가 한계, 우연성, 유혹, 내적, 외적 갈등과 같은 경험들에 주목하고 이들을 성숙한 신앙생활, 하느님을 향해 성장해 나아가는 길의 기초로 여기게 해 준다.

인간은 '형상'과 '닮음', 부르심과 응답, 기회와 성취라는 두 극 사이에서 살아간다. 그러므로 한 사람의 삶은 창조의 목적, 하느님과의 약

---

[29] *Adversus Haereses*, IV. 33.

속된 나눔을 향해 나아가는 것으로 엮어지는 연속성 있는 이야기story, 즉 역사history다. 바울과 이그나티우스가 그러했듯 이레네우스 역시 다양한 방식으로 '그리스도의 생애'에 담긴 의미를 새기는 길, 특정한 삶에서 일어난 다양성 및 우연성과 하느님의 활동이 어떻게 연합했는지를 신학적으로 평가할 수 있는 길을 열었다. 예수의 삶은 개별자, "불충분하고 낯선 것"*을 거룩하게 하여 조건화된 인간 이야기 안에서, 그 이야기를 통해 하느님을 드러낸다.

그러므로 하느님께서 구원 활동을 하시는 장소locus, 당신을 알리고, 사랑하고, 만나고자 하는 그분의 뜻이 펼쳐지는 곳은 개인이든, 집단이든 역사적 결단이 이루어지는 세계다. 구원은 누군가의 '특권', 역사를 벗어나는 황홀경, 어떤 영적 학문의 원리가 아니며 그럴 수도 없다. 자기만족이라는 본능을 충족하거나 거스르는, 권력과 폭력을 추구하거나 포기하는, 친교를 지향하거나 반대하는, 창조주에게 순종하거나 불순종하는 삶을 택함으로써 인간은 하느님과 마주한다. 바로 이런 불확실한 순간들에 삶의 중요한 요소들이 담겨 있다. 이 순간들을 통해 인간은 자신의 가능성과 자유를 감지하기 때문이다. 이런 이야기를 했다고 해서 이레네우스를 2세기의 키에르케고어Søren Kierkegaard로 보는 것은 시대착오적인 일일 것이다. 그렇게 보지 않고서도 그가 하느님이라는 실재의 핵심에 창조 의지가 있듯 인간이 살아가는 현실의 핵심에도 창조 의지가 있다고 이야기한 사상가라는 점에는 의심의 여지

---

* 제라드 맨리 홉킨스Gerard Manley Hopkins의 시 '알록달록한 아름다움'Pied Beauty에 나오는 표현이다.

가 없다. 이레네우스에게 있어 구원이란 저 두 의지의 만남이자 연합이다. 그때 인류는 하느님께서 뜻하신 바대로 될 것이다. 그리고 이 체계에서 그리스도는 하느님의 자유와 인간의 자유를 완벽하게 표현한 분이다.

알렉산드리아

이레네우스에게 '그리스도를 닮는다는 것'은 교회를 통해 매개된 '성령'을 나눔으로써 역사적 삶으로 드러난 그리스도의 본을 따르게 되는 것이다. 하지만 다른 그리스도교 저술가들은 육신을 지닌 예수를 영지주의자들이 불편하게 여기는 이유에 공감했다. 그런 이들에게 그리스도를 닮는다는 것은, 그리스도에게 깃든 영원한 로고스, 즉 예수의 삶에 있는 일시적이고 우연한 부분들이 아닌, 역사적 모습에 가려진 신성한 진리를 따르는 것을 의미했다. 그들은 그리스도의 육신을 묵상하는 것이 중요한 이유는 그 길을 통해서만 영원한 말씀에 도달할 수 있기 때문이라고, 그러나 나자렛 예수는 결코 묵상과 기도의 종착점이 될 수 없다고 이야기했다. 이러한 이야기에는 지성으로 알 수 있는 형상과 물질적이거나 역사적인 구현을 분명하게 나누는 고전적인 구분이 반영되어 있다.

플라톤 전통은 역사에서 이루어지는 활동과 역사에 관한 지식을 영혼이 물질 세계에 갇혀 있다는 생각과 연결하는 경향이 있으며, 이는 그리스도교 사상에도 커다란 영향을 미쳤다. (한참 나중에 등장한) 클레르보의 베르나르두스Bernard de Clairvaux처럼 예수의 인성에 커다란 관심을 기울인 저자조차 역사적 예수만 알거나 묵상하는 것은 우리가 아직 순수해지지 않았음을, 육신을 입어 불완전한 영을 지녔음을 알려주는 표지라고 말했다. 이러한 태도는 현대까지도 이어지고 있다. 가장 영지주의적이지 않은 현대 신학자 중 하나였던 칼 바르트Karl Barth조차 그리스도의 '지상' 형태가 하느님의 말씀을 가린다는 말을 한 바 있는데, 이는 저 영원하고 실질적인 진리와 그 진리의 우연하고 일시적인 형태가 구별된다는 옛 생각을 되살리는 듯하다.

기원후 1세기, 유대인 저술가 필론Philo은 성스러운 본문, 그리고 그 배후에 있는 사건을 일종의 암호화된 메시지, 즉 영원한 진리에 관한 '우의'allegory로 읽음으로써 구약의 역사적 계시와 플라톤주의 세계관을 조화시키려 했다. 그의 이러한 작업은 그리스도교인들이 영혼의 여정에 관해 성찰하는 데 커다란 영향을 미쳤다. 필론에게 종교적 탐구의 목적은 지상의 개별자들로 인한 산만함에서 벗어나 대상을 올바로 보는 것, 즉 성숙한 시선을 얻는 데 있다. 그렇지만 이러한 상태에 도달하려면 먼저 이 세상에 있는 것들, 이 세상에서 일어나는 일들에 대해 배우고 실천해야 한다. 창조 질서를 관조하고. 삶을 이루는 도덕적 구조를 관조하고 적절하게 세움으로써 우리는 모든 존재의 근원, '호 온'ὁ ὤν, '존재하는 일자', '스스로 있는 자', 불타는 떨기나무에서 모세에게 계시된 하느님을 볼 수 있다고 필론은 이야기했다.

이러한 관점에서 볼 때 역사에 나타난 계시는 하느님께서 세상의 용어로 진리를 설명하는 방식이다. 즉 이 땅에 있는 진리의 단서들을 올바로 배열하면, 우리는 진리를 깨달을 수 있다. 이는 영지주의에서 이야기하는 깨달음과는 다르다. 필론은 '기술' 같은 것을 이야기하지 않았으며, 영의 법칙들을 통제해야 한다고 제안하지도 않았다. 종교의 목적이자 결말은 그저 관조하게 되는 것, 즉 하느님을 위해, 그분으로 인해 기뻐하고 그분을 누리는 것이다. 인간은 결코 하느님을 통제할 수 없다는 성서의 관점을 필론 역시 공유한다. 인간의 개념으로는 결코 하느님을 담아낼 수 없다. 모세는 지성의 범위를 넘어선 구름과 어둠으로 올라간다. 그곳에서 하느님께서는 어떠한 형태나 관념의 개입 없이 직접 자신을 보여 주신다고 필론은 이야기했다. 그러므로 필론이 제시한, 이해를 향한 순례 여정은 (영지주의자들이 생각했듯) 무언가를 '습득'하는 과정이 아니라 오히려 '벗겨내는' 과정에 가깝다. 순례의 목적은 우리 마음을 흐트러뜨리는 여러 우려와 염려에서 벗어나 단일한 마음으로 보는 단순함의 경지에 이르는 것, 플라톤주의의 표현을 빌리면, 다자the Many에서 시원의 일자the primal One에게로 돌아가는 것이다.

필론의 도시 알렉산드리아에서 활동했던 그리스도교 신학자들의 수많은 작업은 이를 근간으로 삼았다. 이들도 종종 '영지'gnosis, '영지자'gnostic와 같은 말을 썼지만, 이들의 견해는 영지주의자들의 견해와 구별해야 한다. 필론이 그랬듯 이들 역시 인간이 하느님에게 가까이 갈 수 없다는 감각, 자유에 대한 감각을 견지했기 때문이다. 그렇지만 필론, 그리고 영지주의자들이 그랬듯 이들 역시 육체의 질서, 역사의 질서를 불편해했다. 그렇기에 그들은 계시를 언제나 구원의 정보를 전달하는 것으로 이해했으며, 그렇기에 (영지와 마찬가지로 사랑agape도 중시하기는 했으나) 그들의 주된 관심사는 영을 이해하는 것, '누스'νοῦς였다. 영적 삶의 시작은 하느님의 신비를 '파악'하는 데서 시작된다고 그들은 생각했다. 이 같은 맥락에서 '그리스도의 영지'에 관해 가장 널리 알려진 신학자인 알렉산드리아의 클레멘스Clement of Alexandria(150년경-215년경)는 「어떤 부자가 구원받는가?」Quis Dives Salvetur라는 설교에서 우리가 "인식('그노시스'γνῶσις)과 이해('카탈렙시스'κατάληψις)를 통해" 하느님을 알 수 있다고 말하면서 여기에는 사랑하는 것, 그리고 삶과 태도에서 그분을 닮는 것이 포함된다고 이야기했다.[30] 그러나 다른 글에서 그는 인간이 하느님을 닮는 것을 하느님의 자기 결정을 나누는 것, 그리고 정념들에서 자유로워지는 것과 연관 지어 설명한다.[31]

'누스', 즉 사고의 능력을 지니고 '로기코스'λογικός, 즉 '로고스'λόγος에 따라 하느님처럼 행동할 수 있는 한, 인간은 하느님의 형상 안에 있다.[32] 그러므로 자유롭게 자기 결정을 할 수 있고 무정념 상태에 도달하면, 온전히 이치에 따라 활동(로기케λογικώ)할 수 있으며, 하느님의 형상으로서 온전히 하느님의 생명을 나눌 수 있다. 인간은 '썩지 않음'(아프타르시아ἀφθαρσία), '변치 않는 생명'(아트렙토스 조에ἄτρεπτος ζωή)이라는 "하느님의 유산"을 상속받았다.[33] 그렇기에 하느님을 더 사랑할수록 인간은 하느님 안으로 더 가까이 들어가게 된다.[34]

인간은 이성을 지녔다는 점에서 당연히 동물보다 우월하지만, 이제

---

[30] *Quis Dives Salvetur*, 7. 『어떤 부자가 구원받는가?』(분도출판사)
[31] *Stromata*, VIII. 13.
[32] *Protreptikos*, 78.
[33] *Quis Dives Salvetur*, 27.
[34] *Quis Dives Salvetur*, 27.

하느님과 같은 안정함을 지녔다는 점에서도 동물을 능가한다.[35]

지상에서도 "영지자"는 "평안의 보좌에 앉아" 있다.[36] 그는 "하느님을 품고 있고 하느님의 인도를 받기에 거룩하고 하느님을 닮았다".[37] 사고하는 능력이 성장함으로써 그는 하느님의 이성, 즉 영원한 말씀을 온전히 나누게 된다. 클레멘스의 모든 성찰에서 일관되게 등장하는 주제는 바로 이것, 즉 하느님과 인간의 본성은 모두 이성적이라는 점에서 닮았으며, 하느님과 인간 안에서 말씀(로고스)이 활동함으로써 둘이 만난다는 것이다. 클레멘스가 바울을 인용해 "온전한 사람이 되어서, 그리스도의 충만하심의 경지"(에페 4:13)에 도달하는 것을 말했을 때 이는 "영원한 말씀의 무정념 상태"를 가리킨다.[38]

이 도식에서 그리스도는 본질적으로 교사다. 하느님께서는 계시의 가르침('디다스칼리아'διδασκαλία)을 통해 인간이 자신을 닮게 하신다.[39] '말씀'은 그리스인에게는 철학을, 유대인에게는 율법을 주어 온 우주를 가르친다.[40] 예수는 이 계시의 정점이자 (말씀의) "연주자"이며, 인류를 자신에게로 끌어당기는 하느님의 궁극적인 표현이다.[41] 이와 관련해 클레멘스는 멋진 표현을 남겼다.

---

[35] *Protreptikos*, 93.

[36] *Ad Neophytos.*

[37] *Stromata*, VII.

[38] *Stromata*, VII. 10.

[39] *Protreptikus*, 71.

[40] *Stromata*, VII. 16.

[41] *Protreptikus*, 4. 그리고 *Stromata*, VII. 10.

주님께서는 내려오셨고, 인간은 올라갔습니다.[42]

하느님께서는 인간들과 어울리는 동료 시민이 되셨습니다.[43]

그러나 이그나티우스와 이레네우스가 관심했던 부분, 즉 하느님께서 인간이 지닌 한계를 함께 나누셨다는 사실이 구원에 어떠한 영향을 미치는지에 대해서 클레멘스는 관심을 기울이지 않는 것 같다. 그가 보기에 그리스도께서 유한한 지상 생활을 하신 이유는 인간을 교육하기 위해, 육체에 얽매인 피조물 인간의 이해에는 한계가 있음을, 그러므로 겸손해야 함을 깨우쳐주기 위해서였다. 그리스도께서는 자신을 따르는 이들의 정신이 성숙하지 못했기에 최대한 단순하게, 직접적으로 말씀하셨다. 그렇지만 성숙한 그리스도인은 그 단순한 말씀 뒤에 있는 영적 핵심에 도달해야 한다. 이 같은 맥락에서 클레멘스는 복음서에 나오는 젊은 부자 청년 이야기를 검토하며 "네가 가진 것을 팔아라"는 그리스도의 명령을 "재물에 대한 생각, 재물에 대한 애착, 재물에 대한 지나친 욕망"에 대한 경고로 해석한다.[44]

구원은 많든 적든, 작든 크든, 화려하든 초라하든, 영예롭든 수치스럽

---

[42] *Protreptikus*, 86.

[43] *Protreptikus*, 90.

[44] *Quis Dives Salvetur*, 11.

든 외적인 것들에 달려 있지 않습니다. 영의 덕들에 달려있습니다.[45]

그리스도의 명령과 가르침에 담긴 영적 의미는 평범한 신자들에게는 숨겨져 있다. 그러나 '영지자'(그노스티코스γνωστικός)는 성서 읽는 법을 알기에 계시를 올바르게 해석한다.[46] 클레멘스는 여러 곳에서 영지자의 올바른 성서 해석과 이단자들의 조잡한 해석을 대조한다.[47] 영적으로 성숙한 이들은 교육받지 못한 이들이 지상의 예수만을 발견하는 곳에서 영원하고 변치 않는 '말씀'을 만난다. 이런 점에서 클레멘스가 십자가 사건을 잘 언급하지 않는다는 사실은 주목할 만하다. 십자가에 속박당하신 그리스도께서 인간을 부패의 속박에서 해방시키셨다고 「권고」Protreptikus에서 언급하기는 하지만, 이는 수사일 뿐이다. 클레멘스는 이해 수준에 따라 그리스도인들을 분명하게 구분해야 한다고 제안한다. 그에게 있어 (계몽주의 이후 사람들과 비슷하게) '믿음'은 실재에 대한 열등하고 무지한 반응이기에 "통찰을 통해 완전해져야 하고", 영적 지식으로 보완되어야 한다.[48] 그리고 영적 지식은 사랑에, 사랑은 정념 없는 안식이라는 "하늘의 유산"에 이르게 한다.[49] 믿음은 진리의 뼈대를, 본질적인 요소들을 아는 것이지만, 참된 '영지'는 믿음으로 받아들

---

[45] *Quis Dives Salvetur*, 18.
[46] *Stromata*, VII. 60.
[47] *Stromata*, VII. 95, 96, 102, 103.
[48] *Stromata*, VII. 55.
[49] *Stromata*, VII. 55.

였음을 "증명"하는 것, 경험으로 증거하는 것이다.[50] 이 같은 맥락에서 클레멘스는 영혼의 순례 여정 전체를 사랑으로 이끄는 앎의 과정으로 제시한다. 회심의 결정적인 순간은 '무지'에서 '앎'으로의 전환이다.[51] 회심은 누군가 자신이 하느님의 형상이자 하느님의 자녀임을 깨달을 때, 즉 인간 본성의 이치를 깨달을 때 이루어진다.

당신은 하느님의 자녀이니 ... 아버지를 인정하십시오.[52]

그러면 그는 자신을 "그 태생에 걸맞게" 만들어 주는 구원의 명령들에 순종할 수 있다.[53] 그러나 그렇다고 해서 그가 곧바로 완전에 이르게 되는 것은 아니다. "아버지의 품"을 온전히 볼 때까지 그는 살아가는 동안 계속 성장할 것이다.[54] 클레멘스가 제시한 영혼의 순례 도식은 결코 정적이지 않다. '영지자'가 다른 신자들보다 탁월한 영적 앎을 갖고 있다 할지라도 공동체의 예배, 공동체의 삶에서 면제되는 것은 아니라고 그는 말했다. 참된 '영지자'라면 결코 다른 사람에게 무관심할 수 없기 때문이다. 그는 "다른 사람의 슬픔을 자신의 슬픔으로 여기고", 다른 사람들이 참회할 수 있도록 자신도 "형제의 죄를 나누고 있는 이로

---

[50] *Stromata*, VII. 57.
[51] *Protreptikus*, 75.
[52] *Protreptikus*, 79.
[53] *Stromata*, VII. 47.
[54] *Stromata*, VII. 57. 그리고 *Quis Dives Salvetur*, 36.

간주하게" 해달라고 기도한다.[55] 무엇보다 그는 자신이 받은 것을 나누어야만 한다.[56] 사랑과 선행으로 하느님의 본을 따르는 것은 다른 이를 가르치고 계몽하는 것을 포함한다.[57] 클레멘스의 그림에서 영지자와 다른 신자는 영구적으로 구별되지 않는다. 영지자는 더 많은 영지자를 만들어야 한다. 그러므로 클레멘스가 말한 그리스도에 대한 '영지'는 이레네우스가 반대했던 영지주의자들의 영지와 확연히 구별된다. 클레멘스 사상의 핵심은 하느님께서 자유 가운데 베푸시는 은총, 「어떤 부자가 구원받는가?」에 나오는 표현을 빌리면 "은총의 신선함"이다.[58] 그렇기에 그는 하느님의 불가해성을 인정한 고전 철학자들을 높이 평가하고, "신적인 것"이 물질 세계에 퍼져 있다고, 혹은 물질 세계를 활성화한다고 주장하는 스토아학파나 품격 없는 아리스토텔레스학파의 가르침을 비판한다.[59]

달리 말해 클레멘스는 이레네우스 못지않게 하느님께서는 물질이든 지성이든 그 어떤 자연 질서에도 매이지 않으신다고 주장했다. 그러면서도 그는 초기 영지주의자들 못지않게 복음을 "내면화"internalize하기 위해 세심한 노력을 기울였다. 클레멘스의 저술에는 이런 양면성이 만연해 있다.

클레멘스의 인문주의, 이를테면 그의 글이 지닌 아름다움, (「양탄자」

---

55 *Stromata*, VII. 78, 80.

56 *Stromata*, VII. 4, 19, 80. 그 외에도 많은 곳에 등장한다.

57 *Stromata*, VII. 13.

58 *Quis Dives Salvetur*, 8.

59 *Protreptikus*, 58-61.

Stromata 7장 17절에 나오듯) 신성한 사랑에 대한 묘사, (「양탄자」 7장 62-64, 「어떤 부자가 구원받는가?」 곳곳에 나오는) 영지자는 피조물로서 인간의 쾌락에 대해 일정한 거리를 두면서도 감사한 마음으로 적절하게 사용해야 한다는 주장에 대해서는 수많은 학자가 (지나치게 많이) 이야기했다. 그들은 이런 구절들을 근거로 피조 세계에 대한 클레멘스의 관점이 긍정적이라는 점을 보여 주려 했다. 그러나 클레멘스가 이 세상의 재화 goods에 대해 그렇게 쓸 수 있었던 이유는 "구원은 외적인 것과는 관련이 없다"고, 영적 상태와 물질적 조건, 혹은 물질과 관련된 행동 사이에는 상관관계가 없다고 보았기 때문이다. 역설적으로, 물질과 재화는 중요하지 않기 때문에 향유할 수 있다.

그리스도교 문학에서 「어떤 부자가 구원받는가?」는 새로운 시도를 보여 주는 작품이다. 그전까지 다양한 어려움을 겪으며 편안함을 누리지 못했던 교회들(특히 2세기 초 로마 교회)은 예언자 전통을 이어받아 부의 위험성을 노골적이며 거친 방식으로 경고하는 글들을 남겼다. 이와 달리 클레멘스는 모든 물질적 조건의 덧없음을 깨닫는다면 오히려 신자에게 부는 문제가 되지 않음을 논증하는 데 성공했다. 이 주제를 두고 고린토 교회 신자들에게 전한 바울의 권고("때가 얼마 남지 않았으니, 이제부터는 아내 있는 사람은 없는 사람처럼 하고 ... 세상을 이용하는 사람은 그렇게 하지 않는 사람처럼 하도록 하십시오. 이 세상의 형체는 사라집니다"(1고린 7:29, 31))를 인용할 수도 있지만, 그는 그렇게 하지 않았다. 클레멘스의 초연함은 바울이 당연시했던, 이 세상의 임박한 종말에 대한 믿음에서 나오는 초연함이 아니다. '영지자'는 모든 측면에서 존경할 만한 인물이기에, 교양을 갖춘 이라면 누구나 그를 알아볼 수 있다고 그는 생각했다. '영지자'는 심리적, 육체적 피로에 시달리지도, 어려움을 겪지도, 유혹에 빠지지도 않는다. 이처럼 고결한 그리스도인은 일생에 걸쳐 꾸준히 자신을 개선하며, 타고난 품위와 합리성을 점진적으로 실현한다. 이런 클레멘스를 향해 개인주의와 영적 자기만족에 빠져있다고 비난한다면 이는 잘못이다. 하지만 육체를 "족쇄"로 평가절하하는 그의 생각은 역사를 협소한 방식으로, 한 사람의 생애를 그의 사적인 영역에 국한해 보게 만드는 측면이 있다. 여기서 역사가, 한 사람의 생애가 "심판을 받는다"는 생각은 매우 모호해진다. "심판"의 자리는 사실상 "깨달음"으로 대체된다. 클레멘스의 논의에서 그리스도께서는 우리에게 빛으로 오셔서 깨달음을 주신다. 하지만 요한 복음서에서처럼 우리의 현실을 폭로하고, 양극으로 가르고, 결단을 촉구하지는 않는다. 클레멘스는 예수의 행동들을 포함한 그의 전체 역사가 아닌 그의 가르침에 관심을 집중했기 때문이다. 물론 클레멘스도 순교에 관심이 있었다. 「양탄자」 제4권에서 그는 순교가 어떻게 '자기'를 잊고 사는 삶, 초연한 삶의 절정인지를 설명하는 데 전념한다. 분명 클레멘스와 이그나티우스 사이에는 어느 정도 접점이 있다. 그러나 인간은 기본적으로 육체의 요구를 넘어 영을 고양해야 하며, 순교를 그 최상의 사례로 본다는 점에서 클레멘스의 이야기는 신약성서 대부분은 물론, 이그나티우스의 이야기와도 상당히 다르다.

클레멘스의 이야기에서 하느님의 활동을 닮는 것은 이그나티우스가 말했듯 하느님께서 내어주시는 선물을 받아 침묵 속에서 말과 행동이 융합해 그분을 가리키는 가시적인 표지가 되는 과정이나, 이레네우스처럼 육체라는 한계 안에서 창조적으로 순종하는 길이 아니라, 고요함(헤시키아*hsychia*)을 유지하는 것, 꾸준히 구원의 지식을 깨닫는 것이다. 물론 이는 하느님에 대한 사랑, 인간에 대한 연민과 연결되지만 이를 실천하는 '영지자'는 불교에서 말하는 보살, 즉 진리를 깨달아 중생을 계도하기 위해 자신의 해탈을 포기하는 사람에 가깝다. 이 이상은 분명 진지하고 가치 있으나 회심과 변혁에 관심을 기울이는 이레네우스의 전망과 어떻게 통합될 수 있는지는 분명하지 않다.

클레멘스는 다른 금욕주의자, 혹은 엄숙주의자rigorist들만큼 인문주의자는 아니다. 그가 그리는 이상적인 그리스도인은 세계를 이용하되 적극적으로 변혁하지는 않는다. 이교의 미신이 반영되어 있을지도 모른다는 의심 아래 예배당과 예술 작품을 무시하는 태도도 이와 연관이 있다.[60]

플라톤처럼 클레멘스도 말과 사물과 같은 지상의 것들을 매개로 진리와 거짓을 혼합해 영혼을 위협하는 존재들인 예술가들을 쫓아내고 싶어 했다. 그에게 진리란 우연과 얽혀 발견될 수 없는, 역사 속 질서에는 집을 틀지 않은 이방인이었기 때문이다.

오리게네스(185년경-254/5년)

알렉산드리아 그리스도교를 대표하는 인물, 가장 위대한 사상가는

---

[60] *Stromata*, VII. 28.

두말할 것 없이 오리게네스다. 그의 저술들을 살펴보면 클레멘스보다 훨씬 더 미묘하고 차별화된, 그러나 클레멘스가 마주했던 것과 동일한 어려움에 시달리는 모습을 발견하게 된다. 흔히들 오리게네스 안에는 "예수의 제자"가 사변적인 플라톤주의 철학자와 불안하게 공존한다고 말한다. 클레멘스는 믿음에서 앎으로, 앎에서 사랑으로 나아가는 그림을 그리지만, 오리게네스는 이렇게 단계를 명확하게 구분하지 않는다. 그가 보기에 앎과 사랑은 함께 가기 때문이다.

> 우리가 마음을 다해 하느님의 가르침과 그 의미를 묻고 선생들의 도움을 받지 않고서도 진리를 발견하게 된다면, 우리는 우리의 신랑이신 하느님 말씀의 입맞춤을 받고 있음을 믿을 수 있습니다.[61]

"우리의 신랑이신 하느님 말씀", 여기에 오리게네스 사상의 핵심이 있다. 우리가 "사랑이 내면에 입히는 상처"에 닿지 않는다면, 기도는 시작조차 할 수 없다. 이 상처는 부부간의 사랑에 견줄 수 있는, 그리스도에 대한 직접적이고 인격적인 경험을 하도록 우리를 몰아간다.

우리를 사랑하시는 분의 손길이 닿으면 우리는 교회에서 이루어지는, "천사들과 예언자들"을 거쳐 전해지는 사랑으로는 만족하지 못하며, 인간에게 합당한 자유와 이성을 넘어 말씀을 직접 받아들이기를, 초자연적인 깨달음을 얻기를 갈망하게 된다.[62]

---

[61] *In Canticum Canticorum*, I. 333. 1.

[62] *In Canticum Canticorum*, I. 329.

오리게네스는 어떤 종교 전통으로도 해소되지 않는 갈망, "지적" 황홀경이나 신비로운 몰입이 아닌 하느님께서 피조물과 맺으시는 친밀한 관계에 대한 확신, 그 관계의 달콤함, 이를 누리려는 열정을 강조한다. 위대한 아가 주석을 보면 그에게 진리의 분별, 어려움의 해결, 의미의 파악은 기본적으로 (이를 매우 지적인 용어로 그리기는 하나) 인격의 문제, 관계의 문제다. 가르침과 이야기를 통해 간접적으로만 아는 것은 "영혼의 갈망, 사랑을 충분하고 완전하게 만족"시키지 못한다. 머리와 가슴은 분리될 수 없으며, 사랑과 이해는 서로 분리해 생각할 수 없다.

오리게네스가 직접적인 체험에 관심을 보이는 것을 두고 누군가는 그의 사상이 다소 개인주의적이라 느낄지도 모른다. 그러나 아가를 주석하며 그는 공동체와 개인, 교회와 영혼 사이를 오간다. 특정 영혼의 경험은 교회 전체의 경험과 무관하지 않다.[63] 오히려 영혼은 교회를 이루는 가운데 깨달음을 얻는다.[64]

논문 「기도론」De oratione에서 오리게네스는 대제사장 그리스도께서 드린 기도가 인간들, 천사들이 드리는 모든 기도와 연합한다고 말한다.[65] 그에 따르면 사랑 안에서 더 완전해진, 이 세상을 떠난 성도들은 아직 순례 가운데 고군분투하는 사람들의 슬픔과 짐을 짊어지고 지상에 있는 교회와 함께 기도한다. 오리게네스는 교회란 주님의 고난을

---

[63] 그 좋은 예는 여기서 찾아볼 수 있다. *In Canticum Canticorum*, III. 39-41.

[64] *In Canticum Canticorum*, III. 61.

[65] *De Oratione*, XI. 1, 2. 『오리게네스 기도론』(새물결플러스)

자신의 고난으로 알고 그분을 모방하며 경험을 함께 나누는 공동체라는 시각을 결코 잃지 않았다. 레위기에 관한 한 강론에서 그는 말했다.

> (가난한 이들을 돕기 위해 하는 금식은) 형제를 위해 목숨을 바친 주님을 본받는 행동이기에 하느님께서 기쁨으로 받아들이십니다.[66]

> 그리스도께서는 믿는 이들에게 일어나는 것들을 자신에게 돌려 자신의 고통으로 여기십니다.[67]

오리게네스는 이것이야말로 그리스도인의 기도와 실천이 지향해야 할 본이라고 생각했다. 그는 이그나티우스나 바울만큼 그리스도인은 성육신하신 주님을 본받고 그분의 삶을 모방해야 한다고 강조했다. 오리게네스에게 성육신은 주님께서 감옥에 갇혀 고통받는 인류를 위해 그들과 자신을 동일시하고 그들에게 자신을 내어 주신 사건이었다. 자기 비움으로 드러나는 연민의 본을 따라 그리스도인은 지상에서부터 성장해 내세에서 이를 완성한다.[68]

> 교회는 그리스도의 순종을 목걸이로 걸칩니다.[69]

---

[66] *De Oratione*, X. 2.

[67] *De Oratione*, XI. 2.

[68] *De Oratione*, XI. 2.

[69] *In Canticum Canticorum*, II. 416.

그러므로 그리스도께서 보여 주셨던 겸손의 수준까지 성장할 때 교회는 가장 아름답다. 「순교 권면」Exhortatio ad Martyrium에서 오리게네스는 (노년에 자신에게 커다란 고통을 안겨 준 박해와 마주해) 이그나티우스를 따라 순교자의 죽음을 성숙한 그리스도인의 표지로 그린다. 그에 따르면 그리스도인은 세례를 받음으로써 십자가의 길에 들어선다. 순교는 그렇게 시작된 자기 부인의 마지막 시험이다.[70] 순교를 감내함으로써 신자는 "성령이 임하도록 자기를 비운"다.[71] 신자가 욕설과 굴욕을 감내할 때 성령이 그에게 온전히 임한다.

그리스도의 고난이 우리 삶에 "넘쳐흐르지 않"으면, 그분의 기쁨, 그분께서 주시는 위로 역시 우리 안에서 "넘쳐흐르지 않을 것"이다.[72] 십자가를 받아들이고 마음으로 그리스도를 고백하는 것으로는 충분치 않다.

> 마음으로는 하느님을 공경하나 입으로 "구원에 이르도록" 고백하지 않는 것보다 마음이 하느님에게서 멀어졌더라도 '입술로' 하느님을 공경하는 것이 낫습니다.[73]

---

[70] *Exhortatio ad Martyrium*, XII.

[71] *Exhortatio ad Martyrium*, XXXIX.

[72] *Exhortatio ad Martyrium*, XLII.

[73] *Exhortatio ad Martyrium*, V. 이와 관련해 로마 10:10, 이사 29:13를 참조하라. * "사람은 마음으로 믿어서 의에 이르고, 입으로 고백해서 구원에 이르게 됩니다." (로마 10:10) "주님께서 말씀하신다. '이 백성이 입으로는 나를 가까이하고, 입술로는 나를 영화롭게 하지만, 그 마음으로는 나를 멀리하고 있다. 그들이 나를 경외한다는 말은, 다만, 들은 말을 흉내 내는 것일 뿐이다.'" (이사 29:13)

이는 박해 당시 행동과 역사적 사건은 무의미하다면서 자신의 배교를 변명했던 영지주의자들의 태도와 극명한 대조를 이룬다.

한편, 오리게네스의 사고에 담긴 긴장 역시 이 논문에서 엿볼 수 있다. 그는 순교와 마주해 신자들에게 용기를 내라고 말하며, 한편으로는 세상의 덧없음과 영적 질서의 중요성을 강조하는 동시에 다른 한편으로는 형제들을 위해 성육신하신 그리스도를 따르는 것의 중요성을 강조한다. 오리게네스에 따르면 영적인 사람은 기꺼이 육체를 버릴 수 있어야 한다. 죽음은 속박에서 벗어나는 것이기 때문이다.[74] 그렇기에 복음서 겟세마네 장면을 해설하며 그는 당혹감을 감추지 못한다.[75] 완전한 영적인 사람이 죽음을 두려워하는 모습을 상상할 수 없기 때문이다. 분명 오리게네스는 클레멘스보다 훨씬 더 성육신 모형을 중시한다. 하지만 그럼에도 불구하고 그는 자신의 철학적 관점이 가리키는 영적 세계의 가치, 이에 따라 구원을 물질의 속박에서 벗어나는 것으로 보는 모형을 포기하지 않으려 한다.

오리게네스에게 누스(영, 영혼, 주체, 지성)는 하느님과 유사하기에 인간이 하느님을 향하는 것은 본성상 자명한 일이었다.[76] 누스는 육체보다 먼저 창조된 하느님의 형상이기에,[77] 누스만 하느님을 알 수 있다.[78]

---

[74] *Exhortatio ad Martyrium*, III.

[75] *Exhortatio ad Martyrium*, XXIX.

[76] *Commentarii in Matthaeum*, X. VII.

[77] *Disputatio cum Heracleida*, 154 이하, *Homiliae in Ieremiam*, II. 1 등.

[78] *Contra Celsum*, VII. 38, 39.

그렇기에 하느님에 대한 앎은 감각 경험과는 분명히 구별된다.[79] 영지주의자들, 오리게네스의 동시대 플라톤주의자들이 그랬듯 오리게네스 역시 물질 세계는 단일한 영적 실재로부터 멀어져 있으며, 물질이라는 형태로는 하느님을 알 수 없다고 생각했다. 그는 플라톤과 필론에게 (이레네우스와 클레멘스를 다루며 언급했듯) 하느님 그 자체는 근본적으로 알 수 없으며, 어떤 개념으로 한정할 수 없고, "존재에 참여하지" 않는다는 확신을 물려받았다.[80]

하느님은 사물이 아니다. 그분은 어떤 '류'에 속하지 않으신다. 인간은 본성상 모든 피조물 아래 흐르는 지혜에 도달할 수 없다.[81] 그렇기에 하느님에 대한 앎은 언제나 헤아릴 수 없는 은총의 신비다.

인간이 하느님을 있는 그대로 본다면 소멸해 버리기 때문에 하느님께서는 육체를 지닌 피조물인 인간을 존중하셔서 "그분의 눈부신 광채를 견디지 못한 이들"로부터 자신을 감추신다.[82] 따라서 이 땅에서 살아가는 그리스도인으로서 우리는 "그림자" 가운데 있다. 아가 2장 3절에 나오는 "그늘"을 주석하며, 오리게네스는 그리스도의 "그림자" 가운데서 살아가는 현재 교회 상황에 대해 매우 복잡한 해석을 전개한다.[83] 그에 따르면, 율법이 "장차 올 좋은 것들의 그림자"(히브 10:1)이듯 그리스도께서는 우리에게 더 위대한 일의 그림자를 드리우신다. 우리

---

[79] *Contra Celsum*, I. 19, VII. 33-46, *Homiliae in Deuteronomium*, 27 등.

[80] *Contra Celsum*, VI. 64.

[81] *De Oratione*, I. 1.

[82] *Contra Celsum*, VI. 17.

[83] *In Canticum Canticorum*, III.

는 이 세상에서, 그리스도의 그림자 안에서 살아가는 가운데 그리스도가 영원의 길, 진리, 생명이심을 깨닫는다. 오직 이곳에 머물러야만 우리는 다가올 시대에 펼쳐질 일들을 보고 확신할 수 있다. 어떠한 경우든 우리의 영혼은 육체에 "덮여" 있기에, 이생에서는 그림자 가운데 있다. 풍부한 암시를 활용해 오리게네스는 이생에서는 필연적으로 그림자와 형상으로 이루어진 앎만을 얻을 수 있기에, 하느님께서는 은총으로 그림자들로 가득한 세계에 당신의 진리를 담은 그림자를 두시어 우리가 간접적으로라도 "거울과 수수께끼"인 그리스도 안에서, 그리스도를 통해 당신을 알게 하셨다고 말한다. 「헤라클리데스와의 논쟁」 Disputatio cum Heracleida에서 그는 같은 이야기를 반복한다.[84] 여기서 그는 그리스도께서는 지금 우리 눈앞에 계시나 우리는 그림자 가운데 있다고 말한다. 그분께서 그림자를 드리우셨기 때문에, 우리는 그분의 모습을 온전히 볼 수 없고, 우리와 함께 계심을 온전히 느낄 수 없다(이와 관련해 오리게네스는 골로 3:3-4을 인용한다).[*] 그분이 온전히 그 모습을 드러내실 때, 그리하여 우리가 그분을 직접 마주할 때, 우리는 "온 우주의 하느님과 그분의 독생자인 아들"과 온전히 하나를 이루게 될 것이다.

아가를 주해하며 오리게네스는 그리스도라는 그림자가 악마의 공격이 일으키는 열기로부터 우리를 보호해 준다고 이야기하기도 한다. 그러나 전체적으로 살펴보았을 때 그가 가장 관심을 기울이는 것은 그

---

[84] *Disputatio cum Heracleida*, 172 이하. 이와 *De Principiis*, II. 6을 비교하라.

[*] "여러분은 이미 죽었고, 여러분의 생명은 그리스도와 함께 하느님 안에 감추어져 있습니다. 여러분의 생명이신 그리스도께서 나타나실 때에, 여러분도 그분과 함께 영광에 싸여 나타날 것입니다." (골로 3:3-4)

리스도가 신성한 진리의 그림자라는 생각이다. 그리스도를 아는 것
은 육체를 지닌 피조물인 인간이 누릴 수 있는 최고의 특권이다. 그러
나 인간은 육체만 지닌 것이 아니며 육체는 궁극적이지 않다. 그러므
로 그리스도인은 성숙해질수록 육체를 지닌 예수에게서 벗어난다. 이
러한 맥락에서 오리게네스는 십자가에 못 박힌 그리스도에 대한 처
음의 헌신은 차차 "내적 복음"으로 대체되어야 한다고 말한다.[85] 「민수
기 강해」In Numeros homiliae에서 그는 이 과정을 자세히 다룬다(XXVII). 여
기서 오리게네스는 성육신에 대한 믿음을 구원의 첫 번째 단계, 삶에
서 일어나는 정념들과 망상에서 벗어나기 위한 분투의 첫 번째 단계
로 그린다. 상승은 육체의 본성, 육체에 바탕을 둔 앎의 방식에서 완
전히 벗어나는 것을 지향한다. 이러한 오리게네스의 생각은 「아가 강
해」 서설(307-313)에 나오는 유명한 구분, 앎이 "도덕적", "자연적", "관
조적"inspectiva으로 나뉜다는 이야기에서 분명하게 드러난다. 여기서 '관
조적' 앎은 그보다 낮은 단계의 방법들을 적절히 실천하면 다다를 수
있는, 감각을 넘어서는 앎이다. 그렇기에 육체를 따라 그리스도를 아
는 것은 영적인 인간에게 성육신 이전의 말씀, 성육신으로부터 독립된
영원한 말씀을 궁극적으로 알기 위한 준비 과정일 수밖에 없다.[86] 이는
오리게네스가 그리스도교 신앙에서 그리스도가 없어도 된다고 생각
했다는 이야기가 아니다.

「기도론」De oratione 1장에서 그는 다가갈 수 없는 하느님이 예수 안

---

[85] *In Ioannem Commentarii*, I. 7-8.

[86] *Contra Celsum*, VI. 68.

에서, 예수를 통해 우리에게 다가오심으로써 우리의 "친구"가 되셨다고 말한다. 예수 없이 우리는 하느님을 알 수 없으며(『켈수스 반박』VII. 66, 그리고 그 외 여러 곳), 우리의 모든 기도 역시 예수 안에서, 예수를 통해 이루어진다.[87] 바울이 그랬듯 오리게네스도 그리스도인은 세례를 통해 다른 무엇보다 예수와 아버지의 관계, 즉 "자녀로 삼으시는 영"을 받는다고 말한다. 그리스도인의 운명은 "예수 안에서 신이 되는 것"이다.[88] 말씀(로고스)은 하느님의 영원한 형상이기에, 그분이 우리에게 깃들면 우리 역시 하느님의 형상이 된다.[89] 이제 우리는 말씀과 하나의 활동을 나눈다.[90] 그 활동이란 곧 아버지의 뜻을 온전히 행하는 것이다.[91] 그리스도인은 이 세상에서도, 내세에서도 "대제사장"인 말씀이 아버지에게 드리는 기도, 모든 이에게 연민을 보이는 말씀의 중보 기도에 참여한다.[92]

앞서 오리게네스가 성육신하신 주님을 모방하는 것에 관심을 기울였음을 살펴본 바 있다. 그리고 여기서는 그가 인간의 궁극적 운명을 성육신하시기 전 영원한 말씀의 활동에 참여하는 것으로 여겼음을 살펴보았다. 그에게 영원의 차원에서 이루어지는 말씀의 활동과 성육신한 말씀의 활동은 뚜렷하게 구분되지 않는다. 둘 다 희생하는 사랑, 순

---

[87] *Contra Celsum*, VII. 4, VIII. 13, 26, 75 등. *De Oratione*, XV, 곳곳.

[88] *In Lucam Homiliae*, XXIX.

[89] *De Oratione*, XXII. 4.

[90] *In Ioannem Commentarii*, I. 16.

[91] *De Oratione*, XXVI. 3.

[92] *De Oratione*, X. 3.

종의 활동이다. 오리게네스에게 있어 말씀은 하느님에 관한 앎을 열등한 현실에 매개하는 원리가 아니다. 그에게 말씀은 인류를 아버지 앞에 서 있는 자신의 자리에 인도하는 영혼의 연인이자 신랑, 결혼식을 치르듯 영혼과 자신을 결합하는 존재다.[93]

앎의 가장 중요한 기능은 삼위일체를 깨닫는 것이다.[94]

영혼이 자신의 참된 본성을 숙고하면 자신의 운명을 깨달을 것이다. 그리하여 영혼은 성령을 따라 아들이 그러하듯 아버지를 아는 은총을 받게 될 것이다. 그렇게 영혼은 삼위일체를 깨닫고, 받아들일 것이다. 자신의 참된 본성이 말씀(로고스)과 함께 있음을 깨달을 것이다.

　오리게네스는 그리스도에게 기도해서는 안 된다고 이야기했다.[95] 그분은 땅에서도, 하늘에서도 아버지를 향해 기도하셨기 때문이다. 우리가 그리스도와 함께 있거나 그분 안에 있다면, 우리 역시 아버지를 향해 기도해야만 한다고 그는 말한다. 오리게네스가 성자로서 그리스도를 경시한 것이 아니다. 다만 그에게 기도란 본질적으로 성부와 성자의 영원한 관계로 들어가는 것이었다. 그 관계 가운데 아들은 아버지를 반영하고, 아버지에게 순종하고, 아버지에게 영광을 돌리고, 아

---

[93]　*In Canticum Canticorum*, 곳곳. 그리고 *Contra Celsum*, VI. 20, 그 외 여러 곳.

[94]　*In Canticum Canticorum*, II. 404.

[95]　*De Oratione*, XV. 1-4, XVI. 1. 또한, 에우세비우스Eusebius가 오리게네스에 관해 쓴 다음 글을 보라. *Praeparatio Evangelica*, XIV. 6.

버지를 사랑하고, 아버지를 향해 기도한다. 설령 아들에게 기도해도 용서받을 수 있지만, 성숙한 신자라면 그런 기도가 매우 깊은 차원에서 왜곡된 활동임을 깨달아야 한다. 올바른 기도는 하느님의 생명 그 자체 안에서, "그분과 함께 영광 받으시는 그리스도를 통해 하느님께 영광을 돌리는 것"이다.[96]

오리게네스는 광대한 범위를 다루고, 그만큼의 깊이를 지닌 사상가다. 앞서 말했듯 그에 관해 글을 쓴 많은 사람은 성서학자 오리게네스와 사변 철학자 오리게네스가 긴장 관계를 이룬다고 보았으며, 그의 저술들을 자세히 살펴본다 해서 이 문제가 해결되지는 않는다. 그럼에도 불구하고 이 긴장이 유지될 수 있는 것은, 하느님께서 당신을 선물로 내어 주셨고, 주신다는 확신이 오리게네스가 쓴 모든 글의 중심을 이루기 때문이다.

그리스도교인이든 비그리스도교인이든 당시 많은 저술가는 앎과 "참여"의 문제(세계는 어떻게 하느님의 존재를 나누고 참여할 수 있는가? 현실은 하나의 참된 실재와 어떤 관련이 있는가?)에 대한 해결책으로 로고스 개념을 활용하곤 했다. 그러나 오리게네스에게 있어 로고스는 나자렛 예수 안에서 육신이 된 말씀이었다. 성부와 성자가 서로 주고받는 사랑은 창조주와 그분의 합리적인 원리라는 추상적 관계에 생명을 불어넣는다. 아버지를 사랑하고, 아버지에게 순종하며, 아버지에게 기도하는 예수, 그런 예수와 아버지의 관계가 그 어떤 우주론보다 영원한 말씀

---

[96] *De Oratione*, XXXIII. 1.

에 관해 많은 내용을 가르쳐 준다고 믿었다는 점에서 오리게네스는 성육신에 뿌리를 둔 신학자, 성서학자였다. 그럼에도 불구하고 물질 세계와 역사에 대한 그의 태도는 문제로 남는다. 오리게네스는 인간의 역사적 삶이 무의미하다고 주장하지는 않았지만, 분명 인간의 역사적 삶을 참된 인간 생명의 불완전하고 왜곡된 형태로 보았다. 그리스 철학의 유산은 인간과 그리스도인의 성장에 관한 오리게네스의 생각에 지대한 영향을 미쳤으며 이를 부정하거나 완화하려 해서는 안 된다. 그리고 그의 모든 논의에는 긍정적인 요소와 중요한 지점이 있음을 인정해야 한다. 보이는 차원에서 보이지 않는 차원으로 영혼이 상승한다는 이야기는 결국 그리스도인들이 늘 숙고한 주제, 하느님을 체험할 때 그 체험은 무언가 굴절되어 있으며 곤혹스럽고, 당혹감을 일으킨다는 생각을 플라톤 사상의 용어를 빌어 진술한 것이다. 그리스도인은 하느님께서 자신을 감추신 채 특정 역사 속 사건들 가운데서 활동하신다고 믿는다. 그렇기에 그리스도교에서는 결코 초월자를 사적으로, 직접 보았다고 말할 수 없다.

오리게네스 역시 하느님은 이 세상 가운데서 만나야 한다고 말한다. 비록 이 세상에서 그분과 만났을 때 그 모습은 "그림자"이지만, 그 그림자는 여느 그림자처럼 일시적이거나 우연적인 것이 아니다. 구세주가 살아간 삶의 '형태'는 구원에 관한 앎을 얻는 데 별달리 중요하지 않다고 본 영지주의와 달리 오리게네스는 (때로는, 자신도 모르게) "육신을 좇아" 예수를 알 때, 역사와 성서에 담긴 계시의 전체 흐름, 영원한 말씀의 참된 형상을 알 수 있다고 믿었다.

오리게네스의 관점에서 역사, 성서, 성육신한 삶은 시간적일 수 있으나 결코 우연의 산물이 아니다. 그렇기에 우리가 "육체 안에서" 하는 일은 매우 중요하다. 그리스도인은 육체 안에서 성육신하신 하느님의 형상을 형성해 사랑 없음이라는 속박에서, 물질 세계, 감각에 바탕을 둔 앎의 세계에서 자신이 통제할 수 있는 것에 대한 집착에서 영혼을 해방해야 한다고 그는 생각했다. (「민수기 강해」에서 묘사한 바에 따르면) 그리스도인들은 광야로 나아갈 준비, 아브라함처럼 안전하고 익숙한 것에서 벗어나 새롭고 낯선 세계로 나아가기 위해 "죽을" 준비를 해야 한다.[97] "멈추지 않고 앞으로 나아가야" 한다.[98]

플라톤주의가 유한한 것을 평가 절하한다는 생각은 플라톤주의에 대한 가장 흔한 오해다. 진실로 물질적인 것이 천상에 있는 실재의 형상이라고 믿는다면, 물질적인 것을 경멸할 수는 없다. 물론 대다수 플라톤주의자가 시간과 물질의 세계를 변화하지 않는 세계, 좀 더 참된 세계에 도움을 주는 세계, 일종의 도구로 보는 것은 사실이다. 플라톤주의자의 세계관은 정적인 세계관으로 기울어지기 쉬우나 오리게네스는 그러한 체계 가운데 역사와 이야기가 일정한 자리를 차지하도록 하는 데 성공했다. 그는 역사와 이야기를 일종의 암호, 우의로만 다루지 않았다. 적어도 예수의 이야기, 예수의 역사는 오리게네스에게 영원한 신성Godhead의 역사적 모습, 역사적 세계에 난입한 은총이었다. 즉, 예수의 이야기는 (필론의 주석에서 모세의 이야기가 그러하듯) 체계를

---

[97] *Exhortatio ad Martyrium*, V.

[98] *De Oratione*, XXV. 2.

설명하지 않으며, 새로운 믿음, 하느님과의 새로운 관계를 구성한다. 예수의 삶에 관한 한, 이를 (복음서를 해석하며 우의를 광범위하게 사용하기는 하나) 우의가 아닌, 존재의 질서(초연함, 연민, 낯설고 기이한 자유의 세계로의 순례, 인류의 자녀됨)에 대한 하느님의 계시로 보아야 한다고 오리게네스는 강조한다. 예수는 단순히 새로운 생명의 상징이 아니라 새로운 생명의 원천이다. 물론, 그럼에도 불구하고 성육신에 대한 오리게네스의 관점은 지나치게 "도구주의"적이지 않느냐는 의문, 더 높은 목적을 이루기 위한 수단으로 성육신한 예수의 삶에 관심을 기울이는 것은 아니냐는 의문은 남는다. 그의 전체 구도에서 성육신은 인간의 불완전함을 용인한 사건이지, 인간을 온전히 긍정한 사건은 아니다. 그렇기에 앞서 보았듯 오리게네스는 예수의 삶에서 일어난 갈등과 유혹에 대해 긍정적으로 말하기를 꺼렸다. 같은 맥락에서 그가 제시한 그리스도는 완전히 성육신하지 않았다는 인상을 준다. 예수가 마음대로 다양한 체형을 취할 수 있다고 이야기하는 악명 높은 구절을 보아도 그렇고, 인간으로서 예수의 의지와 성장에 대한 (이레네우스와 대조되는) 그의 무관심을 보아도 그렇다.[99]

오리게네스의 구도에서 예수 이야기는 외적 표현에 그치며, 예수의 내적 삶에 관해 우리가 알 수 있는 것은 하느님에 대한 변하지 않는 효심뿐이다. 외적인 것이 내적인 것에 종속되어있음을 강조하는 오리게네스는 정작 예수와 관련해서는 내적인 부분에 별다른 비중을 두지 않

---

[99] 악명 높은 구절은 다음에서 찾아볼 수 있다. *Commentarium in Evangelium Matthaei*, C. 그리고 다음을 보라. *Contra Celsum*, II. 63-6.

는다. 아이러니한 일이다. 그가 묘사하는 그리스도에는 인간의 "내적 삶"이 보이지 않는다. 그렇기에 오리게네스는 이론상 그리스도에게는 자유롭게 선택할 능력이 있다고 인정하면서도 실제로 그리스도의 영혼은 "불변성을 지니고" 있으며 "바뀌거나 변화될 수 없다"고 주장했다.[100] 이에 맞선 견해들이 점차 초기 교회에서 힘을 얻었고 결국 예수의 인성에 대한 교리라는 결실을 맺었다는 사실은 애써 언급할 필요가 없을 것이다.

이레네우스는 그리스도인의 과제를 하느님을 영광되게 하는 삶, 은총의 도움을 받아 자유를 행사함으로써 세상에서 새로움을 창조한 예수를 따르는 것으로 이해했다. 이와 달리 클레멘스는 저 창조 의지를 거의 전적으로 내적이고 영적인 영역으로 끌어들였다. 오리게네스는 (이레네우스처럼) 이 세상에서 하느님을 영광되게 하는 삶에 관심을 기울이면서도 (이레네우스와 달리) 그러한 삶이 예수든 우리든 시련, 혹은 도덕적 분투에서 나온다고 보지는 않았다. 하느님께서는 우리가 어떤 사람인지를 좀 더 분명하게 볼 수 있도록 유혹을 허용하셨으나, 그 이상의 긍정적인 의미는 없으며 그리 건설적인 역할은 하지 않는다.[101] 관건은 정념에 휘둘리지 않는 상태에 이르는 것, 온전히 영적인 사람이 되는 것에 있다. 그렇게 되면 그는 어떠한 유혹에도 상처 입지 않게 된다. 오리게네스가 또 다른 선택지를 버린 가장 큰 이유는 바로 이런 그리스화된 선입견 때문일 것이다. 그는 영지주의자가 아니었지만, 인

---

[100] *De Principiis*, II. 6. 6. 『원리론』(아카넷)

[101] *De Oratione*, XXIX. 17-18.

육신의 그림자

101

간 상황의 우발성, 인간이 살아가면 으레 마주하게 되는 우연한 사건들과 직면하기를 꺼렸다. 망상을 불러일으키는 사건들, 불안정한 물질에 집착하면, (좀 더 중요한) 영과 의지의 불안정성을 깨닫지 못하게 된다고 생각했기 때문이다. 이는 자연스럽게 속박과 죄보다 무지와 거리에 대한 강조로 이어진다. 거기에 육체라는 그림자보다 더 어두운 그림자들이 있다고 본 것이다.

03

끝 없는 끝

아리우스 위기

오리게네스처럼 복잡한 사상을 펼친 저술가에게서 다양한 신학 학파가 나왔다는 사실은 그리 놀라운 일이 아니다. 이후 두 세대에 걸쳐 교회에서는 초기 그리스도교 역사상 가장 심각한 신학적, 영적 분열이 일어났다. 그리고 이 논쟁에 참여한 이들은 서로 자신이 오리게네스의 제자라고 주장했다. 4세기 초 알렉산드리아 교회의 장로 아리우스Arius는 말씀에는 원천이 있고 성부에게는 원천이 없으므로 말씀은 성부처럼 영원하지는 않다고 주장했다. 최근 연구들이 명확하게 밝혔듯 이는 당시 많은 그리스도인의 믿음과 사유, 특히 오리게네스의 저술들에 담겨 있는 것으로 보이는 내용을 논리적으로 표현한 것이다.

오리게네스는 말씀이 성부 하느님을 형상화하고 그분께 응답하는 역할을 한다고 거듭 강조했다. 형상image은 분명 이차적인 실재, 파생한 실재일 수밖에 없다. 그리고 하느님 안에서는 파생이 일어날 수 없다. 스스로 존재하는 것, "원천이 없는"('아게네토스'ἀγένητος) 것이야말로 하느님에 대한 정의이자 특징이기 때문이다. 숙련된 변증가로 명성이 높았던 아리우스는 명석한 논리로 말씀은 하느님일 수 없다는 결론을 내렸다.

그(말씀)가 존재하지 않았던 때가 있었다.

말씀은 최초이자 최상의 피조물 그 이상일 수 없다. 그렇게 아리우스는 오리게네스 사상의 두 가지 측면, 곧 하느님의 절대적 초월성 및 불가해성, 그리고 형상이자 중재자로서 말씀의 역할을 하나의 논증으로 통합했다. 그리고 그는 오리게네스가 어려워했던 부분, 말씀이 성육신했다는 점을 들어 이 논증을 보완했다. 성육신한 말씀은 슬픔, 피곤함, 배고픔, 두려움, 고통을 느끼지만, 정념이 없는 하느님은 이러한 것들을 경험하실 수 없다. 이 논증은 단순하면서도 매력적임을 부정할 수 없다. 하지만 이 틀은 오리게네스의 구원에 대한 전망, "예수 안에서, 예수를 통해 신이 된다"는 것, 그리스도 안에서 인간이 하느님의 생명과 친교로 들어간다는 그림은 담아내지 못했다. 오리게네스가 아리우스의 논증을 접했다면 삼위일체에 대한 자신의 견해가 아리우스의 것과 논리적으로 어떻게 다른지 설명하기 어려워했을지도 모른다. 그러나 그가 제시한 아버지와 아들 사이의 영원한 사랑의 관계는 로고스가 독특한 지위를 상실한 채 하느님의 은총과 선택의 결과로만 남게 되는 아리우스의 틀에 담기지 않는다.[1] 아리우스의 하느님은 본래 아들의 아버지가 아니며, 둘 사이에는 어떤 필연성도 없다. 그러나 오리게네스의 하느님은 영원히 자신의 존재를 "다른 존재", 즉 말씀과 나누고 싶어 하시며 말씀을 통해 피조물에게 자신의 존재를 나누어 주시기를 바란다.[2] 이러한 측면에서 아리우스는 (당시에 이 교리가 있었다고 보기도 힘들지만) '성육신 교리'가 아닌, 그리스도교의 하느님 이해를 수정할 것을 제안한 셈이다.

그전까지 초기 그리스도교 사상가들은 분명 철학적 경향이 있기는 했으나 하느님은 그리스도와 함께하시며 그리스도의 활동은 곧 하느님의 활동이라고 확신했다. 그러나 아리우스주의는 달랐다. 아리우스의 하느님은 구원 활동에 직접적으로 관여할 수 없다. 그렇기에 아타나시우스는 아리우스파를 반박하는 글에서 아리우스가 이야기하는 로고스가 어떻게 인류를 구원할 수 있는지, 자신이 피조물인데 피조물과 하느님을 어떻게 화해시킬 수 있는지를 거듭 물었다.[3] 아리우스파는 하느님이 명령fiat만 내리셔도 인류를 죄에서 해방시킬 수 있기 때문에 아들이 피조물이냐 아니냐는 중요한 문제가 아니라고 주장한 것 같다.

---

[1] 이와 관련해 다음을 참조하라. Athanasius, *Apologia Contra Arianos*, I. 35-50.

[2] *De Principiis*, 2, IV. 28.

[3] 특히 다음을 보라. *Apologia Contra Arianos*, II. 22, 26, 67-70.

이에 아타나시우스는 이레네우스의 입장을 흥미롭게 다시 진술한다.[4]

물론 하느님은 말만으로도 구원하실 수 있다. 그러나 이는 인류에게 적절한 방식이 아니다. 중요한 것은 하느님에게 열려 있는 가능성이 아니라 그 적절한 방식이 무엇인가이다.

말만으로 이루어지는 구원은 외적 확신만 일으킬 뿐이며 인간 삶에 내면화되지 않는다. 이렇게 된다면 인류가 죄를 짓고 하느님께서 이를 사면하는 일만 반복될 것이다. 인간 세상은 변하지 않으며, 은총은 "몸과 결합"하지 않는다. 그렇기에 아들은 인간으로 살아야 할 뿐 아니라 인간으로 죽어야 한다. 그렇지 않으면 하느님의 손길이 죽음에 닿지 않아 죽음은 변모되지 않는 영역으로 남을 것이며 우리는 결코 불멸하며 썩지 않는 생명의 상속자가 되지 못할 것이다.[5] 때로 아타나시우스는 아리우스파에 맞서 자신이 제시한 주장을 이렇게 요약하기도 한다.

구원이 인류를 신성에 참여하게 하는 것(신화神化, θέωσις)이라면, 인간과 하느님을 중개하는 말씀도 하느님이어야 한다. 그렇지 않다면 인류가

---

4 _Apologia Contra Arianos_, II. 68.
5 _Apologia Contra Arianos_, II. 69.

신성에 참여하게 할 수 없다.[6]

어떤 이들은 '신화'를 중시하지 않는 신학에서는 이런 논의가 불필요하다고 말한다.[7] 그러나 오리게네스나 아타나시우스, 그리고 그들의 후계자들에게 '신화'는 어떤 신성한 '실체'를 나누는 유사 물리적quasi-physical 참여가 아니라 성자와 성부의 신성한 관계를 누리는 가운데 하느님의 생명을 나누는 것이다. 어떤 그리스도교 신학이 제대로 된 신학이라면 표현이 어떠하든 '신화' 교리는 필요하며, 그렇기에 아타나시우스의 지적은 무시할 수 없다. 성부와 성자의 관계가 영원히 참되지 않다면, 인류가 자녀로서 하느님과 관계를 맺는 일은 실현될 수 없다. 아타나시우스 주장의 핵심은 바로 이것이며 이는 그리스도교의 하느님 교리를 명확히 하는 데 크게 공헌했다. 하느님께서 무언가를 "생산"하신다는 관념, 그분이 자유롭게 자신의 무언가를 전할 수 있는 세계를 창조하실 수 있다는 관념은 하느님의 고유한 삶이 관계의 생성이라는 생각에 뿌리를 두고 있다. 아타나시우스가 보기에 세계의 창조는 영원의 차원에서, 아버지로부터 아들이 나온다는 믿음에 비추어 볼 때만 온전한 신학적 의미를 지닌다.[8] 이러한 맥락에서 구원받은 삶은 저 영원한 실재를 이 세계에서 실현하는 것이다.[9]

---

[6] 이를테면 다음을 보라. *De Synodis Arimini in Italia et Seleuciae in Isauria*, 51.

[7] 이에 관해서는 다음 글이 잘 설명하고 있다. Maurice Wiles, 'In Defence of Arius', *The Journal of Theological Studies* 13, (1963), 339-347.

[8] *Apologia Contra Arianos*, II. 2.

[9] *Apologia Contra Arianos*, II. 9 이하.

무엇보다 중요한 점은, 아타나시우스는 하느님께서 역사 속 질서에 개입하실 수 있다는 믿음에 기대어 자신의 논의를 진행한다는 것이다. 물론 그는 종종 성육신한 말씀의 약함이 순전히 인간의 육체가 지닌 본성에서 비롯된 것처럼 쓰기도 한다. 그러나 다른 곳에서 아타나시우스는 무지, 슬픔, 두려움이 말씀이 육신을 입고 지상에서 살아간다면 마주할 수밖에 없는 조건임을 인정한다.[10] 때로 그가 말하는 "육신"은 우연들로 이루어진 지상에서의 삶과 그 삶에 놓인 질서 전체를 뜻하는 것처럼 보인다. 이러한 맥락에서 예수의 삶을 보면 하느님으로서 한 활동과 인간으로서 한 활동을 분명하게 구별할 수 있다는 그의 이야기에는 어색한 측면이 있다(아타나시우스뿐만 아니라 동방 교부와 서방 교부가 흔히 이렇게 이야기했지만 말이다). 다음과 같은 문장은 그 대표적인 예다.

> 나자로의 경우, 그분(예수)은 인간으로서 인간의 목소리로 말씀하셨지만, 하느님으로서 하느님의 방식으로 그를 죽음에서 살리셨다.[11]

이런 소박한 구별은 온전하고 완전해진 인간성을 통해 신성이 드러난다는 이레네우스의 이야기와는 분명 다르다. 그럼에도 불구하고 아타나시우스는 하느님의 초월성에 대한 우리의 선입견을 근거로 성육신하시는 하느님의 능력을 부정해서는 안 되며, 하느님의 단순성에 대한

---

[10] *Apologia Contra Arianos*, III. 34.

[11] *Apologia Contra Arianos*, III. 32.

선입견을 근거로 성부와 성자가 되신 하느님의 능력을 부정해서는 안 된다고 분명히 말한다. 그가 보기에, 우리가 하느님을 온전히 다 알 수 없으며 그분이 매우 특별한 본성을 가지고 계신다며 설명하고 옹호하는 논의들은 실제로는 하느님의 자유에 제동을 걸었다. 이러한 시도들은 진정으로 하느님의 초월성을 보존하는 것이 아니라 오히려 말과 개념으로 제한하는 것이라고 아타나시우스는 생각했다.

아타나시우스는 하느님께서 "당신의 초월성을 초월하여" 인간의 모습으로 인류와 만나신다고 말한다. 즉 자신을 감추시는 하느님, 보이지 않는 하느님을 우리는 그리스도의 연약한 몸을 통해 알게 된다. 그리고 이 지점에서 우리는 그리스도인이 하느님을 이해하는 방식에 다시 주목해 보게 된다. 그리스도교의 관점에서 하느님에 대한 앎은 에둘러 아는 앎, 간접적인 앎일 수밖에 없다. 우리는 그분을 하느님이 아닌 것 안에 숨어계신 분, 자신을 드러내지 않는 분으로 알기 때문이다. 우리는 절대자, 혹은 초월자를 선천적으로 알지 못한다. 직관으로 파악할 수도 없다. 그보다 우리는 변혁된 삶, 말, 활동에 이끌리며 그러한 가운데 하느님이라는 고갈되지 않는 생명의 원천을, 그 원천이 우리를 이끌고 있음을 점차 깨닫는다. 그리고 이러한 과정을 주도하는 이는 예수라는 역사적 인물이다. 그는 교회와 성사를 세움으로써, 우리와 관계를 맺음으로써 이 과정을 이끈다. 그리스도인은 고통과 유혹을 견디는 가운데, 그리스도 안에 계신 하느님 아는 법을 배운다. 그러한 상황들과 마주할 때, 고통과 유혹조차 하느님을 파괴하거나 고갈시키지 못함을, 그러한 가운데서도 하느님은 우리를 미래로 부르고 계심을 알게 되기 때문이다. 「성 안토니우스의 생애」Vita Sancti Antonii를 실제로 썼든 그렇지 않았든 아타나시우스는 「성 안토니우스의 생애」에서 묘사하는 초기 그리스도교 수도자들과 긴밀한 관계를 맺고 있었으며, 이 초기 수도자들은 유혹의 불가피성과 긍정적인 역할에 깊은 관심을 보였다(이에 관해서는 뒤에 좀 더 살펴볼 것이다). 그리고 자신들의 소명이 하느님을 거울처럼 비추는 공동체적 삶을 창조하는 것이라고 믿었다. 「성 안토니우스의 생애」를 보면 안토니우스의 제자들은 "미래에 대한 희망"을 품고 "상호 사랑과 조화" 속에 살았음을 알 수 있다.[12] 바로 여기서 '아타나시우스의' 영성을 찾아야 한다.

4세기를 거치며 논쟁의 윤곽은 점점 더 분명해졌다. 반反아타나시우스파 신학자들은 성부와 성자가 철저하게 다름을 인정하라고 요구했다. 이를 대표한 신학자 에우노미우스Eunomius는 아리우스의 초월주의transcendentalism를 극단적으로 밀어붙여 하느님은 (단순히 "원천이 없는"ἀγένητος 것이 아닌) '아겐네토스'ἀγέννητος, 즉 "출생되지 않은" 것을 속성으로 지니며 그것만이 하느님에 대해 알 수 있는 전부라는 진기한 주장을 했다. 그를 반대한 이들에 따르면, 에우노미우스는 '아겐네토스'가 하느님을 논할 때 사용할 수 있는 여러 개념적 반제conceptual counter 중 하나에 불과하다는 생각을 격렬하게 부인했다.[13] 에우노미우스 본인이 쓴 변론에서도 이와 같은 내용을 발견할 수 있다. 그러므로 에우노

---

[12] *Vita Sancti Antonii*, 44. 『사막의 안토니우스』(분도 출판사)

[13] Gregory of Nyssa, *Contra Eunomium*, II. 42-44. "에우노미우스는 '출생되지 않은'ἀγέννητος 이 하느님을 설명하는 개념이기만 할 수는 없다고 주장한다."

미우스에 대한 반론은, 실재에 대한 우리의 개념과 말이 적절하지 않다는 데 초점을 맞추고 있다고 할 수 있다. 에우노미우스를 반대한 이들은 계속해서 하느님에 대한 앎은 정의definition나 표지label에서 멈출 수 없다고 주장했다. 하느님에 대한 탐구는 멈출 수 없고, 요약할 수 없기 때문이다.[14] 우리 자신에 대한 앎, 우리가 편의상 (이 용어가 정확히 무엇을 의미하는지는 말할 수 없을지라도) '영혼'이라고 부르는 신비에 관한 앎 역시 마찬가지다.[15] 사물, 사건, 누군가와 맺는 관계가 발전할수록 이를 가리키는 단어와 이름 역시 바뀐다. 언어의 변화가 대상의 속성을 바꿀 수는 없다. 그러나 "이해가 사물과 접촉할 수 있게" 하듯 언어의 기능은 이 변화하는 관계를 할 수 있는 한 명료하게 표현하는 데 있다.[16] 하느님에 대해 말할 때 우리는 물질 세계와 인간 세계에 빗대어 말할 수밖에 없다.[17] 그리스도인의 삶, 공동체의 체험이 낳은 언어보다 우선순위를 가진 '특권적인' 하느님 개념은 있을 수 없다. 우리가 확신할 수 있는 한 가지 진리는 하느님께서 당신의 자유 가운데 모든 정의definition를 피하신다는 것이다. 우리가 그리스도의 육신과 고난을 통해 하느님을 알게 될 때, 하느님이 본래 약하시다고 결론을 내려서는 안 되며 오히려 스스로 약해지신 하느님의 능력, 다른 생명과 하나 되실 수 있는 그분의 능력을 경이로워해야 한다.[18] 이러한 맥락에서 그리스

---

[14] *Contra Eunomium*, II. 67-78, III. viii. 1-4.

[15] *Contra Eunomium*, II. 106-118.

[16] *Contra Eunomium*, III. v. 52.

[17] *Contra Eunomium*, III. v. 48-9.

[18] *Contra Eunomium*, III. 30-40.

도 안에서, 그리스도를 통해 이루어진 하느님의 자기 제한은 모든 한계, 개념의 폭정에서 그분이 자유로우심을 몸소 알리시는 표지라 할 수 있다.

카파도키아 교부들

에우노미우스에 반대한 이들을 대표하는 카이사리아의 바실리우스Basil of Caesarea(330-379)와 그 형제 니사의 그레고리우스Gregory of Nyssa(330-395)는 모두 수도 운동에 깊이 관여했다. 다시금, 그들의 저술에서 우리는 신학과 그리스도인의 생활 방식 사이의 밀접한 연관성을 볼 수 있다. 바실리우스의 수도 "규칙"들에 대해서는 다음 장에서 살펴볼 것이다. 다만 수도 생활에 대한 그의 논의에 담긴 강력하고, 실천적이며 공동체적인 관점이 그리스도를 본받아 자기 십자가를 지는 섬김을 통해서만 하느님을 알 수 있다는 그의 확신과 연결되어 있다는 점은 미리 새겨 둘 만한 가치가 있다. 수도자가 하느님에 관한 지혜를 얻는 길은 성육신한 그리스도의 삶을 본받는 것이다. 하지만 다른 누구보다 그리스도인의 영적 생활에 관한 신학, 사랑과 앎의 결합, 그리스도인의 삶의 목적이 삼위일체의 관계로 들어가는 것임을 강조했던 오리게네스의 신학에 깊은 영향을 받고, 이를 정교하게 체계화한 인물은 니사의 그레고리우스다. 그리스도교 사상사에 그레고리우스가 남긴 가장 중요한 공헌은 그리스도인의 삶을 "앞에 있는 것을 향하여 몸을 내밀면서" 그침 없이 나아가는 과정으로 본 오리게네스의 관점을 정교하게 발전시킨 것이다.[19] 최근 그레고리우스를 연구한 두 독일 학자(에케하르트 뮐렌베르크Ekkehard Muhlenberg와 요제프 호스타플Josef Hochstaffl)가 강조했듯 그는 긍정의 빛 아래서 이루어지는 "부정 신학"negative theology을 인간의 자기 초월의 근거로 보았다.

> 니사의 그레고리우스는 하느님에 관한 앎은 결코 종착점에 도달할 수 없다는 깨달음에서 시작하여, 인간이 하느님과의 관계 속에서 끝없이 자신을 초월한다는 생각으로 나아갔다.[20]

금세기 그레고리우스에 관한 가장 위대한 해석자라 할 수 있는 다니엘 루Jean Daniélou는 논문「플라톤주의와 신비신학」Platonisme et théologie mystique에서 바울이 필립비인들에게 보낸 편지 3장 13절에서 쓴 동사에서 유래한 명사 '에펙스타시스'ἐπέκτασις(앞에 있는 것을 향해 나아감)를 그레고리우스 사상의 핵심으로 보았다. 그레고리우스 본인도 논문「모세의 생애」De Vita Moysis를 시작하며 말한다.

> 우리가 사도들에게 배운 고결한 삶의 완성에 관한 한 가지 규정 definition(호로스ὅρος)는 한계limit(호로스ὅρος)가 없다는 것이다.[21]

---

[19] 필립 3:13, 오리게네스는「기도론」XXV. 2에서 이를 인용했다.

[20] Josef Hochstaffl, *Negative Theologie: Ein Versuch zur Vermittlung des patristischen Begriffs* (Munich:Kösel, 1976), 109.

[21] *De Vita Moysis*, 300D.

이렇게 되면, 클레멘스와 오리게네스가 주장한 영혼과 하느님의 '친족 관계'는 지지할 수 없게 된다. 영혼의 지성과 하느님의 지성이 일치되어 있지 않고 그럴 수도 없다면, 영혼이 하느님을 언제나 "부적절"하게 알 수밖에 없다면, 둘 사이의 관계는 언제나 구별되는 실재들의 관계, 즉 큰 실재와 작은 실재의 관계가 된다. 그레고리우스의 그림에는 '흡수 신비주의'absorption mysticism가 들어갈 여지가 없다.

여러 저술에서 그는 영혼이 육체보다 "더 고귀하다", 혹은 "더 우월하다"는 당시 일반적인 견해를 충실히 반복한다. 오리게네스가 그랬듯 그레고리우스 역시 영혼이 "반사된 것을 반영하는" 육체보다 먼저 창조되었다고, 하느님의 올바른 형상이라고 믿었다.[22] 그러나 그의 사고에서는 수련과 윤리가 더 높은 비중을 차지하며 지적 주체로서 영혼의 존엄성은 상대적으로 낮은 비중을 차지한다. 팔복에 관한 주석에서 그레고리우스는 하느님은 '지식'으로는 알 수 없으며 돌이킴, 삶과 행동을 순수하게 갈고 닦는 과정에서 발견하고, 알아야 한다고 말한다.[23]

(지적인) 이해로는 참으로 존재하는 분에게 도달할 수 없습니다.[24]

이렇게 그레고리우스의 관심은 인간의 내적 체험으로부터 삶 전체의 성장 과정으로 슬며시 옮겨 간다. 이 글에서 그는 '도덕적 덕'을 뜻하는

---

[22] 다음을 보라. *De Opificio Hominis*, XII. PG. 44,161D-164A.

[23] *De Beatitudinibus*, VI. PG. 44, 1268-1272G.

[24] *De Beatitudinibus*, I. 1197B.

고전 그리스어 '아레테'άρετή를 그때까지의 다른 그리스도교 작가들보다 훨씬 더 많이 쓰며, 이 자질을 습득하는 것을 모든 '영적' 경험의 종착점으로 여긴다. 그리고 '덕'(아레테)이란 본질적으로 그리스도의 본을 따라 하느님과 이웃을 섬기는 것이라고 말함으로써 귀족적 품위와 자기 인정을 뜻하는 전통적인 '덕'과의 연결고리를 끊어버린다.

앞에서 살펴보았듯 초기 교회가 공유했던 종교문화 세계관은 '신적인 것에의 참여'라는 개념을 매우 중시했다. 그레고리우스는 이 개념을 하느님이라는 존재에 참여하는 것이 아닌, 하느님이 하시는 활동에 참여하는 것으로 과감하게 수정한다.

> 가난한 이들에게 자신이 가진 것을 나누어주는 사람은 우리를 위해 가난해지신 분 안에서 자신의 몫을 받게 될 것입니다.[25]

> 인간은 자신이 닮으려는 것이 되어야 합니다.[26]

인간은 하느님처럼 자유롭기에(그레고리우스는 자유를 인간에게 있는 하느님의 형상 중 가장 중요한 요소로 본다), 하느님께서 그러하시듯 용서할 수 있는 자유가 있다.[27] 하느님의 사랑을 본받아 우리는 그분을 향해 담대하게 기도해야 한다.

---

[25] *De Beatitudinibus*, I. 1208B.

[26] *De Oratione Dominica*, V. PG. 44 1180B-D.

[27] *De Oratione Dominica*, V. PG. 44 1180A.

주님, 가난하고 궁핍한 당신의 종을 모방하소서. 제가 용서했사오니
이제 당신께서 용서해주소서.[28]

그러므로 '신화'란, 하느님께서 그러하시듯 사랑으로, 가난으로, 연민
으로 행동하는 것이다. 그레고리우스는 복음의 요구 사항을 '내면화'
하지 않는다. 그렇기에 "오늘 우리에게 필요한 양식을 내려 주시고",
"마음이 가난한 사람은 복이 있다"를 해설하며 그는 다른 사람의 희생
을 바탕으로 일용할 양식을 먹는 부유층을 질타하고, 가난한 이들에게
주라는 명령을 문자 그대로 해석했다(클레멘스가 이를 보았다면 실망을 금
치 못했을 것이다).[29] 이러한 그레고리우스의 이야기는 수도 공동체가 가
난하고 병들고, 불우한 이들을 실질적으로 돕는 곳이 되어야 한다는
(그의 형제) 바실리우스의 이야기와 그리 멀리 떨어져 있지 않다. 수도
운동을 "참된 의미에서 사회 정의를 이루려는 운동"으로 보는 견해는
사회 정의가 수도 운동을 추동하는 힘이었다는 인상을 줄 수 있기에
과장일 수 있지만, 그레고리우스와 바실리우스가 사회 정의를 하느님
의 생명, 그리고 삶에 참여한다는 소명과 분리할 수 없는 것으로 여겼
다는 점은 의심할 여지가 없다. '신화'에는 가난한 이들의 발을 씻겨 주
는 행동이 포함된다.

이는 그레고리우스(그리고 바실리우스)가 때때로 그리스도인은 하느
님의 '실체'(우시아οὐσία)가 아닌, 하느님의 권능(뒤나미스δύναμις, 혹은 에네

---

[28] *De Oratione Dominica*, V. PG. 44 1180C-D.

[29] *De Beatitudinibus*, I. 1208A.

르게이아(ένέργεια)에 참여한다고 말한 이유(이는 꽤 어려운 문제다)를 더듬어 볼 수 있게 해 준다. 훗날 14세기 데살로니카의 대주교였던 성 그레고리우스 팔라마스St. Gregory Palamas는 이를 바탕으로 중세 동방 교회 이론을 주도했다. 그는 하느님께서 인격, 실체, 행동이라는 세 양태로 존재하신다고 보았다. 이때 인간은 세 위격에서 흘러나오는 그분의 '활동'을 알고 거기에 참여함으로써 하느님을 알 수 있지만, 하느님의 실체, 즉, 세 위격이 공유하는 신비롭고 형언할 수 없는 실재는 여전히 초월적인 상태, 인간이 교류할 수 없는 상태로 머문다.

이 신학은 비잔티움 교회 안에서 파괴적일 만큼 합리성만을 강조하는 분파에 맞서게 해 주는 중요한 보루로 기능했고, 피조물인 인간이 하느님을 알고, 그분의 생명과 삶을 나눌 수 있는 가운데서도 그분의 초월성이 유지될 수 있게 해 주었다. 하지만 이 신학은 논리상 심각한 문제가 있으며, 바실리우스나 그레고리우스(와 그레고리우스의 구분을 활용한 다른 신학자들)가 이렇게 정밀한 그림을 염두에 두지는 않았던 것으로 보인다. 그들의 저술에서 하느님을 "그분의 활동", 그분의 권능(뒤나미스), 그분의 원동력(에네르게이아)을 통해 안다는 이야기는 여러 의미를 지닐 수 있다. 이 이야기는 앞에서 언급했듯 하느님께서 하시는 활동을 인간이 본받아 살아갈 때 하느님을 알 수 있다는 뜻일 수도 있고, 오리게네스와 필론이 이야기한 '자연'에서 이루어지는 하느님에 대한 앎, 즉 하느님께서 창조하신 것들을 통해, "유비"로 하느님을 알 수 있다는 뜻일 수도 있다. 혹은 하느님의 "영광", 그분께서 우리와 함께하심을 감지할 수 있다는 이야기일 수도 있다.[30] 어떤 경우든 팔라마스의 용법과는 맞아떨어지지 않는다. 많은 현대 정교회 신학자가 둘을 연결하기 위해 애를 쓰고 있음에도 불구하고, 나는 니사의 그레고리우스가 팔라마스처럼 하느님의 실체와 활동을 엄밀하게 구분해 쓰지 않았다고 본다(바실리우스, 그레고리우스의 동료이자 친구이며 유사한 표현을 쓴 나지안주스의 그레고리우스Gregory of Nazianzus도 마찬가지다). 이러한 구분은 어떻게 보면 필론, 그리고 더 과거의 사상가들까지 올라가며, 분명 하느님의 초월성을 확보하는 데 도움을 준다. 그러나 이는 근본적으로 부정확하며 일종의 임시방편이다. 그레고리우스의 경우에는 하느님을 개념으로 아는 것과 도덕, 혹은 관계를 통해 아는 것의 차이를 강조하기 위해 이 구분을 활용했지, 형이상학의 논제로 쓰지는 않았다.

참된 덕을 나누는 것은 "하느님을 나누는 것 이외에는 아무것도 아니다".[31] 하느님의 본성은 무한이므로 "하느님을 나누는 이는 끝 없는 것을 향해 뻗어나가기를 열망하며, 결코 멈추지 않는다".[32] 그리스도인에게 삶이 하느님을 향한 여정이라면, 그 여정은 추상적인 '절대'absoluteness를 향한 여정이 아니라 무한함(그레고리우스의 표현을 빌리면 '선'goodness), 곧 자비와 도움과 기쁨의 무한한 원천을 향한 여정이다. 무한이라는 속성 때문에 이 여정은 언제나 욕망, 희망, 열망으로 점철되

---

[30] *De Beatitudinibus*, VI가 이러한 뜻일 수 있다. 다음도 보라. *De Oratione Dominica*, II. 하느님의 "영광"에 관해서는 다음을 보라. *De Vita Moysis*, 407A-C. 하지만 여기서 그레고리우스는 하느님을 따르는 덕 있는 삶을 추구함으로써 하느님을 알게 된다는 식으로 이야기 흐름을 즉시 바꾼다.

[31] *De Vita Moysis*, 301A.

[32] *De Vita Moysis*, 301B.

어 있다. 그리고 같은 이유 때문에 이 여정에 선 이들은 여정의 종착지를 소유할 수도, 통제할 수도 없다. 이렇게 그레고리우스는 하느님의 초월적인 자유와 객관적 실재에 대한 그리스도교의 확신을 생생하게 표현한다. 그에게 신앙이란 이 세상에서 살아가는 시기뿐만 아니라 언제나 자기 자신에게서 떨어져 나와, 자신에게 결코 적합하지 않은, 자신은 결코 이해할 수 없는 대상을 향하는 갈망이자, 그 대상에 대한 신뢰다. 하느님은 우리가 아직 이해하지 못한 것, 기이하고 예측할 수 없는 미래의 징표다. 신약성서에서 이야기하는 '종말론적' 신앙이 방향을 틀어 오직 하느님의 손안에 있는 미래를 지향하는 것, 아직 이해되지 않으나 그 미래를 지금, 여기서 살아내는 것이라면 그레고리우스 사상역시 '종말론적'이라고 할 수 있다. 그리고 인간 본성의 특징을 갈망으로 보는 것 역시 그 자체로 인간에 대한 중요한 신학적 진술이라 할 수 있다. 이를 하느님의 '형상'과 하느님을 '닮음', 하느님과의 친교 가능성과 현실을 구별하는 그리스 그리스도인들의 사고와 나란히 놓고 보라. 그리스 교부들의 사상에서 인간에 대한 일관되고도 강력한 이해가나온다는 것을 분명히 알 수 있다. 이러한 관점에서 인간은 본성상 자기를 넘어선 실재를 지향하기 때문에 그 삶은 본질적으로 불안정하고위태롭고, 유동적이고, 다양한 것처럼 보인다. 인류의 역사, 한 사람의 생애는 역사 속에서 우리를 만나시며, 그러면서도 역사 너머로 자신을 확장하시는, 달리 표현하면 '앞서 계시는' 하느님 덕분에 가능하며, 의미가 있다. 역사와 고유한 개성을 지닌 인간 개개인의 존재 의의에 대한 그리스도교의 설명은 바로 여기에 바탕을 두고 있다. 이렇게 그리스도교는 고대 그리스의 철학적 전제들을 대폭 수정했다.

그러므로 그리스도교 신앙의 여정은 욕망을 흔들어 움직이면서 시작된다. 신앙의 움직임은 "두려움이나 자연의 필연성이 아니라 선한 것을 나누려는 욕망과 갈망"에서 일어난다.[33] 그 욕망을 일깨우는 것은 아름다움이다.[34] 하느님은 당신을 계시함으로써 우리를 비추시고 우리를 끌어당기신다. 그렇기에 그레고리우스는 「모세의 생애」에서 불타는 떨기나무를 성육신의 상징으로 묘사하며, 동정녀 수태의 기적을 통해 "하느님의 빛이 인간의 삶을 비추었다"고 말한다.[35] 불타는 떨기나무에서 히브리 민족이 속박에서 해방되는 역사가 시작되었듯, 예수로 성육신한 참 빛에서 인류가 죄의 폭정에서 해방되는 역사가 시작된다.[36] 그레고리우스는 '총괄갱신'이라는 측면에서 성육신이 인류에게 미치는 영향을 이해한다. 그가 그리스도의 가난에 주목했다는 것, 하느님께서 인류를 변혁시키고자 하신다면 그 영역은 인간 경험 전체를 아울러야 한다고 생각했다는 것은 앞서 에우노미우스에 대한 그의 반론을 다루며 살핀 바 있다. 이와 관련해 대표적인 구절은 다음을 들 수 있다.

우리의 본성 전체가 죽음에서 다시 살아나야 했기 때문에, 그분은 장

---

33   *In Canticum Canticorum homiliae*, I. 768C.

34   *In Canticum Canticorum homiliae*, I. 768C. 그리고 다음을 참조하라. *De Virginitate*, PG 46. 360C-364A.

35   *De Vita Moysis*, 332D.

36   *De Vita Moysis*, 333C-D.

례를 위해 놓인 시신에 손길을 내미셨습니다. 그렇게 그분은 몸을 굽히시어 우리 시신에, 죽음에 가까이 가서서 우리의 필멸성을 붙잡으셨고, 당신의 몸을 통해 필멸하는 우리의 본성이 부활할 수 있게 하셨고, 당신의 권능으로 인간 전체를 일으키셨습니다.[37]

그러므로 (이레네우스가 그러했듯) 해방의 시작은 고통과 죽음을 포함한 지상에서의 삶의 변혁을 육체를 통해 보여 주는 것이라고 그레고리우스는 말한다. 이 변혁의 아름다움이 우리를 끌어당기며, 우리는 모세처럼 이 아름다움을 선포해야 한다.

그러나 히브리 민족은 모세가 전하는 말에 열의를 가지고 귀 기울이지 않았다. 자유로의 부름은 약속이자 희망이지만, 동시에 가혹하고 위협적인 일로 다가온다. 자유를 받아 인류의 욕망에 불이 붙는 것을 본 "인류의 적"은, 즉시 의심과 유혹이라는 도구로 인류를 억누른다. 어떤 이들은 이를 성장과 강화의 기회로 삼지만, 많은 이에게는 두려움의 원인이 된다. 그렇게 악마는 사람들이 "고개를 들어 하늘을" 보지 못하게 하는 데 성공한다.[38]

다시 한번, 하느님께서는 신자를 도덕적 투쟁, 유혹, 불확실성이라는 경기장에서 자유를 행사하도록, 자신의 삶을 창조하도록 부르신다. 이 부름에 응하기 위해서는 신뢰와 용기가 필요하고, 눈앞에 있는 광야에 맞설 준비가 되어 있어야 한다. 이러한 그레고리우스의 이야

---

[37] *Oratio Catechetica Magna*, 32.
[38] *De Vita Moysis*, 341C-D.

기는 도스토옙스키Fyodor Dostoevsky의 『카라마조프가의 형제들』The Brothers Karamazov에 나오는 '대심문관' 이야기를 떠올리게 한다. 대심문관은 복음서, 그리고 그레고리우스의 유혹 이야기에 나오는 악마처럼, 인간이 자유만큼이나 안전을 갈망함을 너무나도 잘 알고 있다. "노예 상태에서 해방시켜 주겠다고 약속하는 이들을 규탄하는" 이스라엘 백성처럼 대심문관은 그리스도교가 인간의 가장 깊은 욕구가 무엇인지도 모른 채 인간이 감당할 수 없는 자유를 주었다고 비난한다.[39]

그레고리우스는 이에 맞서 약속에 응하는 이들에게 하느님께서는 고통을 무릅쓰고 과감하게 활동하신다고 답한다. 그가 보기에 이집트에서 처음 난 것이 죽는 이야기는 하느님께서 우리 안에 있는 죄의 뿌리, 죄된 욕망의 뿌리를 잘라내시는 것으로 이해해야 한다.[40] 하늘을 향하게끔 우리의 욕망을 재배치하시는 것이다. 어떤 면에서 이는 일종의 죽음이라 할 수 있지만, 영혼의 참 생명은 "참된 어린 양", 즉 십자가에 못 박히신 그리스도, 그리스도교 유월절의 희생제물인 예수가 자신의 피로 보존한다. 이는 밤에 일어나며, 이스라엘 백성은 이집트에서 "자유의 확신을 얻게 해 주시는 성령의 은총"을 가리키는 "구름" 가운데 여정을 떠난다.[41] 이 같은 맥락에서 이스라엘 백성이 홍해를 통과한 사건은 우리의 세례(죽음, 새로운 생명, 성령의 인침, 십자가의 승

---

[39]   *De Vita Moysis*, 341D.
[40]   *De Vita Moysis*, 353B-C.
[41]   *De Vita Moysis*, 361B.

리를 통해 참 생명으로 나아감)를 상징한다.[42] 십자가의 승리는 고통과 불확실성이라는 "쓰디쓴 물"에 십자가가 놓이게 됨으로써 "단 물"로 바뀔 때 드러난다.[43] 아말렉 사람들과의 전투를 벌일 때 모세가 종일 팔을 들고 이스라엘의 승리를 보장하는 장면 또한 십자가의 승리에 대한 상징으로 볼 수 있다.[44] 그레고리우스는 분명 인간의 분투와 결단을 강조하지만, 인간 홀로, 아무런 도움도 받지 않고 이를 이룰 수 있다는 암시는 없다. 죽음 안에 있는 생명life-in-death을 보여 주신 그리스도의 본을 따라 헌신할 때, 예수가 인내하며 우리에게 준 성령의 양분을 받을 때만 인간은 앞으로 나아갈 수 있다. 그 없이 인간은 "자유를 확신"할 수 없고, 희망을 가질 수 없다. 그렇게, 하느님의 백성은 "초월적 본성"이라는 전망을 향해, 하느님의 산인 시나이산을 향해 나아간다.[45] 출애굽 이야기에서 죽음의 고통을 피하려면 모든 동물이 시나이산에서 멀리 떨어져 있어야 했듯, 인간 역시 자신의 영에서 "동물"적인 부분은 제쳐두어야 한다. 감각 경험을 바탕으로 한 앎은, 짐승 같은 종류도 얻을 수 있다는 점에서 "동물적"이다. 이러한 앎은 인간만이 얻을 수 있는 앎이 아니며, 하느님을 향해서는 오직 인간, 인간 중에서도 '인간적인' 부분만 올라갈 수 있다.[46] 여기서 그레고리우스는 플라톤과 같은 그리스 철학자처럼 이성적이지 않은 모든 것을 버리라고 권고한다. 그

---

42 *De Vita Moysis*, 361D 이하.

43 *De Vita Moysis*, 365A-B.

44 *De Vita Moysis*, 371B-C.

45 *De Vita Moysis*, 373A-B.

46 *De Vita Moysis*, 373C-D.

러나 이어지는 부분에 "주지주의"의 흔적은 전혀 없다. 이전 신학자들과 달리 그는 하느님에 관한 앎에 있어서 '누스'에 궁극적인 특권이 있다고 보지 않는다. 육체와 정념처럼, '누스' 역시 하느님께서 창조하신 것이며, 육체와 정념이 그러하듯 '누스' 역시 변혁되어야 한다고 그레고리우스는 생각했다. 이는 하느님을 향해 올라가는 여정을 기술할 때 빛이 어둠을 대체하는 대목에서 분명히 드러난다. 종교적 앎은 (불타오르는 떨기나무의 심상이 보여 주듯) 우리를 파괴하고 속박하는 죄의 어둠(스코토스σκότος)을 없애는 빛을 받아들임으로써 시작된다. 이 단계에서 조명Illumination과 "경건"(에우세베이아εὐσέβεια)은 하나이며 동일하다.[47] 영혼, 혹은 누스가 성장하고 발전할수록 인간은 하느님의 본성이 아테오레토스ἀθεώρητος, '바라볼 수 없는 것'임을 분명히 깨닫는다. 주체로서 인간이 이를 볼 수 있게 해주는 조명의 길은 없다. 이 단계에서는 감각에 기댄 앎뿐만 아니라 추론하는 이성 역시 물러나야 한다. 디아노이아διάνοια, 즉 인간이 하느님을 '이해'할 수 있는 유일한 길은 "보지 않는 것", 하느님 앞에서 인간 주체가 연약하다는 것을 믿음과 신뢰 가운데 받아들이는 것이다.

> 하느님을 본 사람은 아무도 없다. (요한 1:18)

하느님의 실체, 하느님을 하느님 되게 하는 것은 어떤 지적 활동으로

---

[47] *De Vita Moysis*, 375C-D.

도 파악할 수 없다. 이 같은 맥락에서 모세는 하느님을 만나러 갈 때 시나이산을 덮고 있는 구름으로 들어가 "더 높이" 올라간다.[48]

이 구절은 매우 중요하기에 좀 더 살펴봐야겠다. 그레고리우스 이전에 고대 철학자들 역시 신, 혹은 최고의 존재, 선의 이데아는 '존재' 너머에 있다고 생각했다. 플라톤도 두 차례 그렇게 이야기한 적이 있다. '일자the One, 혹은 선'은 정의할 수 있는, 그러므로 일정한 제약을 받는 모든 사물의 원천이기에 사물일 수 없으며 어떠한 제약과 결정의 대상이 될 수 없다는 것이다. 그러한 의미에서 '일자'는 '존재'가 아니며, (정의를 내릴 수 없기에) '본질'을 갖고 있다고 말할 수도 없다. 이는 그레고리우스의 독창적인 주장이 아니며 필론과 오리게네스도 비슷한 이야기를 한 바 있다. 하지만 플라톤 철학 전통을 따르는 이들은 대체로 지성이 충분히 정화되면, 사물의 다양성에서 순수한 단순성으로 되돌아가면 자신의 '본향', 초월자가 있는 곳으로 자연스럽게 '이끌릴 것이라고' 생각했다. 같은 맥락에서 3세기 위대한 신플라톤주의 사상가 플로티누스Plotinus는 '탈자'脫自,ecstasy, 즉 누스가 자신을 제한하는 물질의 속박에서 벗어나 신비롭게 '일자'에게 흡수되는 간헐적 체험을 이야기했다. 그러나 그레고리우스에게 절대자를 향한 여정은 단순히 그 여정의 길에 놓인 장애물들을 치워버리는 것이 아니다. 오히려 그는 누스에게서 본향을 빼앗는다. 비이성적인 모든 것을 제치고 영혼, 혹은 지성이 벌거벗은 채로 하느님 앞에 섰을 때, 영혼은 낯선 이를 마

---

[48] *De Vita Moysis*, 377C.

주하게 된다. 창조되지 않은 주님은 여전히, 언제나 건널 수 없는 곳 저편에 계신다. 영혼은 플라톤주의에서 말하는 완전한 연합이라는 안전을 얻을 수 없으며 결코 안식할 수 없다.

플라톤이나 필론, 플로티누스는 모두 영혼은 하느님을 심상이나 개념으로는 표현할 수 없다는 데 동의할 것이다. 그러나 그레고리우스는 한발 더 나아가 하느님과 누스가 본성상 친족 관계라는 생각을 해체한다. 때로 그는 이를 일관되게 밀고 가지 못해 누스의 본성이 하느님의 형상이라고 이야기하지만, 둘의 형이상학적 간극은 결정적으로 커졌다. 이것이 맞다면 영혼이 순간적으로 체험하는 '탈자'는 무의미하다. 오히려 중요한 것은 삶 전체에 스며드는 사랑과 열망을 통해 '앞에 있는 것을 향해 나아가는' 것이다. 하느님의 실체는 만질 수 없으며, 알 수도 없다. 인간에게 하느님의 실체는 일종의 추상이며, 어떤 면에서는 환상일 수밖에 없다. 하느님의 궁극적인, 혹은 '본질적인' 속성, 신적 존재의 핵심은 없으며 오직 하느님의 활동, 사랑으로 세상과 관계를 맺으시는 하느님만이 있을 뿐이다. 그리고 그분의 활동, 그분이 일으키는 작용들은 오직 경험, 이들로 말미암아 이루어지는 특정한 삶으로만 알 수 있으며, 그 힘만을 감지할 수 있기에 마찬가지로 개념화하기 어렵다.

그레고리우스에 따르면, 산 정상에서 모세는 아래에 지을 성막의 모형으로 "사람의 손으로 짓지 않은 장막"(히브 9:11)을 본다. 이 성막, 인간들에게 나타난 하느님의 권능과 지혜, 그들과 함께하는 성막은 그리스도다.[49] 달리 말하면, 모세가 산에서 하느님께 허락받아 본 것은 엄격한 플라톤식 계획에 나오는 "이데아의 왕국"이 아니라 하느님께서 하시는 활동 중 첫 번째 활동이자 가장 위대한 활동인 그리스도 안에서의 이루어지는 자기 교류, 혹은 자기 전달이다. 그래도 모세는 앞으로 나아간다. 하느님께서 자기를 내어주시는 활동의 원천인 그리스도와의 만남은 여정을 중단해야 할 곳이 아니다.[50] 모세가 인간은 하느님의 얼굴을 보고 살 수 없다는 경고를 받는 대목을, 그레고리우스는 이례적인 방식, 그만큼 독창적인 방식으로 해석한다. 그에 따르면 하느님을 보는 것 자체는 치명적이지 않다. 그가 보기에 이 구절이 말하고자 하는 바는 하느님의 '얼굴', 즉 하느님을 보는 것은 그 자체로는 생명을 주지 못한다는 뜻이다. 하느님의 '얼굴'에 만족하는 것은 하느님보다 적은 것에 만족하는 것이다.[51] 여기서 다시 한번, 그레고리우스는 하느님과 신자 사이의 외적이고 정적인 관계의 모든 흔적을 지운다. 그리스도를 바라보는 것조차 그 이상의 무언가로 보충되지 않는 한 생명을 얻을 수 없다. 그는 이 "그 이상의 무언가"를 모세가 하느님의 "등"을 보았다는 흥미로운 구절을 두고 설명한다. 여기서도 그레고리우스의 해석은 비범하다. (출애굽기에서) 모세는 하느님이 지나가는 모습을 보기 위해 "바위 위"에 서는데, 이 "바위"는 두말할 것 없이 그리스도다. 그런데 그레고리우스는 모세가 하느님의 등을 본 것은 그가

---

49 *De Vita Moysis*, 381A-B.

50 *De Vita Moysis*, 401B.

51 *De Vita Moysis*, 401D-403B.

하느님에게 업힌 채 그분을 따르고 있기 때문이라고 말한다.[52] 그분에게 업힌 모세는 하늘나라, 새 예루살렘 등 성서에서 다양한 이름으로 불리는 하느님의 "영광"을 본다(하느님의 현존, 혹은 하느님께서 인도하시며 내미는 손길을 좀 더 깊이 느끼는 것을 뜻하는 것으로 보인다). 그러나 그 앞에 놓인 것은 하느님의 등, 즉 우리를 자아 밖으로 끌어내 우리 앞에서 당신의 나라, 당신의 삶, 당신의 생명으로 인도하시는 주님의 모습이다. 이러한 그레고리우스의 이야기가 강한 인상을 남기는 것은 아마도 신약성서의 반향이 감지되기 때문일 것이다.

> 예수께서 앞장서서 가시는데, 제자들은 놀랐으며, 뒤따라가는 사람들은 두려워하였다. (마르 10:32)

그레고리우스는 복음서의 이 구절, 그리고 이와 유사한 본문들을 두루 참조하고 영향을 받아 자신의 이야기를 전개했을 것이다.

결국 그레고리우스에게 하느님을 보기 위한 여정은 제자도다. 모세의 생애를 다루며 그는 가능한 한 명확하게 이를 제시하려 한다. 온 마음과 영혼을 다해 하느님을 따르는 것이 곧 하느님을 보는 것이다.[53] 덕 있는 삶의 목적은 (모세처럼) 하느님의 "집에 거하는 종"이 되는 것이며 종으로 불리는 것이다.[54] 그러나 신자는 단순한 종 이상의 존재

---

[52] *De Vita Moysis*, 407A-403C.
[53] *De Vita Moysis*, 409.
[54] *De Vita Moysis*, 472D.

다. 하느님께서는 모세에게 마치 사람이 자기 친구에게 말하듯 말씀하셨다(출애 33:11).* 그렇기에 그리스도인은 하느님의 종임과 동시에 하느님의 친구이며 이러한 우정은 "삶의 완전함"과 동일하다.[55] 여기서 우리는「모세의 생애」맨 앞에서 소개한 "완전"perfection이라는 주제로 돌아간다. 그에게 "완전"이란 '완결'이 아니라 충만한 관계, 하느님과의 친밀한 관계 가운데 충만해지는 삶의 조건이다. 모세의 생애와 관련된 성서 본문의 범위를 벗어나지 않는 선에서 해석을 했기에, 이 마지막 단계에서 그레고리우스는 아버지로서 하느님과 그리스도인의 관계에 대해서는 아무런 언급도 하지 않는다. 그러나 주기도문과 팔복에 관한 그의 저술을 보았을 때 이것이 그에게 매우 중요한 주제였다는 점에는 의심의 여지가 없다. 또 다른 중요한 주제는「모세의 생애」의 마지막 단락에 간략하게 언급된다. 여기서 그레고리우스는 성숙한 신자, 즉 썩지 않는 신자를 묘사한다.[56] 앞에서 언급한, 덕을 세우는 것과 관련된 다른 저술들에서 그러했듯 여기서도 그가 언급하는 '형상'은 도덕적인 삶, 하느님과의 관계와 관련이 있다. "자기 안에 하느님을 모시는 것", "하느님의 본성을 모방하는 것", 하느님의 형상대로 회복되는 것은 그침 없이, 예수 안에서, 예수를 통해 자신을 계시하신 하느님을, 그분이 보여 주신 삶의 본을 일관되게 따르는 것이다.[57] 마지막

---

* "주님께서는, 마치 사람이 자기 친구에게 말하듯이, 모세와 얼굴을 마주하고 말씀하셨다."(출애 33:11)

[55] *De Vita Moysis*, 429C.

[56] *De Vita Moysis*, 472D.

[57] *De Beatitudinibus*, VI. 1269C. 그리고 *De Oratione Dominica*, V. 1180C. 또한, 다음을 참조하라.

날 우리는 우리의 앎이나 업적이 아닌, 우리가 다른 이에게 보인 연민에 따라 심판받게 될 것이다.[58]

플라톤주의의 문제

블라디미르 로스키Vladimir Lossky는 동방 교회의 영성 전통을 다룬 『하느님을 봄』The Vision of God에서 그레고리우스가 "천상을 향한 영혼의 여정을 … 내재화했다"고 말한 바 있다.[59] 달리 말하면, 그레고리우스는 영혼이 세상으로부터 벗어나야 한다는 플라톤 전통의 계획을 탈신화화했다고, 좀 더 나아가서는 영혼 자체를 탈신화화했다고 할 수 있다. 그는 영혼이 자신과는 이질적인 감각이라는 속박에서 벗어나는 드라마를 영혼이 감각과 함께 자신보다 더 큰 진리 속으로 살기 위해, 그 진리와 동화되기 위해 분투하는 전혀 다른 드라마로 대체했다. 다니엘루는 그레고리우스가 변화는 악이고 불변은 선이라는 고전적인 등식을 부정함으로써 "사상의 혁명"을 일으켰다고 말한 바 있는데, 이는 옳은 말이다.[60] 인간이 단순히 무시간적이고 초월적인 영혼과 이 영혼이 갇힌 육체로 구성되어 있지 않다면, 영혼과 육체 모두 제한을 받고 우연적이라면, 구원은 단순히 영혼을 육체로부터 떼어내는 것이라고 말할 수 없다. 영혼은 변화 가운데서만 안전을 누릴 수 있다. 그

De Professione Christiana, PG 46, 244C.

[58] *De Beatitudinibus*, V 참조.

[59] Vladimir Lossky, *The Vision of God* (London: Faith Press, 1963), 72.

[60] H. Musurillo(ed.), *From Glory to Glory: Texts from Gregory of Nyssa's Mystical Writings, selection and introduction Jean Daniélou* (London: John Murray, 1962), 47-48.

리고 「모세의 생애」에서 말했듯, 그 변화의 원리는 덕에 충실한 것이다. 변화 없는 '완전'에 안정은 없다. 성장과 변화를 멈추면 오히려 안정에서 멀어진다. 이는 단순한 말 놀음이 아니라 신앙의 위대한 역설이다. 이는 그리스도인의 삶을 주지주의자의 시선으로 보는 것이 아니라 소명과 선택을 중시하는 (당시에는 이런 용어를 쓰지는 않았지만) '인격주의자'personalist의 시선으로 보는 것이다. 이러한 관점은 이그나티우스, 이레네우스와 마찬가지로 자신의 삶을 창조적으로 만들고, 자신의 영혼을 특정한 방식으로 빚어내고, 그 방식으로 나아가기를 갈망하고, 의도하고, 결단하고, 발전시키는 것, 그리고 하느님과의 시네르기 아συνεργία, 즉 상호협력을 강조한다. 이는 인간의 타고난 자질과 자연과 본성을 통해 얻을 수 있는 앎에 대한 심오한 비관론과 하느님의 생명에서 나오는 빛을 받아 풍요로워지는 인간의 자유 의지, (이레네우스의 신학이 그러하듯) 그리스도께서 적절하게 회복시킨 인간의 창조적 존엄성으로서의 자유 의지에 대한 심오한 낙관론을 결합한다.

의지의 역할과 능력을 강조하는 체계는 필연적으로 신앙에 기대어 올바른 선택과 올바른 행동에 몰두하는 것이 아니라, 일종의 도덕주의, 참회와 은총은 거의 아무런 역할을 하지 않는 스토아주의의 위험을 안고 있을 수밖에 없다. 그레고리우스는 그리스도인의 자유가 그리스도께서 활동하시는 가운데 비추시는 빛, 그분의 재창조에 절대적으로 의존한다는 점을 강조함으로써 이러한 위험을 피한다. 「모세의 생애」, 또는 「행복에 관한 연설」De Beatitudinibus과 같은 초기 저술들에서 종종 그는 덕 있는 삶, 순결을 강조하며, 이는 죄와 구원에 관해 바울이

전하는 복음과는 거리가 있어 보인다. 그러나 이때 그레고리우스가 언급한 도덕적 삶은 언제나 성육신하셔서 "우리가 처한 가난의 모든 범위를 통과하신" 그리스도의 삶을 통해 재창조된 인간과 연관되어 있음을 기억해야 한다.[61] 자연 그대로의 인간에게는 은총과 해방이 필요하다. 이것이 그레고리우스가 「모세의 생애」를 통해 전하고자 하는 핵심 이야기다.

자유를 얻은 인간의 본성은 그리스도께서 몸소 그리신 형체를 취하게 되기 때문에 거대한 가능성을 품고 있다. 그레고리우스는 무정념apatheia을 영적 삶의 목표로 제시하나, 그의 전체 사상을 염두에 두었을 때 이 무정념은 정념의 완전한 근절을 뜻하는 것 같지는 않다. 그의 그림에는 인간을 움직이는 근본적인 충동으로서 욕망이 중요한 자리를 차지하고 있기 때문이다(「영혼과 부활에 관한 대화」Dialogues de Anima et Resurrectione에서 이에 관한 길고도 복잡한 논의를 한다). 그레고리우스에게 정념은 그 자체로는 죄가 아니다. 덕 있는 사람은 정념을 파괴하기보다는 적절하게 통제하고 방향을 조절해 이를 선용하기 위한 길을 찾으려 노력할 것이라고 그는 생각했다. 그러므로 인간 본성 가운데 정념과 관련된 부분 역시 구원의 범위 안에 있다. 인간이 나아가야 할 이상적인 길은 열등한 능력들을 제거하는 것이 아니라 자신에게 있는 모든 것을 통제하고 통합적으로 활용하는 것이다. 동시대 대다수가 그러했듯 그레고리우스는 그리스도인이 성찬을 통해 그리스도와 결합하고

---

[61] *De Beatitudinibus*, I. 1201C.

썩지 않는 몸을 받게 된다고 믿었다.[62] 이그나티우스가 그랬듯 그 역시 성체를 우리의 육체를 위한 약으로 보았다. 현대인들의 눈에는 순진하고 투박한 논의처럼 보일지 모르나 여기에는 그리스도교에서 바라보는 육체의 운명에 대한 확언, 육체를 지닌 삶에 대한 강한 긍정이 담겨 있다. 영적 여정이 '내재화'되었다고 했을 때, 이는 공적 생활, 공동 생활에서 물러난다는 의미가 아니다. 그리스도의 교회 한가운데서 성찬에 참여해 그리스도를 받아들이는 것은 은총과 함께하는 삶에 없어서는 안 될 필수 요소다. 그리고 이는 그리스도인의 삶, 그의 영적 여정이 사적 경험의 차원으로 축소되지 않게 해 준다. 이렇게 그레고리우스는 모든 형태의 영지주의 이원론과 밀교에 대한 그리스도교적 응답을 명료화했고 완성했다. 그의 전체 저술들은 그리스도교가 새롭게 제시한 인간관을 미묘하고도 정확하게 그린다. 그리스도교가 이해한 인간은 고대 그리스 철학이 이해한 인간 못지않게 비극적으로 분열되어 있으면서도 죄와 자아에서 벗어나 하느님을 알아가는 가운데 상상할 수 없는 온전함을 향해 나아간다. 이 여정은 무한한 사랑과 열망 가운데 그리스도를 따름으로써 이루어진다.

그레고리우스의 그림은 바실리우스나 나지안주스의 그레고리우스의 그림보다 훨씬 선명하다. 나지안주스의 그레고리우스의 경우 니사의 그레고리우스가 제시한 틀과 많은 부분을 공유하나 한결 더 격렬하고, 신랄한 어조로 이를 제시하며 어느 정도는 오리게네스와 같은 유

---

[62] *Oratio Catechetica Magna*, XXXVII.

심론唯心論,spiritualism 성향을 보인다. 이를테면 세례에 관해 언급한 「연설」Oratio 45와 41에서 그는 인간과 하느님의 관계보다는 '하느님을 보는 것', '지적 조명'에 더 중점을 둔다. 마찬가지로 「신학」De Theologia에서는 그림자와 물질, "몸이라는 어둠"과 같이 플라톤 전통에 속한 심상들을 많이 쓰고 있기도 하다.[63] 그러나 같은 작품에서 그는 플라톤과 결정적으로 결별한다.[64] 플라톤은 신에 대해 생각하기란 어려운 일이지만, 신을 말로 정의하기란 불가능하다고 말한 바 있다. 하지만 나지안주스의 그레고리우스는 이를 뒤집는다. "신을 표현하는 것이 불가능하다면 신을 생각하는 일도 할 수 없다." 그렇기에 그는 니사의 그레고리우스와 마찬가지로 인간은 하느님의 본성, 혹은 본질을 알 수 없다고 이야기한다. 이 본질에 붙일 수 있는 유일한 이름은 "스스로 있는 분", 혹은 단순히 "하느님"이다.[65] 인간은 이 용어에 어떤 내용을 넣을 수 없다. 로스키가 지적했듯 나지안주스의 그레고리우스는 하느님을 본다는 것이 곧 삼위일체 하느님을 보는 것임을 강조했지만, 이 이야기가 정확히 무엇을 의미하는지는 알기 어렵다. 그의 논의들을 살펴보았을 때 대체로 이는 아타나시우스, 오리게네스의 관계론적 삼위일체론을 지향하기보다는 삼중의 대상을 관조하는 것을 뜻하는 듯하다. 나지안주스의 그레고리우스 이전의 저자들은 삼위일체에 참여하는 것을 아버지와 아들의 관계를 나누는 것으로 보지만, 나지안주스의

---

63 *De Theologia*, 3, 12.

64 *De Theologia*, 4.

65 *Orationes*, XXX. 18-19.

그레고리우스는 "우리와는 다른, 우리 위에 있는" 삼중의 실재 전체와 연합하는 것으로 본다. 로스키는 이런 삼위일체에 대한 시각이 그리스 신비주의에서 말하는 신적 실체와 일치한다고 말한다. 나지안주스의 그레고리우스의 삼위일체론에 커다란 물음표를 던진 것이다. 아타나시우스, 니사의 그레고리우스, 심지어 나지안주스의 그레고리우스의 많은 구절에 나오는 삼위일체론의 본래 강점은 인류가 "성자 안에서, 성자를 통해 (하느님의) 자녀가" 된다는 구원론과 밀접하게 연결된다는 데 있다. 이러한 측면에서 나지안주스의 그레고리우스가 선호하는 '삼위일체를 관조하는 영혼'은 삼위일체론의 참된 뿌리에서 벗어나 초기 그리스도교 저술가들이 수정하려 애썼던, 인간이 주체가 되고 하느님이 대상이 되어 둘이 대립하는 구도를 되살릴 위험이 있다.

우리는 그 결과를 나지안주스의 그레고리우스의 제자이자 친구이며 동방 교회의 수행 전통에서 가장 중요한 영성 작가로 평가받는 폰투스의 에바그리우스Evagrius of Pontus(346-399)의 저술들에서 확인할 수 있다. 사후에 '오리게네스주의자'라는 비난을 받았지만, 그의 저술들은 다른 작가들의 이름으로 널리 읽히고 필사되었다(그가 쓴 「기도론」 Tractatus de Oratione은 오랫동안 안키라의 닐루스Nilus of Ancyra의 작품으로 알려졌다). 에바그리우스는 그리스도인의 삶을 세 단계로 구분했는데, 이후 그리스 세계 영성에 관한 거의 모든 저술은 이 구분을 따랐다. 처음 이 구분을 제시한 사람은 필론이었다. 오리게네스는 이를 그리스도교에 '이식'했고, 나지안주스의 그레고리우스 역시 이 구분을 썼다. 이 계획에 따르면 그리스도인은 덕을 세우는 삶을 단련함으로써 영혼을 정화하는 '실천적' 삶에서 시작해 점차 사물들과 현실 아래 흐르는 로고스를 보게 되는, 자연에 대한 관조의 단계로 나아간다. 이 단계에 오른 그리스도인은 변치 않는 하느님의 정신에 의지해 자연 세계를 있는 그대로, 그 영원한 구조와 원인을 볼 수 있다. 세 번째 단계는 '신학', 즉 진정한 의미에서의 관조의 단계다. 이 단계에서 영혼은 어떤 중재자들 없이도 하느님을 보며 자신의 신적 원형과 하나가 된다. 에바그리우스의 중요한 저술 중 하나인 「프락티코스」Praktikos에서 그는 첫 번째 단계인 정화의 단계를 다룬다. 에바그리우스에게 '실천'은 "영혼('프쉬케')의 정념을 정화하는 영적 방법"이다.[66] 즉, 실천하는 삶, 덕을 세우기 위해 분투하는 삶의 목표는 무정념이다. 그는 이러한 삶의 특징을 세심하게 열거한다. 글을 시작하며 에바그리우스는 말한다.

> 하늘 나라는 사물들에 대한 참된 인식과 영혼의 무정념이다. 하느님 나라는 정신(누스)의 능력으로 확대되며, 부패하지 않는 탁월한 능력을 정신에 부여하는 성삼위에 대한 영적 앎이다.[67]

이러한 '프쉬케'와 '누스'의 구별은 죄된 정념들에 휘말리는 영혼은 순수한 지성인 누스가 타락한 형태라고 보는 오리게네스의 견해와 관련이 있다. 그렇기에 에바그리우스에게 기도의 목적은 누스의 회복이다. 「기도론」De oratione을 시작하며 그는 "충만한 덕으로 정화된 영혼은

---

[66] *Praktikos*, L. 1230A. 『프락티코스』(분도 출판사)
[67] *Praktikos*, II, III.

누스의 구조를 안정시켜 누스가 본래 추구하는 상태에 적합하게 만든다"고 말한다. 기도는 이 누스가 하느님과 나누는 "대화", 혹은 하느님에게 건네는 "말"이다.[68] 그러므로 올바른 기도는 '실천(프락티케πρακτική)'에서 나온다. 인간이 무정념에 도달하면 '사랑'이 일어난다.

사랑은 무정념의 자식이다.[69]

이 사랑은 영적 앎으로 가는 관문이다. 에바그리우스에게 사랑은 본질적으로 앎에 대한 사랑, 영혼 안에서 영혼을 비추는 하느님의 빛에 대한 열망이자, 그 빛에 대한 순수한 헌신이다.[70] 이러한 헌신 가운데 영혼은 자신의 참된 정체가 하느님이 깃드는 곳임을 깨달으며 하느님의 빛으로 가득 찬 상태로 나아간다.[71] 그렇게, "벌거벗은 영혼"은 태초의 단순함, 하느님과 재결합한다.

이런 에바그리우스의 구도에는 하느님의 빛을 만나기 위해서는 깊은 어둠으로 나아가야 한다는 니사의 그레고리우스의 관점이 들어갈 여지가 거의 없다. 에바그리우스가 우리 삶의 목적은 "무한한 모름"에 있다고 말하는 것처럼 보이는 한두 구절을 두고 많은 논의가 있었지만, 이런 구절들이 그의 일반적인 이해를 대표한다고 할 수는 없다. 나

---

68 *Praktikos*, II, III. 1167C.

69 *Praktikos*, LIII. 1233B.

70 *Gnosticus*, Cent. IV. 50. 『그노스티코스』(분도 출판사)

71 *Gnosticus*, Cent. III. 6.

지안주스의 그레고리우스와 마찬가지로 에바그리우스에게도 무지는 영혼이 빛을 받지 않은 상태이며 극복해야 할 악이다. 영의 본향, 혹은 참된 본성이 하느님 안에 있다면, 결코 니사의 그레고리우스처럼 누스와 하느님은 딱 맞아떨어지지 않는다고 보지 못한다. 에바그리우스의 저술과 사상의 윤곽을 누구보다 명확하게 밝혀낸 앙투안 기요몽Antoine Guillaumont과 클레어 기요몽Claire Guillaumont은 덕을 세우는 삶에 관한 에바그리우스의 가르침이 가리키는 핵심을 이렇게 표현했다.

> 인간이 처한 상황, 악마와 천사 사이에 있는 인간의 상태는 지성의 우주적 역사, 지성이 타락했다가 다시금 합일로 돌아가는 역사의 한 단계에 지나지 않는다.[72]

잠시나마, 그리고 극적으로 니사의 그레고리우스는 영혼을 "(하느님과의) 합일이라는 땅에서 추방"했다. 하지만 나지안주스의 그레고리우스와 에바그리우스를 거치며 영혼은 다시금 플라톤의 방식으로 존엄을 완전히 회복했다. 그러한 면에서 에바그리우스는 니사의 그레고리우스가 제시한 그림이 얼마나 기이한지를 분명히 보여 준다.

2세기와 마찬가지로 4세기에도 그리스도교 사상은 그 자체가 머금고 있는 낯선 의미에서 벗어나 편안한 형이상학의 항구에 정박했다. 우연성으로부터의 도피가 승리를 거둔 것이다. 에바그리우스는 유혹

---

[72] *Reallexikon für Antike und Christentum*, vol. 6, art. 'Evagrius Ponticus', col. 1101.

들, 정념들과의 싸움에 깊은 관심을 보였지만, 그 목표는 이들을 제거하는 것, 즉 인간 주체를 축소하는 것이었지 통합이 아니었다. 니사의 그레고리우스도 인간이 벌거벗겨져야 하고, 정화되어야 한다고, 이를 통해 하느님을 만나야 한다고 주장했지만, 그 목표는 인간 주체의 확장이었으며 정화의 과정은 정확히 이 성장이 이루어지기 위해 계획된 것이었다. 에바그리우스는 다시금 영원에 대한 이해를 통해 움직이지 않고 무시간적인 안정에 이르는 것에 관심을 보였으며, 니사의 그레고리우스가 관심을 기울인 신앙이 빚어내는 도덕적 삶, 공적 삶을 두고서는 거의 아무런 말도 하지 않았다. 그에게 사랑('아가페'ἀγάπη)은 영적인 앎('그노시스')을 얻기 위해 딛고 가야 할 디딤돌일 뿐이었기 때문이다. 에바그리우스의 구도에서 니사의 그레고리우스가 중시했던 갈망('에피티미아'ἐπιθυμία)은 영혼이 '영적인 앎'을 망상으로 여길 때 머무르게 되는 상태에 불과하다.

니사의 그레고리우스는 인간의 본성이 "자기 초월"이라고 함으로써 하느님에 대한 앎을 인격적이고, 관계적이며, 성장하는 것으로 볼 수 있게 해 주었다. 인간의 삶 전체를 하느님을 알아가는 과정으로 제시한 것이다. 그리고 이 과정은 하느님을 '보는 것'이 아닌, 종으로서, 친구로서, 제자로서, 궁극적으로는 자녀로서 하느님을 '사랑하는 것'에서 절정에 이른다. 이때 관조는 무언가를 응시하는 것, 그 무언가를 수용하고, 거기에 반응하는 것이다. 이 그림에서 관조하는 영혼은 그 무언가를 이해하거나 소유하는 것에 만족하지 않는다.

에바그리우스가 사용한 용어와 많은 전제(특히 어떤 방해도 받지 않고 영혼이 하느님께 드리는 '순수한 기도'라는 개념)는 그리스도교 신비주의와 수덕 전통에 스며들었고 풍부하고 비옥한 자원이 되었다. 그러나 이는 인간 본성에 대한 니사의 그레고리우스의 이해, 혹은 이와 유사한 관점과 결합하거나 연결되어 질문을 받을 때만 그리스도교 기도의 수단으로 살아남을 수 있었다.

성육신이라는 역설, 육신을 입은 하느님이 "자신과 함께 온 인류를 자신의 권능으로 일으키신다"는 역설은 그리스도인에게 회피할 수 없는, "안식할 수 없는 영성"을 남기며 비판과 변화에 열려 있게 한다. 이 영성과 "우상파괴"의 영성이 정확히 일치하지는 않는다. 그러나 이러한 영성은 하느님, 세계, 그리고 자아와 관련된 심상, 개념들에 대한 체계적 의심으로 가득 차 있다.

에바그리우스가 제시한 기도는 어떤 '상像'도 허용치 않는 기도일지도 모른다. 그러나 그런 기도 자체가 우상이 되어 신앙의 여정을 멈추게 하는 것을 막기 위해서는 니사의 그레고리우스가 제시한 회의주의가 필요하다. 흐린 구름만 가득한 사막 한가운데, 집도 없이, 영혼은 연약한 상태로 남아 있다. 그러나 하느님께서는 인간의 삶과 죽음 안에 자기 자신을 집으로 만드셨고, 우리보다 앞서서 우리가 가야 할 길로 가시며, 그 길로 우리를 부르신다. 그렇기에, 영혼은 가장 근본적인 차원에서 집에 있다. 그리스도는 우리의 안정과 불안의 뿌리이고, 약속이자 심판이며, 끝과 시작이고 불타는 떨기나무, 부활절 어린양, 반석, 성막이다. 그분은 노예 상태에서 벗어나 광야를 가로지르는 쓰라린 여정의 모든 단계에서 희망의 징표로 우리와 함께하신다.

04

—

울부짖는 마음

기원후 401년, 저명한 신학자이자 논객, 설교자, 수도자, 영적 지도자인 히포의 아우구스티누스Augustine of Hippo는 「고백록」Confessiones을 펴냈다. 자화자찬하기 위해서, 혹은 자기를 선전하기 위해서가 아니었다. 피터 브라운Peter Brown이 방대한 연구서 『히포의 아우구스티누스』Augustine of Hippo에서 강조했듯 「고백록」은 이제껏 없던 종류의 책, 삶의 의미를 말로 창조해야 한다는 신념 아래, 한 구절 한 구절에 자신의 분투를 아로새긴 책이었다. 아우구스티누스는 단순히 자신의 과거를 기억하지 않았다. 과거에 담긴 중요한 흐름을 찾아 전기를 썼다. 그는 질문한다. '왜 그랬을까? 삶의 어떤 순간, 어떤 경험에 하느님께서는 손길을 내미셨는가?' 질문이 꼬리에 꼬리를 물고, 반복되는 가운데 질문의 음조는 다른 음조로, '하느님은 어디에 계셨는가?'에서 '나는 어디에 있었는가?'로 바뀌기 시작한다.

> 그러면 제가 당신을 찾고 있을 때 저는 대체 어디 있었습니까? 당신께
> 서 바로 제 앞에 계셨는데도 저는 저 자신에게서 떠나 있었습니다. 저
> 자신도 찾지 못한 처지였으니 무슨 수로 당신을 찾을 수 있겠습니까?[1]

이처럼 「고백록」의 많은 부분은 귀향이라는 심상에 초점을 맞추고 있
다. 하느님께서는 영혼이 집으로, 고향으로 돌아와 당신과 함께하기를
기다리신다. 하느님 안에 있는 그 집, 고향을 떠나서는 어떤 것도 의미
가 없다.

> 주님, 당신께 전하고픈 말은 결국 제가 어디에서 이곳으로 왔는지 모
> 른다는 것입니다. 저는 어디에서 이 죽을 삶, 아니면 산 죽음으로 왔는
> 지 모릅니다. 저는 모릅니다.[2]

'나'의 정체는 궁극적으로 하느님의 손에 달려 있다. 그러나 이는 시간
과 무관하다는 뜻은 아니다. 나의 정체, 곧 내가 진정 누구인지는 무한
하리만큼 고통스러운 과정을 통해서 발견된다(어떤 면에서는 결정된다).
그 과정이란 곧 이 모든 놀라운 일들을 주도하시는 하느님을 의식적
으로 생각하는 낯선 경험에 집중하는 것이다. 이를 두고 피터 브라운

---

[1] *Confessiones*, V. 2. 「고백록」(경세원)
[2] *Confessiones*, I. 6.

은 아우구스티누스가 이해되지 않는 감정의 기억에서 "새로운 느낌을 추출해낸다"고 말했다. 하느님께서는 당신의 빛을 비추시어 불행들이 만들어내는 혼돈에서도, 고향을 잃고 방황하고 고통받고 죄를 짓는 가운데서도 한 이야기, 계속되는 현실을 만들어내신다. 그러므로 삶에서 버려야 할 순간이란 존재하지 않는다. 처음 의식이 싹튼 순간조차 예외는 아니기에 그 순간에도 관심을 기울여야 한다. 이렇게 아우구스티누스는 어린 시절의 중요성에 대한 새로운 이해를 보여 준다. 그리고 이러한 맥락에서 그가 탐구한 것은 인간의 정신사 전체라 할 수 있다.

많은 그리스 교부, 그리고 아우구스티누스의 초기 사상이 발전하는데 커다란 영향을 미친 신플라톤주의 철학자들이 그랬듯 아우구스티누스 역시 인간의 타락을 하느님과 연합한 상태로부터의 타락으로 보았다. 그러나 그는 이를 태초의 절대적인 하나됨으로부터의 타락이라기보다는 자아와 자아의 조화, 자아와 하느님의 조화로부터의 타락으로 여겼다. 앞서 보았듯 니사의 그레고리우스는 인간 영혼이 하느님과 본성상 친족 관계에 있다고 보지 않았고, 그러한 의미에서 영혼이 하느님과 같은 집, 같은 고향을 공유한다는 생각을 부정했다. 이 점에서 아우구스티누스는 니사의 그레고리우스보다는 다른 교부들, 그리고 신플라톤주의자들이 제시한 그림, 즉 인간 영혼은 하느님 안에서만 집을, 고향을 발견할 수 있다는 그림을 따른다. 그곳에서만 영혼은 하느님의 손에 붙들려, 그분의 사랑을 받고 그분을 알아가는 가운데 자기 자신으로서 있을 수 있다. 그러나 아우구스티누스와 니사의 그레고리우스의 그림 사이에 모순이 없는 것은, 그가 단순한 신플라톤주의 일원론에서 벗어났고, 하느님과 영혼이 본성상 친족 관계인지 아닌지는 별다른 말을 하지 않기 때문이다.

> 당신 앞에서는 저희의 선이 아무런 결손을 겪지 않고 살아남으니, 저희의 선이 바로 당신이기 때문입니다. 저희는 돌아갈 데가 없을까 염려하지 않으니 저희가 바로 당신께로부터 멀어졌기 때문입니다. 저희가 멀리 떨어져 있더라도 저희 집은 무너지지 않습니다. 당신의 영원이 그 집이기 때문입니다.[3]

집에 머물게 되는 것은 비인격적이고 우주적인 하나됨을 이루어 '나'가 사라지는 것이 아니라 자신을 누리도록 우리를 창조하신 창조주의 영원하고, 인내하고, 신실한 사랑을 다시금 발견하는 것이다. "당신 안에서 쉬기까지 우리 마음이 쉬지 못"하는 것은 이 때문이다.[4] 집에 머물게 되는 것, 고향으로 돌아오는 것은 하느님을 아는 가운데 자기 자신을 아는 것이다.

> 당신께서 빛을 비추시기에 저는 저를 알 수 있습니다. 저를 두고 알지 못하는 것은, 당신 얼굴에서 저의 어둠이 대낮처럼 되기까지 알지 못할 것입니다.[5]

---

[3] *Confessiones*, IV. 16.

[4] *Confessiones*, I. 1.

[5] *Confessiones*, X. 5.

우리가 우리의 삶을 보았을 때 혼돈 이상의 무언가를 볼 수 있는 만큼, 우리는 하느님 안에 있는 우리의 집에 더 가까이 있다. 우리가 당황하고, 길을 잃고, 죄책감과 두려움에 휩싸이는 만큼 우리는 우리의 집에서, 고향에서, 조화에서 멀어져 있다. 「고백록」 제10권에서 그는 열정을 담아 우리가 여정 중에 있으며 아직 여정의 끝에 도착하지 않았음을 보여 준다. 여기에는 갈망이 충족되지 않은 삶에서 일어나는 고통과 수고, 영혼이 자신이 세운 방어막을 뚫고 들어와 자신을 끌어내 순례의 길로 인도하는 강력한 힘을 지닌 아름다움을 향해 비틀거리며 나아가는 과정이 담겨 있다. 다른 무엇으로도 충족될 수 없는 그 무언가를 향한 열망, 그 열망에서 나오는 아픔을 일깨우는 희귀한 순간, 그 형언할 수 없는 가치를 지닌 순간을 아우구스티누스는 보았고, 또 그린다. 이러한 측면에서 제10권 27장은 전문을 인용할 만한 가치가 있다.

늦게야 당신을 사랑했습니다. 이토록 오래되고 이토록 새로운 아름다움이시여, 늦게야 당신을 사랑했습니다. 당신을 찾으러 밖으로 나갔을 때 당신께서는 제 안에 계셨습니다. 당신께서 만드신 모든 사랑스러운 것을 향해 저는 추레하게 달려갔습니다. 당신께서는 언제나 저와 함께 계셨건만 저는 당신과 함께 있지 않았습니다. 당신 안에 있지 않았다면 아예 존재할 수도 없었을 이 모든 아름다운 것이 저를 당신께로부터 떨어져 있게 붙들었습니다. 당신께서는 그런 저를 부르시고 소리 지르시고 제 어두운 귀를 뚫으셨습니다. 그런 저를 당신께서는 비추시고 밝히시어 제가 볼 수 있게 하셨습니다. 당신은 향기를 풍기셨고, 저는 숨을 깊이 들이켜고서 그 향기를 맡습니다. 이제 저는 당신을 그리워하며 헐떡입니다. 저는 맛을 보았기에 허기지고 목마릅니다. 당신께서 저를 만져 주셨기에 이제 저는 당신의 평화에 대한 열망으로 불타오릅니다.

제10권에 나오는 세밀한 묘사에서 볼 수 있듯 아우구스티누스에게 하느님의 아름다움을 향한 열망과 여정은 육체와 영에 시시각각 찾아오는 유혹들과의 투쟁과 불가분의 관계에 있다. 이러한 투쟁 가운데 인간의 모든 경험은 점진적인 정화를 거친다. 회심은 끝이 아니라 시작이며, 위험하고 혼란스러운 세계로 들어서는 것이다.

이 모든 위험과 고난, 그와 비슷한 일들 때문에 당신께서는 제 마음이 얼마나 떨고 있는지를 보고 계십니다. 제 상처로 인해 저는 고통을 느낍니다. 그러나 더 중요한 건 당신께서 계속 제 상처를 치유하고 계심을 제가 느낀다는 것입니다.[6]

그리스도인의 삶, 신앙의 삶이라는 모험의 결과는 불확실하다. 악행의 비참함과 선의 기쁨이 투쟁을 벌이는 가운데, 그 중 "어느 편에 승리가 올지" 알지 못하기 때문이다.[7] 우리는 광대하고 통제할 수 없는 현실들

---

6 *Confessiones*, X. 39.
7 *Confessiones*, X. 28.

가운데 놓여 있다. '참된 나'는 감추어져 있기에 우리는 곧잘 재앙과도 같은 망상에 빠진다. 인간의 영은 어둡고 비합리적이기에 섣불리 예측할 수 없다. 믿음은 인간에게 영지자의 안식처인 헤시키아*hsuxia*, 즉 평정을 주지 않는다. 오히려 믿음은 인간을 쉴 수 없게 하는 원천, 인간을 애끓게 하는 원천이다. 믿음은 "메아리치는 환희"이며 "사라지지 않은" 채, 우리에게 "죽음과 탄생에 대한 고뇌"를 "요청"한다. 저 환희를 인간은 양가성을 지닌, 고통받는 육체를 통해 발견하고 또 실현해야 한다고 아우구스티누스는 말한다.

욕망의 부름

대다수 그리스 교부와 달리 아우구스티누스는 자유에 별다른 관심을 기울이지 않는다. 니사의 그레고리우스에게 인간의 삶에서 가장 예측할 수 없고 개념화할 수 없으며 파악할 수 없는 요소는 헤아릴 수 없는 깊이를 지닌 영 그 자체였다. 이 영이 은총에 의해 깨어나면, 인간이 자신이 되어야 할 바가 되게 해주는, 덕 있는 삶을 끊임없이 빚어나갈 수 있게 해주는 원천이 된다. 이러한 측면에서 그레고리우스는 인간의 의지와 갈망이 적절한 대상을 향하게 되면 파괴적이고 자의적이며 무정부적인 가능성을 품고 있는 자유를 사심 없는 행동의 길, 사랑의 길로 이끌게 된다고 생각했다. 이러한 그림 안에서 많은 그리스 교부는 정념의 근절, 좀 더 현실적으로는 정념의 통제에 관심을 기울였다. 그들에게 은총이 깃든 삶의 종착지는 더는 정념에 휘둘리며 행동하지 않는 상태다. 달리 말해 이상적인 삶은 올바른 의도를 따라 올바르게 선택하며 성장하는 것이다. 하지만, 아우구스티누스는 그의 사상이 무르익어 갈수록 그러한 모형과 점점 더 거리를 두었다. 그에게 '헤아릴 수 없는 것'은 영 그 자체의 차원이 아니라 영이 살아가는 세계, 영에 거대한 압박을 가하고 영향을 끼치는 세계다.

인간 주체는 진실로 신비이다. 아우구스티누스만큼 고통스럽게 이를 깨달은 사람, 풍부하게 이를 깨달은 사람은 없다. 그러나 인간의 신비로움과 예측 불가능성은 인간에 작용하는 힘들과 더 밀접한 관련이 있다. 이는 은총의 삶과 은총을 벗어난 삶 모두에 해당한다. 시간이 흐를수록 아우구스티누스는 인간의 행동이 강박 같은 것에 뿌리를 두고 있다고 보았다. 그의 그림에서 합리적인 선택의 자유는 관심의 저 멀리로 물러난다. 말년에 그늘을 드리운 펠라기우스Pelagius 및 그의 추종자들과의 논쟁을 통해 아우구스티누스는 인간을 넘어선 힘들이 전쟁을 벌이는 터인 인간의 영이 저 힘들 앞에 얼마나 무력한지를 예리하게 진술했다. 이러한 면에서 예정론은 아우구스티누스가 오랜 기간에 걸쳐 인간이 어둠으로 휩싸인 마음에서 벗어나 완전히 합리적인 방향을 그릴 수 있다는 헬라적 낙관주의에서 벗어나는 여정의 논리적 절정이라 할 만하다.

프로이트 이후 세대에 이르기까지 많은 사람이 아우구스티누스에게 매력을 느끼는 이유는 이와 관련이 있다. 그는 합리성이 인간 경험에서 가장 중요한 요인이 아니며, 인간 주체는 이성으로는 알 수 없는 거대한 힘의 구조에 속한, 지극히 미약한 존재라는 불편한 진실을 직시하고 받아들인다. 현실에서 인간은 행동하는 만큼 제약을 받는다.

마음은 충동과 욕망에 의해 움직이고, 이끌리고, 흔들린다. '의지'는 이성보다는 정념과 더 관련이 있다. 「신국론」De Civitate Dei에서 아우구스티누스는 의지에 관해 논하며 "영혼의 움직임들"은 우리가 '의지'라고 말하는 것과 동일하다고 분명하게 말한다.

> 욕망이니 기쁨이니 하는 것이 우리가 원하는 바에 동의하는 의지가 아니고 무엇이겠는가? 또 두려움이니 슬픔이니 하는 것이 우리가 싫어하는 바에 저항하는 의지가 아니고 무엇이겠는가? 우리가 원하는 바를 추구하면서 동의할 때, 그것이 욕망이다. 우리가 원하는 바를 향유하면서 동의할 때, 그것이 기쁨이다.[8]

의지는 충동을 의식적인 정신 안으로 받아들이는 것이다. 그러므로 의지는 충동과 분리될 수 없다. 그렇기에 아우구스티누스는 '무정념'이라는 관념을 상당히 신중하게 다루었다. '무정념'이 하느님의 심판에, 혹은 하느님과 조화에 적대적인 충동을 갖지 않는 상태를 가리킨다면, 지상에서는 결코 그런 상태에 도달할 수 없을지라도 삶의 목표로는 삼을 수 있다. 하지만 '무정념'이 모든 '아펙투스'affectus, 즉 모든 감정을 결여한 상태를 가리킨다면 그건 "죄보다 더 나쁜 것"이다.[9] 슬픔, 두려움, 연민, 사랑, 기쁨은 신앙생활의 핵심 재료다. 그리스도께서 이 감정들을 모두 온전히, 실제로 경험하셨기 때문이다. 어떤 감정에

---

[8] *De Civitate Dei*, XIV. 6. 「신국론」(분도 출판사)
[9] *De Civitate Dei*, XIV. 9.

도 흔들리지 않고 쏠리지 않는 사람, (실은) 자신이 그렇다고 착각하는 사람은 "진정한 평화를 얻었다기보다는 인간성 전체를 잃어버린 것이다".[10] 아우구스티누스는 히포 회중에게 물었다.

형제 여러분, 하느님을 경외하는 사람은 ... 감정이 없다고 생각하십니까?[11]

여러분의 영혼을 감정의 영향으로부터 자유롭게 하려고 애쓰지 마십시오.[12]

그러므로 구원은 이성이 정념 위에 군림하는 것과는 거의, 혹은 아무런 관련이 없다. 인간은 본성상 정념에 사로잡히기 쉽고, 연약하며, 변덕스러운 존재이며 그렇기에 구원을 받으려면 이 모든 것을 잃지 않고 있어야 한다. 이를 염두에 두고 「고백록」을 읽으면 사목자로서 그의 관심이 작품 전체에 뿌리내리고 있음을 분명하게 볼 수 있다. 아우구스티누스는 현재 겪는 일들로 인한 불안정과 과거에 있던 일들로 인한 혼란을 기록하고 분석해 연약한 이들을 절망에 빠뜨릴 수도 있는 위선적인 수사修辭들, 은총의 삶을 두고 독실한 체하는 수사들이 모두 거짓임을 폭로한다.

---

[10] *De Civitate Dei*, XIV. 9.

[11] *Enarrationes in Psalmos*, 76. 14.

[12] *Enarrationes in Psalmos*, 55. 6.

저의 지나간 악들을 고백하게 한 이유(당신께서는 그 악들을 용서하시고 덮어 주셨습니다)는 신앙과 당신의 성사를 통해서 저의 영혼을 변화시키시고 그렇게 해서 저를 당신 안에서 행복하게 만들어 주시기 위함이었습니다. 그래서 저의 고백이 읽히고 들릴 때면 사람들의 마음이 절망으로 혼미해지고 "나는 못 해"라고 말하는 일 없이 당신 자비의 사랑 안에서 눈뜨고 당신의 감미로운 은총을 맛보게 될 것입니다.[13]

「고백록」은 인간의 삶에 형태와 의미를 줄 수 있는 분은 오직 하느님뿐이라는 사실을 독특한 방식으로 증언한다. 자신만의 삶을 만들려는 노력, 자신만의 안전을 구축하려는 인간의 노력은 절망으로 끝난다. 이는 신자나 불신자 모두 마찬가지다. 회심은 삶의 혼돈이 끝났음을 의미하지 않는다. 자기 이해를 손쉽게 가능케 해 주지도 않으며 질서 정연한 삶, 이해할 수 있는 삶을 보장하지도 않는다. 회심을 통해 변화되는 것은 영을 움직이는 결정 요인들이다. 이 요인들은 회심 전과 마찬가지로 여전히 우리 정신에 닿지 않을 수도 있다. 신자의 확신은 결코 그의 지적 이해, 혹은 경험에 대한 지성의 통제에 달려 있지 않다. 확신은 그의 욕망을 궁극적으로 만족시켜주는 것으로 드러난 유일한 대상을 향한 마음의 열망에서, 그리고 그 열망을 충실히 지키는 것에서 나온다.

그렇다고 해서 아우구스티누스가 순수한 비합리주의자라고 생각해

---

[13] *Confessiones*, X. 3.

서는 안 된다. 그의 저술 하나하나를 볼 때마다 우리는 진리, 전망, 명확성에 대한 뜨거운 열정을 확인할 수 있다. 앞서 「신국론」을 살피며 이성을 적절하게 활용하지 못하게 만드는 정념을 두고 그가 어떻게 말했는지를 주목한 바 있다. 아우구스티누스가 추구하는 "망상에 사로잡히지 않는" 이성은 인간이 처한 상황, 인간이 필요로 하는 것을 받아들이고 이성의 기초가 얼마나 허술한지를 보고, 인정하고 받아들일 수 있는 용기를 지닌 정직함이다. 이를 염두에 두고 「고백록」의 중심 주제, 하느님의 빛을 받아 자신의 경험을 살피며 "전기biography를 만드는 것"으로 돌아가 보자. 이성은 인간 안에서 자신이 어디쯤 자리하고 있는지를 정직하게 바라보고 인간에게 자리한 어두운 심연, 의심과 혼란을 발견한다. 이성이 자신의 진리를 찾으려면 그 너머를 바라보아야 한다. 플라톤주의의 영향 아래 「고백록」에서도 아우구스티누스는 때때로 '주지주의자'가 사용할 법한 언어를 쓴다. 일례로 어머니 모니카가 세상을 떠나기 직전, 아우구스티누스와 모니카가 함께 황홀경에 빠지는 부분에서 아우구스티누스가 "재빠른 사유로" 하느님의 영원한 지혜에 가 닿았다는 말을 들 수 있다.[14]

하지만, 이 부분에서조차 전체적인 분위기는 이성보다는 마음과 훨씬 더 깊은 관련이 있다. 다. 황홀경 체험을 처음 말할 때 아우구스티누스는 "마음의 일격"ictu cordis을 가해 영원한 지혜에 도달했다고 기술한다.[15]

---

[14] *Confessiones*, IX. 10. iii.

[15] *Confessiones*, IX. 10. ii.

종교적 앎의 주체는 본질적으로 이해하는 '마음'(혹은 때때로 '정신'mens)이지 추론하는 이성이 아니다. 하느님에 대해 말하기 전에, 우리는 마음으로 그분을 "상상"하거나 그리고, 그분을 안식처로 "감지"해야 한다. 이를 실천하는 가운데 우리는 하느님에게 다가가고, 우리의 삶은 하느님을 닮은 사랑의 삶으로 성장한다(니사의 그레고리우스의 논의와 유사하다는 점에 주목할 필요가 있다).[16]

하느님은 지식scientia으로 알 수 없으며 지혜로 알 수 있다. 달리 말하면 지성이 적극적으로 대상에 다가가 대상을 조직하고 분석하는 방식으로는 알 수 없으며, 자신을 대상을 향해 돌이키고 관조함으로써 알수 있다.[17] 관조를 통한 앎은 오직 사랑에 대한 앎, 욕망과 기쁨에 대한 앎이다. 이러한 앎을 통해 인간은 자신의 의지로 하느님의 아름다움을 그리는 데 동의하게 된다. 여기서도 우리는 "이토록 오래되고 이토록 새로운" 하느님의 아름다움이라는 아우구스티누스의 주제가 다시금 등장하는 것을 본다. 이 아름다움, 이 형언할 수 없는 사랑은 우리의 마음을 어둠에서 불러내 거짓 사랑이 만든 장벽을 무너뜨리고 우리를 살아가게 하는 욕망과 충동들을 바로잡는다.

「신국론」에서 아우구스티누스는 아가(2:4)를 인용하며 말한다.

그분이 내 안에 사랑의 질서를 세우셨다.[18]

---

[16] *Enarrationes in Psalmos*, 99. 6.

[17] 아우구스티누스는 「삼위일체론」De Trinitate 12권부터 14권까지 이에 관해 논의한다.

[18] *De Civitate Dei*, XV. 22.

하느님의 사랑은 "덕에 관한 정확하고 간결한 정의"을 제공한다. 이 사랑으로 인해, 우리는 질서 있는 사랑, 즉 진정으로 사랑할 만한 것을 인지하고 붙잡게 되며, 일시적으로 아름다운 것들에 만족하지 않게 된다.

피조된 아름다움과 피조된 선은 결코 그 자체로는 목적이 될 수 없다. 이들을 목적으로 여긴다면, 이들을 올바르게 사랑하는 것 역시 불가능하다. 지상의 도성은 평화와 조화를 위해 투쟁한다. 평화와 조화라는 목적은 선하고 투쟁은 가치가 있지만, 투쟁을 통해 얻는 것은 부서지기 쉽고 위험은 크다.[19] 아우구스티누스에 따르면 최초의 도성을 세운 인물은 카인이었다. 아벨이 "순례자"로 있는 동안, 최초의 형제 살인자이자 하느님을 경멸한 이는 지상에 집을 지었다.[20] 인간의 자기 사랑self-love, 질서와 명료함을 만들고 자신의 성취에 안주하려는 욕망이 인간의 도시, 지상의 도성civitas terrena을 만든 것이다.

> 두 사랑이 두 도성을 건설했다. 하느님을 멸시하는 데까지 이른 자기 사랑이 지상의 도성을 만들었고, 자기를 멸시하면서까지 이른 하느님 사랑이 천상의 도성을 만들었다.[21]

지상의 도성은 개인의 삶뿐만 아니라 인간 세계 전체를 통제할 수 있

---

[19] *De Civitate Dei*, IV. 4.

[20] *De Civitate Dei*, XV. 1.

[21] *De Civitate Dei*, XV. 28.

다고 확신하는 이들이 세운다. 개인의 영역에서든, 사회 영역에서든 아우구스티누스는 이러한 태도를 맹렬히 거부한다. 물론 그 역시 사회적 선social good이 선이라는 데 반대하지 않고, 평화와 정의는 열정을 가지고 추구해야 한다고 생각했다. 그러나 이를 추구할 때는 사회적 선이든 평화든 정의든 그것을 인간의 영광, 인간의 권위, 세상을 길들일 수 있는 인간의 능력을 드러내는 표지로 여겨서는 안 됨을 유념해야 한다고 아우구스티누스는 생각했다. 이들을 향한 열정 역시 "질서"를 갖추어야 한다. 사회적 선, 평화, 정의를 추구하는 이유는 그 안에 하느님에 관한 무언가가 보이기 때문이다. 이들을 더 큰 목적을 향해 나아가는 여정의 도구로 "사용"하는 것이 아니라, 그 자체를 추구하고 사랑하고 "향유"한다면, 이내 그것들의 불안정성이 드러난다.[22] 이 길을 따르는 이들은 비참한 결말을 맞이할 뿐이다.[23]

> 인간이 만든 집을 찾는 이들은 점점 더 깊은 소외감과 고향을 상실했다는 느낌만 갖게 될 뿐입니다. 하느님 안에서만 우리는 온전히 신실해질 수 있으며, 온전한 안식을 누릴 수 있습니다.[24]

물론 우리는 세상에 있는 아름다운 것들, 유한한 아름다운 것들로부터

---

[22] 아우구스티누스는 『그리스도교 가르침』De Doctrina Christiana I. 4에서 이를 자세히 설명한다.

[23] *De Civitate Dei*, XV. 4.

[24] *Enarrationes in Psalmos*, 41.12. 그리고 121.6.

아름다움에 관해(그리고 욕망에 관해) 배운다. 아우구스티누스는 이를 평가절하하지 않는다.

이곳에서 우리가 사랑하는 그 모든 것에서 시작해 더욱더 그분을 열망합시다.[25]

피조물이 아름답다면, 이를 창조하신 분은 얼마나 아름답고 사랑스러울까요[26]

피조물의 아름다움에 때때로 전율을 느끼고 압도당한다면 하느님의 아름다움은 어떠하겠는가?[27]

하느님보다 더 아름다운 무언가를 상상하고, 그 무언가를 사랑하려 한다면, 그 노력은 훨씬 더 안 좋은 결과를 가져올 것입니다.[28]

아우구스티누스는 묻는다. 세상의 아름다움은 우리에게 주신 하느님의 "약혼반지"일 뿐인데, 약혼반지를 얻기 위해 결혼의 기쁨을 포기할 만큼 어리석은 사람이 어디 있겠는가?[29] 모든 선한 것, 모든 아름다

---

[25] *Enarrationes in Psalmos*, 84.9.

[26] *Enarrationes in Psalmos*, 39.9, 79.14, 84.9, 85.9 등.

[27] *Enarrationes in Psalmos*, 144.15.

[28] *Enarrationes in Psalmos*, 43.16.

[29] *In Ioannis Evangelium Tractatus*, 2.11.

상처 입은 앎 - 그리스도교 신앙의 역사 다시 보기

160

운 것은 모든 선의 원천인 하느님, "사물을 선하게 하시는 지고의 선", 사물을 아름답게 하는 궁극의 아름다움을 가리킨다.[30] 아우구스티누스는 심지어 "혼인하는 두 사람의 포옹"도 하느님을 가리키는 지상의 영광에 포함된다고 말한다(그가 성애sexuality와 관련된 체험을 고통스럽고 파괴적인 일로 여기던 이였다는 사실을 염두에 둔다면 주목할 만한 부분이다).[31] 모든 아름다운 것들은, 어느 정도는 우리의 눈먼 상태, 귀먹은 상태를 깨뜨려 지성이 지배하는 삶, 지성을 중심으로 엮인 삶 밖으로 우리를 끌어낸다. 인간을 압도하고, 전율하게 만드는 아름다움(아우구스티누스는 여기서 특히 아름다운 자연의 장엄함을 떠올린다)은 이 세계를 지성으로 통제할 수 있다는 인간의 환상에 정면으로 도전한다. 펠라기우스주의자인 에클라눔의 율리아누스Julian of Eclanum을 상대로 한 마지막 저술에서 아우구스티누스는 세상의 기이함을, 그리고 그 기이함을 논리정연한 법칙으로 환원할 수 없음을 반복해서 지적한다. 에우노미우스에 맞서 그레고리우스가 그랬듯, 그는 추론의 과정은 감각으로 경험하는 세계조차 온전히 다룰 수 없음을 드러내고, 아름다움의 효과 곧 아름다움이 훨씬 더 풍부하게 경이에 대한 감각을 일깨울 수 있음을 알리는 데 관심을 기울였다. 지성은 결코 예측할 수 없는 사랑의 세계와 맞아떨어지지 않는다. 이런 세계에 적절하게 반응할 수 있는 것은 오직 마음뿐이다. 마음은 대상을 통제하려 하지 않고 향유하려는 속성을 지녔기에 유동적이고 유연하며 세상이 갈피를 잡을 수 없을 정도로 다양성을 지

---

[30] *Enarrationes in Psalmos*, 133.4.
[31] *Sermones*, 159.2.

니고 있음을 감지하기 때문이다. 아우구스티누스가 보기에 마음은 손쉬운 안정을 추구하지 않는다. 니사의 그레고리우스와 유사한 방식으로 아우구스티누스는 마음, 혹은 영, 혹은 (아우구스티누스에게는 이해, 의지, 사랑을 모두 아우르는 개념인) 정신의 끝없는 여정을 묘사한다. 욕망은 이 여정에 오르도록 우리를 몰아붙인다. 그는 제안한다.

달립시다. 힘써 앞에 있는 것을 향해 나아갑시다.[32]

아우구스티누스에 따르면 "이생에서 완전해질 수 있는 유일한 길은 이생에서 완전해질 수 없음을 아는 것"이다.[33]

이생에서 아무런 소망도 갖지 못하는 건 커다란 악입니다.[34]

마음은 자신이 결여하고 있는 것이 무엇인지를 알고 있다.[35] 지상의 것들을 통해서는 안식을 누릴 수 없음을 알 때 마음은 "완전하다". 누군가 구원의 길에 있을 때 그는 불만족스럽고 그의 "내면은 불안"하다. 구원의 여정 중에 있는 이는 결코 자신의 현재 상태에 안주하지 않으며, 현재 자신의 이해, 혹은 영적 성취를 고수하려 하지 않는다.[36] (아우

---

[32] *Enarrationes in Psalmos*, 38.6.

[33] *Enarrationes in Psalmos*, 38.14.

[34] *Enarrationes in Psalmos*, 129.10.

[35] *Enarrationes in Psalmos*, 38.14.

[36] *Enarrationes in Psalmos*, 41.10-12.

구스티누스가 참조한 라틴어 역본에서) 시편 저자는 "저는 제 영혼을 제 자신 너머에 쏟아부었습니다"라며 그곳에서 궁극의 기쁨을 찾아야 한다고 노래한다. '나'를 이루는 심연들, 그 신비는 '나'를 명확하고 질서 정연한 감각 경험의 세계 너머로 인도한다. 그러나 이는 하느님이라는 더 큰 신비로 향하는 길의 한 단계에 지나지 않는다. 영혼과 하느님 사이에는 실질적인 연속성이 없다.[37] '나'를 제대로 알기 위해서는 하느님께서 활동하시면서 빚어내시는 광대한 풍경, 인간의 지도에 잡히지 않는 풍경, 오직 하느님의 손길만을 신뢰하는 풍경 가운데 자신이 놓여 있음을 깨달아야 한다. 그렇기에 '나'는 단순한 자기 인식에 안식할 수 없다. 영은 저 광대한 풍경을 바라보고 멀리 들려오는 "천국의 축제" 소리를 듣는 가운데 그 무엇도 자신에게 보이는 저 풍경을, 그리고 이를 누리는 기쁨을 대신할 수 없음을 분명히 알기에 희망을 가지고 살아간다.

십자가에 참여하기

그러나 우리가 하느님의 아름다우심을 사랑하도록 추동하는 것은 세상의 아름다움과 사랑스러움뿐만 아니라, 세상의 공포이기도 하다. 하느님의 사랑은 이미 시작된 기쁨이 완성에 이르리라는 희망에서도 발견되지만, 이 세상이 입은 상처들이 치유되고 회복되는 가운데서도 찾아볼 수 있다. 참된 희망이 다 그렇듯, 이 희망 역시 어떤 면에서는

---

[37] *Enarrationes in Psalmos*, 41.7-8.

저항protest이다. 나이가 들수록 아우구스티누스는 이를 점점 더 고통스럽게 의식했다. 에클라눔의 주교 율리아누스는 타락하지 않은 인간의 삶도 현재 인간의 삶과 크게 다르지 않았을 것이라고 말한 바 있는데, 아우구스티누스는 격렬히, 열정적으로 이를 부정했다.

아우구스티누스는 율리아누스가 인간이 겪고 있는 불행이 얼마나 심각한지 대수롭지 않게 얼버무린다고 비난했다. 여기서 우리는 그의 솔직한 감정과 도덕적 분노가 쏟아져 나옴을 엿볼 수 있다. 좀 더 선한 것에 대한 희망을 포기하기를, 그리고 지적 위안을 얻고자 불편한 진실들을 부정하기를 그는 거부했다.[38]

초기 저술들에서 그는 끊임없이 타인의 고통에 공감하지 못하면 인간다움을 잃게 된다고 주장했다. 이생에서 슬픔을 느끼지 못하는 사람은 "괴물처럼 되어 버린 영혼과 아무런 감각도 없는 육체"라는 "커다란 대가"를 치르게 된다.[39] 시편 41편을 해설하며 아우구스티누스는 세상에서 일어나는 끔찍한 일들을 마주하고서도 현실에 안주하는 태도를 경고한다.[40] 사도 바울은 사랑을 하면 할수록 다른 사람들의 죄로 인해 더 고통스러워했으며, 이것이야말로 우리가 따라야 할 본이라고 그는

---

[38] Peter Brown, *Augustine of Hippo* (London: Faber & Faber, 1967), 394. 『아우구스티누스』(새물결)
[39] *De Civitate Dei*, XIV. 9.
[40] *Enarrationes in Psalmos*, 41.19.

말했다.[41] 그리스도인들은 세상의 끔찍하고 잔인한 모습을 정직하게 보아야 하며, 이를 위해 다른 사람들보다 훨씬 더 민감해져야 한다. 이 감각이 결코 무뎌져서는 안 된다.

오 주여, 깊은 곳에서 제가 당신께 부르짖습니다.

이 깊은 곳, 심연profundum은 결국 우리의 현재 삶 전체다.[42] "한밤중에 나는 그를 노래"한다. "밤에만 그분이 나를 불쌍히 여기심을 선포하시기 때문"이다.[43]

당신의 법이 순례길의 집에서 부르는 저의 노래였습니다.

이 "순례길의 집은 한밤 … 사람들이 서로의 마음을 볼 수 없는 밤"이다.[44]

아우구스티누스처럼 진리와 정직함, 마음과 마음이 통하는 것에 몰두한 이에게 이보다 더 가슴 아픈 심상은 없다. 세상은 짜릿할 정도로 신비로운 세계일 뿐만 아니라 고통과 좌절감을 안겨주는 무지의 세계, 인간이 결코 서로 온전히 만날 수 없는 어둠이기도 하다.

자연 질서를 볼 때 그 영광을 온전히 이해하지 못하듯, 우리는 우리 한 사람의 한 사람의 고통, 각자의 외로움 역시 온전히 이해하지 못한다. 우리 눈에 비치는 건 어두운 그늘뿐이다. 「고백록」에서 우정은 커다란 비중을 차지하며 아우구스티누스는 삶에서 우정이 얼마나 중요한지를 자주 언급한다. 그러나 동시에 그 옆에는 인간이 다른 누군가에게 느끼는 친밀함의 끔찍한 측면, 곧 우리가 너무나도 자주 이끌리게 되는 부적절한 측면에 대한 성숙한 인간의 통찰이 있다. '나'의 마음은 다른 사람의 마음에서조차 안식할 수 없다. 이 또한 우리네 삶이 머금고 있는, 헤아릴 수 없는 슬픔이다. 존 버나비John Burnaby는 그의 위대한 저서 『하느님의 사랑』Amor Dei에서 스쳐 가듯, 하지만 경멸하는 어조로 아우구스티누스가 인간의 고통에 대해 근본적으로 (치유 가능하며, 교육적인 측면이 있다는 점에서) "도덕주의" 관점을 갖고 있다고 주장했지만, 이는 그가 인간이 겪는 고통을 얼마나 비극으로 여겼는지, 무의미하고 치유 불가능하다고 여겼는지를, 그리고 시간이 갈수록 이 부분에 더 예민하게 반응했음을 도외시한 것이다. 그가 고통과 고난을 다룰 때 "신앙의 시련"과 같은 어느 정도 관습화된 표현을 쓴 건 사실이다.[45] 「시편 상해」Enarrationes in Psalmos와 같은 작품에서는 인간의 고통, 고난을 그리스도의 고난, 죽음과 연결시켜 이에 관한 보다 심오한 이해를 보여 주기도 한다. 하지만 이 세상에서 일어나는 고통, 고난과 관련해 그가 강조하는 바는 우리의 평화와 구원을 다른 곳에서 찾아야 한다는

---

45 대표적으로 다음을 들 수 있다. *Enarrationes in Psalmos*, 66.3.

것이다. 다른 무엇보다도 이 세상의 고통은 우리에게 하느님과 그분의 선한 선물이 동일하지 않음을 날카롭고 매섭게 일깨워 준다. 이 세상에서 선과 아름다움이 보이지 않는다고 해서 그것들의 원천도 없는 게 아님을 우리는 깨달아야 한다. 이들은 다만 그분이 멀리 계심을 가리키는 징표일 뿐이다. "이 세상의 밤", 저 징표들을 통해 하느님을 향한 우리의 사랑은 더 불타올라야 한다. 하느님께서는 욕망을 제거하고 체념하는 길로 우리를 부르시지 않았다. 그분은 사랑과 의지를 정화하는 길로 우리를 부르신다.

그러므로 가난하십시오. 오직 하느님께만 도움을 구할 수 있도록.[46]

우리의 아픔은 우리의 완전한 궁핍을 드러내며, 욥처럼 하느님 앞에서 벌거벗겨지게 한다.[47] 우리의 고통은 우리 자신의 힘과 능력을 의심하게 만든다.[48] 즉 지상에서 살아가는 가운데 일어나는 고통은 우리의 도덕성을 단련하거나 인내를 가르치기 위해 하느님께서 고안하신 것이 아니라 우리를 당신에게로 이끌기 위해 그분이 허용하신 것이다. 고통들은 가난에 대해, 눈물에 대해, 외로움에 대해, 환멸에 대해, 셀 수도 없고 지성으로 헤아릴 수도 없는 수많은 상처에 대해, 즉 (우리, 그리고 세상이라는) 유한한 존재가 처한 실상에 대해 눈을 뜨게 한다. 도덕주의

---

[46] *Enarrationes in Psalmos*, 131.25.

[47] *Enarrationes in Psalmos*, 55.20, 118.XI.5.

[48] *Enarrationes in Psalmos*, 46.3.

자는 이런 그림, 고통이 인간의 안전을 산산이 조각내며 환원할 수 없는 현실을 가장 불편한 모습으로 마주하게 한다는 암울한 그림을 결코 그릴 수 없다.

그러나 이 그림이 전부는 아니다. 그리스도를 통해 우리는 이러한 가난과 궁핍 가운데서도 우리를 지탱해 주는 확신을 얻을 수 있다. 고통 가운데, 버림받았다는 절망 가운데 우리는 우리가 얼마나 연약한 존재인지를 깨닫지만, 동시에 그리스도의 연약함을 알게 됨으로써 절망으로부터 구원받는다. "누구든 고통과 슬픔에 빠져 유혹에 휘말릴 때, 그로 인해 자신이 하느님의 은총에서 끊어졌다고 상상하는 일이 없도록" 그리스도께서는 진실로 슬퍼하셨고, 두려워하셨고, 정신적으로 피폐해지셨고, 고통스러워하셨다.[49] 그리스도께서는 인류와 자신을, 특별히 두려움과 공포에 사로잡혀 고통받는 약한 의지를 지닌 이들과 자신을 동일시하신다. 아우구스티누스에 따르면 이것이 겟세마네 이야기의 핵심이다.[50] 우리는 그리스도께서 아버지 하느님과 온전히, 완전히 하나이심을 믿는다. 그러므로 그분이 두려워하시고 슬픔에 잠기셨다면, 두려움과 슬픔은 죄책감을 느낄 때 발생하는 것이 아니며 죄도 아니다. 두려움과 슬픔은 소외된 세상에서 인간이 겪을 수밖에 없는, 불가피한 일이며 (바울의 표현을 빌리면) "하느님의 진노"가 구체적으로 나타난 결과다.[51] 그렇기에 그리스도의 고난은 하나의 본이다. 그

---

[49] *Enarrationes in Psalmos*, 87.3.

[50] *Enarrationes in Psalmos*, 93.19.

[51] *Enarrationes in Psalmos*, 87.3.

리스도의 고난은 이 세상의 실상을 드러낸다. 이 세상은 하느님을 십자가에 못 박고, 연민을 십자가에 못 박으며 아름다움을 십자가에 못 박는다. 여기서 이야기가 끝난다면 그리스도의 몸으로서 교회라는 현실을 완전히 무시하는 일이 된다. 그렇기에 아우구스티누스는 우리가 그리스도 안에 있다면 우리의 고통과 고난, 그리스도의 고난 사이의 관계가 이렇게 단순히 '외적'으로만 연결되어 있지는 않는다고 말한다. 사도행전에서 그리스도께서는 사울에게 "네가 왜 나를 핍박하느냐?"(9:4)라고 말씀하셨다. 아우구스티누스에 따르면, 이는 "몸을 대신해 부르짖는 머리의 소리"다.[52]

> 세상 끝날 때까지 내 몸의 지체가 고난받으면, 내가 고난받는 것입니다.[53]

이는 아우구스티누스가 「시편 상해」에서 가장 자주, 설득력 있게 다루는 주제 중 하나로 그를 도덕주의자로 보는 혐의에 대한 가장 강력한 반박이라 할 수 있을 것이다. 그는 거듭 그리스도께서 십자가에서 버림받으신 사건, "하느님이 하느님에게 자비를 베풀어 달라고 부르짖는" 순간을 그리스도께서 인간으로서 고난에 어떻게 응해야 하는지 본을 보이심으로써 모든 인간의 고난에 소리를 내신 사건이라고, 특히 십자가에 못 박힌 하느님Deus crucifixus이라는 기이한 징표 아래서 평생을

---

[52]   *Enarrationes in Psalmos*, 55.3.

[53]   *Enarrationes in Psalmos*, 101.I.3.

살아가는 이들로 이루어진 몸, 즉 교회의 고통에 소리를 내신 사건이라고 말한다.[54]

「시편 상해」에서 가장 중요한 발언, 따로 상세히 논의할 만한 가치가 있는 발언은 140.7에 나타난다. 여기서 아우구스티누스는 성서 전체를 이해하는 열쇠를 제공하는 두 본문으로 다메섹 도상에서 그리스도께서 바울을 향해 "네가 왜 나를 핍박하느냐?"라고 말씀하신 구절과, 마태오 복음서 25장에 나오는 최후 심판에 관한 비유 구절("너희가 여기 내 형제자매 가운데 지극히 보잘것없는 사람 하나에게 한 것이 곧 내게 한 것이다")을 든다. 이 구절들은 그리스도와 그분의 고난받는 백성의 절대적 일치를 확언하기 때문이다. 하느님께서 자신을 인류와 동일시하는 이 원리는 계시 전체를 푸는 실마리다. 그리스도 안에 계신, 그리스도를 통해 활동하신 하느님에 관한 이야기는 하느님에게도 적용될 수 있다. 그리스도께서는 우리의 고난 가운데 고난받으신다. 그리고 우리는 그분의 고난 가운데 고난받는다. 그렇기에 우리는 말할 수 있다.

(당신께서 고난받으실 때) 우리도 그곳에 있었습니다.[55]

그리스도의 십자가는 하느님과 인류가 만나는 장소다. 하느님을 닮아

---

[54] *Enarrationes in Psalmos*, 66.5. 그리고 같은 책의 다음 부분을 참조하라. 93.15. 머리와 몸이라는 주제에 관해서는 같은 책의 다음 부분을 보라. 62.2, 68.I 그리고 II 이하, 87.14, 90.I 그리고 II 이하, 9.3, 140.5-6. 아담으로서 십자가에 못 박힌 그리스도에 관해서는 같은 책의 다음 부분을 보라. 37.27.

[55] *Enarrationes in Psalmos*, 142.8.

간다는 것은 곧 파괴적인 세상에서 이루어지는 십자가형을 받아들이는 것이다.

그러므로 십자가 아래를 통과하지 않고서 하느님께 갈 수는 없다. 그리스도께서 알려 주신 굴욕을 겪지 않은 채 높아질 수는 없다.[56] 우리는 인간으로서 "그분의 삶을 본받는 가운데 그분의 신성을 향해" 전진한다.[57] (또다시) 니사의 그레고리우스처럼 아우구스티누스 역시 하느님의 "등"을 보는 모세의 이야기에 흥미를 느낀다. 그러나 그에게 이는 굴욕적이고 미천했던 예수의 삶에서 하느님을 본다는 것을 의미했다. 예수의 신성은 감추어져 있으며, 이를 파악하게 해주는 건 오직 믿음이다.[58] 이그나티우스가 그랬듯 우리는 어둠과 침묵 가운데, 세상의 혼돈과 비참 가운데, 세상의 모호한 모습들 가운데, "밤"에 하느님께서 자비를 선언하시며 활동하시는 모습을 볼 수 있다고 아우구스티누스는 말한다.

하느님께서 가까이 계신다는 것과 하느님을 닮는 것은 하나이며 같다.[59] 십자가는 하느님을 닮아가는 길로 우리에게 제시된 모형이다.[60] 연약하고 타락한 우리는 하느님의 삶을 나눈다는 것이, 그분의 생명에 참여한다는 것이 무엇인지 이해할 수 없다. 그러나 참회와 겸손으로 구원의 길에 들어설 때 우리는 그분을 알고 이해하기 시작한다.

---

[56] *Enarrationes in Psalmos*, 119.1, 126.5.

[57] *Enarrationes in Psalmos*, 119.1.

[58] *Enarrationes in Psalmos*, 120.6, 138.8, 22.

[59] *Enarrationes in Psalmos*, 94.2.

[60] *Enarrationes in Psalmos*, 53.4, 93.15, 102.4.

아우구스티누스는 '신화'라는 그리스어를 그리 좋아하지 않았다. 하느님의 생명을 나누는 것, 하느님의 삶에 참여하는 것에 관해 말할 때 그는 세례를 통한 양자됨이라는 성서의 표현을 선호했다.

> 하느님께서 우리를 의롭게 하실 때, 우리는 "신들"이 됩니다. 그때 우리는 하느님의 자녀라고 불릴 것이기 때문입니다.[61]

> 사람의 자녀들로 하느님께서는 당신의 자녀들을 만드셨으니, 이는 그분이 당신의 아들을 사람의 아들로 만드셨기 때문입니다. … 여기에 그분의 신성에 참여하게 될 것이라는 약속이 있습니다.[62]

신자는 세례를 통해, 죽음과 부활을 통해 자신을 드러내신 하느님의 아들과 동일시됨으로써 '신화'의 특권을 받는다. 아우구스티누스에게도 '신화'는 영혼이 홀로 여기를 떠나 자신의 신성한 원천을 향해 나아간다고 해서 이루어지지 않는다.

「고백록」에서 그는 진심을 담아 플라톤주의와 그리스도교가 가장 분명한 차이를 보이는 지점은 영원한 로고스가 역사 속 육신이 되었다는 선언이라고 기록했다.[63] 어떠한 철학을 배운다 해도 이를 알 수 없다. 이를 알기 위해 필요한 건 겸손, 그리고 하느님을 향한 사랑이다.

---

[61] *Enarrationes in Psalmos*, 49.2.

[62] *Enarrationes in Psalmos*, 52.6. 그리고 같은 책의 다음 부분을 참조하라. 136.1.

[63] *Confessiones*, VII. 9. 그리고 VII. 18.

희망과 신비

아우구스티누스는 다른 어떤 초기 그리스도교 저술가들보다 은총과 하느님에게 사로잡힌 인간, 죄, 의심, 혼란, 복잡하고 불완전한 동기들 가운데 작용하는 섭리에 대한 분명한 그림을 제시했다. 인간의 삶은 외부로부터 통일성과 명료함을 얻는다. 하느님께서는 인간의 느슨해진 욕망의 실을 잡아당겨 자신과 묶으심으로써 그의 혼란스럽고 고통스럽고 흐트러진 경험의 오물들이 한데 모여 방향을 갖게 하신다. 널리 알려진, 하느님의 형상에 관한 아우구스티누스의 논의는 이를 함축하고 있다. 그에 따르면 기억, 지성, 의지라는 인간 주체의 삼중 양식은 다른 삼중 구조(존재, 앎, 의지)와 마찬가지로 삼위일체 하느님의 활동으로 인해 생긴 흔적vestigium이나 하느님의 형상은 아니다.

하느님의 형상은 지식scientia이 아닌 지혜sapientia로 활동하는 정신mens이 자신의 원형을 "지향"해 나아감으로써 단순한 "유비"를 넘어설 때 이루어진다. 이때 인간 내면의 삼중 양식인 하느님에 대한 기억, 하느님에 대한 이해, 하느님을 향한 의지 혹은 사랑은 하나를 이룬다.[64] 일상에서 삼위일체를 가리키는 유비는 인간의 모든 삶이 하느님을 향할 때 활성화되고 온전히 실현된다. 아우구스티누스 사상의 이러한 측면에 관해 다룬 중요한 저서 『하느님의 형상』The Image of God에서 J. E. 설리반J.E.Sullivan은 말했다.

---

[64] 대표적으로 다음을 보라. *De Trinitate*, XV. 20, 39.

인간 본성에 자리한 삼위일체는 오직 하느님을 알고 사랑할 때 하느님을 닮아간다.[65]

인간의 정신은 그 대상을 하느님으로 삼고 있다는 점에서 하느님을 닮았다. 그러나 정신의 의지와 사랑의 대상이 자기 자신이 되면, 정신은 '아모르 포테스타티스 수에'amor potestatis suae, 즉 하느님에게 적대적인, 자신이 지닌 힘에 대한 사랑에 감염된다.[66] 이는 '아모르 수이'amor sui, 신자가 실천해야 하는 올바른 '자기 사랑'이 아니다.

하느님을 사랑하는 이만이 자신을 어떻게 사랑하는지를 압니다.[67]

하느님을 향한 사랑이 없으면 우리는 사랑받아야 할 우리의 '자아'를 알 수 없다. 우리는 자아에 대한 기만적인 상像을 가지고 살기 때문이다. 참된 자아는 하느님의 빛 속에서, 자신의 모든 가난과 무력함 가운데 드러난다. 그럼에도 우리가 사랑받을 만한 가치가 있는 것은, 하느님의 빛이 우리 가운데로 꿰뚫고 들어와 그분이 우리를 사랑하심을 입증하기 때문이다. 그분의 사랑에 누가 이의를 제기할 수 있겠는가? 아우구스티누스는 하느님께서 우리를 긍휼히 여기신다는 것을 보여 주

---

[65] John Edward Sullivan, *The Image of God: The Doctrine of St. Augustine and its Influence* (Dubuque: Priory Press, 1963), 147.

[66] *Epistulae*, 118.15.

[67] *De Moribus Ecclesiae Catholicae et de Moribus Manichaeorum*, 48.

는 가장 위대한 표지인 십자가를 보라고 제안한다.

> 십자가를 보십시오. 그분이 당신을 얼마나 귀히 여기시는지를 보십
> 시오.[68]

하느님께서는 값없이 우리에게 사랑을 베푸신다. 이 사랑은 우리에게
있는 어떤 아름다움에 대한 반응이 아니다.

> 하느님에게는 가장 높은 수준의 사랑과 온유함, 거룩함과 올바름이 있
> 기에 그분이 하시는 모든 활동은 사랑, 누군가의 필요에서 비롯된 사
> 랑이 아니라 순수한 선의에서 나오는 사랑으로 나타난다.[69]

하느님께서 우리를 사랑하시고 소중히 여기심을 알 때, 이에 기대어
우리는 우리의 가난과 궁핍을 받아들이고 이를 사랑으로 바꿀 수 있
다. 주도권은 언제나 하느님에게 있다. 그분의 사랑은 "달콤한 폭력"
과 저항할 수 없는 힘을 지니고 우리 삶을 침입해 들어온다.[70]

> 필멸의 인간은 누구도 죽음의 폭력에서 벗어날 수 없습니다. 마찬가지
> 로 세상은 사랑의 폭력 앞에서 아무것도 할 수 없습니다. ... 죽음이 가

---

[68] *Enarrationes in Psalmos*, 143.10.

[69] *De Genesi ad litteram*, I. xi.

[70] *Sermones*, 131.2.

장 폭력적으로 생명을 빼앗으려 한다면 사랑은 가장 폭력적으로 우리를 구원하려 합니다.[71]

여기서 다시, 우리는 아우구스티누스가 왜 펠라기우스와 그의 추종자들의 엄격한 개인주의적 도덕주의가 복음을 조롱한다고 느꼈는지를 알 수 있다. 펠라기우스주의는 저 하느님의 "폭력"에 대한 감각, 피조물에게 완전히 값없이 주어지는, 예측할 수 없는 자비의 흐름, 사로잡히고 압도당하고 취하게 되는 감각이 없었다. 아우구스티누스처럼 고통스러운 과거를 지닌 이, 자신의 가장 추잡하고 무질서한 시기까지도 받아들이고 바꾸시는 하느님을 체험한 이에게 펠라기우스주의는 천국의 문을 열지 않는다. 이러한 맥락에서 펠라기우스가 「고백록」의 제10권을 읽고 나서야 처음으로 아우구스티누스에게 분노했다는 사실은 주목할 만하다. 그는 아우구스티누스가 연약한 모습을 연이어 내비치는 걸 평범한 사람이 본다면 도덕적인 노력이 쓸모없다고 생각할 것이라 여겼다. 펠라기우스주의자들에게 가장 중요한 건 자유였고 이때 자유란 근본적으로 하느님의 법에 순종할 수 있는 자유였다. 이와 달리 아우구스티누스에게 자유란 훨씬 더 양가성을 지닌 관념이었다. 그리고 펠라기우스를 더 신랄하게 비난한 저작에서 아우구스티누스는 은총이 임하기 전에도, 그 후에도 인간에게 선택의 자유란 없다는 입장에 가까워진다. 펠라기우스는 아우구스티누스가 하느님께 요청

---

[71] *Enarrationes in Psalmos*, 47.13.

하는 말에 깊은 충격을 받았다.

당신께서 명하시는 바를 주시고 당신이 원하시는 바를 명하소서.[72]

펠라기우스에게 자유란 구원을 '얻는' 길이었지만, 아우구스티누스에게 자유란 구원의 원천이 아니라 결과였다. 성령은 신자에게 사랑의 불을 지른다.[73] 그에게 자유란 성령 안에 있는 이 사랑 외에 다른 것이 아니었다.

"나는 자유 가운데 걸었다"는 말은 "내가 사랑 가운데 걸었다"는 말 외에 무엇을 뜻하겠습니까?[74]

5세기와 마찬가지로 지금도 아우구스티누스의 세계와 펠라기우스의 세계 사이에는 논쟁이 있을 수 없다. 그 간극이 너무 크기 때문이다. 어떤 이는 세상을 어렵기는 하지만 본질적으로 "길들일 수 있는", 인간의 능력을 발휘하고 확장할 수 있는, 도전해 볼 만한 곳으로 여길 것이다. 그에게 세상은 영웅주의heroism가 가능한 세상이다. 그는 선한 대의를 믿고 맑은 눈과 깨끗한 양심으로 자신과 타인을 개선할 수 있고, 이를 추구할 수 있다고 믿는다. 죄는 책임을 다하지 않는 것, 의도적인

---

72 *Confessiones*, X. 29.

73 *Enarrationes in Psalmos*, 96.7.

74 *Enarrationes in Psalmos*, 118. XIV.2.

비행非行과 관련이 있고 덕은 책임을 지는 것, 자발적으로 법, 질서, 도덕을 따르는 것과 관련이 있다. 이러한 세상에는 언제나 정답이 있다. 아이리스 머독Iris Murdoch은 현대 영국 도덕 철학에 관한 한 저작에서 이러한 세상에서 살아가는 주민들을 적절하게 묘사한다.

> 그는 (초연하고, 합리적이라는 의미에서) 자유롭고, 책임감 있고, 자신을 인식하고, 성실하고, 풍부한 공리주의적 상식을 지니고 있다. 물론 그는 죄를 언급하지도 않고, 사랑을 언급하지도 않는다.[75]

이와 달리 누군가는 세상을 단순히 살기 어려운 곳이 아니라, 견딜 수 없는 곳으로 본다. 그에게 세상은 헤아릴 수 없으며, 어떤 도전과 기회가 있다 해도 뚜렷이 보이지 않고, 인간의 완전한 패배만을 드러낼 뿐이다. 그렇기에 어떤 의미에서 이 세상에 영웅이란 존재하지 않는다. 동기가 불확실한, 영웅으로 보기 어려운 비극 속 주인공들만 존재할 뿐이다. 이런 세상에서는 가장 열정적으로 행동하는 이들조차 희생자다. 도덕적으로 나아질 수 있다는 전망, 사회가 개선될 수 있다는 전망은 분명한 실패와 퇴보로 인해 흐려진다. 죄와 덕은 애매하고 양가적인 개념이다. 책임감을 갖는 것, 신중히 선택하는 것은 좋든 나쁘든 별다른 동기 부여가 되지 않는다. 이런 세상에서 정답이 있는 경우는 매

---

75 Iris Murdoch, *The Sovereignty of Good* (London: Routledge and Kegan Paul, 1970), 49. 『선의 군림』(이숲) 이에 해당하는 좀 더 구체적인 인물로는 그녀의 소설 『종』The Bell에 등장하는 제임스를 들 수 있다.

우 드물다. 그렇기에 제일 중요한 범주는 죄와 사랑이다. 둘은 모두 측정이 불가능한, 열정적인 힘이다. 온화한 도덕주의자의 성실함은 우리가 실제로 정직한지 아닌지조차 알 수 없다는 절망적인 정직함 앞에서 무너진다. 우리 자신에 관한 진실을 볼 수 있다고, 혹은 말할 수 있다고 확신하기에 우리 영혼에는 모호한 부분이 너무나도 많다.

두 세상 중 어떤 세상이 "그리스도교적" 관점에 부합하는 세상이냐고 (거칠게) 묻는다면 대답은 어느 쪽도 아니라고 할 수밖에 없다. 그리스도인의 표지는 절망도 아니고 온화한 확신assurance도 아닌, 신앙faith이기 때문이다. 하지만 신앙은 아우구스티누스가 제시한 그림을 "기꺼이" 볼 수 있는 능력, 즉 세상을 분명하지 않은 곳으로 볼 수 있는 능력, 인간의 영혼이 혼란스럽고 환상들에 갇혀 있음을 볼 수 있는 능력에 의지한다. 펠라기우스주의자(혹은 합리주의자)는 갈라진 마음을 보지 못하기에 치유와 화해의 필요성을 보지 못한다. 예수의 십자가에 대한 바울의 이해가 옳다면, 인간에게는 근본적으로 화해가 필요하다. 그리고 그렇다면 아우구스티누스의 세상은 펠라기우스의 세상보다 좀 더 복음에 열려 있다고 할 수 있다. 물론 아우구스티누스가 제시한 그림은 자칫 비합리주의irrationalism, 정적주의quietism에 빠질 위험이 있으며, 아우구스티누스주의Augustinianism는 아우구스티누스가 결코 용인하지 않았을 무책임한 일들을 정당화하는 도구로 쓰이곤 했다. 망가진 마음을 치유하는 (감동을 일으켜 수치심에서 벗어나게 해주는) 사랑에 대한 전망을 잃는다면 그리스도교는 언제든 이런 위험에 빠질 수 있다.

세상은 자기 자신을 처참하리만큼 망가뜨릴 수 있는 곳, 자기 자신을 십자가에 못 박아 죽일 수 있는 곳이다. 예수의 십자가는 이런 세상에서 희망을 찾기란 거의 불가능함을 너무나도 분명하게 보여 준다. 그러나 아우구스티누스가 그리는 세상의 어두운 면에만 집중하는 것은 오해의 소지가 있다. 그에게 이 세상에는 희망이 거의 존재하지 않지만, 동시에 우리가 희망, 연민, 기쁨, 신뢰, 사랑을 배울 수 있는 유일한 곳 역시 세상이다(그리고 이러한 것들은 오직 다른 사람과 함께할 때만 익힐 수 있다). 희망, 연민, 기쁨, 신뢰, 사랑의 분명하고도 강렬한 실재를, 동시에 이들의 숙명적인 연약함을 모두 알 때 우리는 참된 희망의 관점을 지닐 수 있다고 아우구스티누스는 보았다.

아우구스티누스를 동방 그리스도교 저자 중에서도 가장 위대한 이들과 나란히 놓고 보면 여러 흥미로운 지점을 발견할 수 있고 교훈도 얻을 수 있다. 오리게네스, 니사의 그레고리우스, 그리고 7세기 사상가인 고백자 막시무스Maximus the Confessor는 모두 지성으로는 하느님을 헤아릴 수 없으며, 사랑이 다른 무엇보다 우선하고, 인간 주체는 신비롭고도 다루기 힘들다는 것을 너무나도 분명히 알고 있었다. 그러나 이들 중 누구도 이 모든 것을 아우구스티누스처럼 비극의 빛으로 보지는 않았다. 한 가지 이유를 꼽자면 동방 신학자들이 구원salvation과 해방liberation을 완전히 동일시하는 경향이 있다는 점을 들 수 있을 것이다. 그들은 하느님께서 은총으로 우리가 당신의 뜻에 따라 자유 가운데 삶을 질서정연하게 하신다고 보았다. (누군가는 이들을 두고 "반半 펠라기우스주의자"semi-Pelagian라는 무의미한 표현을 쓰기도 하지만) 이는 결코 펠라기우스주의 입장이 아니다. 그들은 그리스도인의 삶에서 일어나는 갈등들과 그 심각함을 결코 과소평가하지 않았다. 그럼에도 불구하고 그들이 전개한 모든 논의의 기저에는, 아우구스티누스의 후기 저작에는 없는 인간의 능력에 대한 일종의 낙관주의가 깔려 있다. 아우구스티누스 역시 이 세상에서 그리스도인의 소명에 관해 고민했지만(이를 다룬 것이 「신국론」이다), 그 소명은 행동을 촉구하기보다는 신앙을 촉구하는 것에 가까웠다. 하지만 이를 잘못 해석해서는 안 된다. 앞에서 살펴보았듯 그는 결코 그리스도인이 행동하지 말아야 한다고 이야기하지 않았다. 「시편 상해」에서 그는 이렇게 기도했다.

> 제가 어떻게 행동해야 하는지를 알게 하소서. 그뿐 아니라 제가 행동할 수 있도록 가르쳐 주소서.[76]

그는 이 세상에서 평화와 정의를 추구하는 것이 바람직한 행동임을 인정했다. 그러나 모든 행동은 욕망에서 나오며 그 욕망이 근본적으로 자아의 방향성 혹은 지향성intentionality에 따라 형성됨을 깨닫지 않는 한, 좌절과 환멸은 피할 수 없다.

아우구스티누스에게 인간이 된다는 것은 곧 욕망한다는 것이다. 인간은 이성을 넘어선, 심지어 정신을 넘어선 매력적인 힘에 이끌려 형성된다. 그가 그리스도교 영성에 남긴 가장 큰 유산은 은총의 삶에는 도덕적 분투나 영적 어둠만 있는 것이 아니라, 우리 자신은 알지 못하

---

[76] *Enarrationes in Psalmos*, 118.X.3.

는 어린 시절 경험, 역사와 사회의 구조, 그 밖에도 아우구스티누스가 당시에는 의식하지는 않았지만 오늘날에는 좀 더 예민하게 감지할 수 있게 된 무수한 사실들 같은 것들로 인해 극도의 제한 가운데 행동하게 됨을 알아가는 것 또한 은총의 삶의 일부임을 일깨운 데 있다. 인간이 그러한 방식으로 행동한다면, 하느님의 목적을 실현하는 삶을 "창조"하는 것, 즉 하느님의 형상이 실제로 하느님을 닮는 삶으로 변혁되는 것은 불가능한 일이 아니다. 그러나 이때의 삶은 전혀 다른 성질을 띠게 된다. 곧 중요한 것은 성취가 아니라 태도다. 하느님을 신뢰할 때, 혹은 믿을 때, 달리 말하면 우리의 눈과 마음이 진리를 향할 때 삶은 하나로 엮인다. 그리고 하느님께서는 그러한 삶을 조건 없이 받아들이신다. 그분은 우리의 행위가 아닌 우리의 의지를 보신다.

하느님께서는 영웅이 아닌 연인을, 도덕적으로 탁월한 이가 아니라 당신께서 자신을 받아주기를 바라는 이, 영원한 '타자'other와의 친교를 갈망하는 가운데 참된 자신을 찾을 준비가 된 이를 요구하신다. 아우구스티누스의 이러한 통찰은 동방 신학자들의 그림과 모순되지 않는다. 다만 그는 동방 신학자들이 제시한 그림에 더 넓고 어두운 인간 경험의 색을 입혀 구체화했다. 죽음을 앞둔 아우구스티누스는 야만인들이 자신의 도성을 향해 진격해오는 가운데, 인간의 비참함 속에서 한 문명이 붕괴하는 모습을 목도했다. 그리스의 찬란한 빛으로 여전히 선명하게 빛나는 니사의 그레고리우스와는 멀리 떨어진 길을 그는 걷고 있었다. 피터 브라운은 아우구스티누스와 율리아누스가 벌인 전투를 다루며 말했다.

율리아누스에게 성서가 햇빛을 받아 선명하게 보이는 표면과 같았다면, 아우구스티누스에게 하느님은 그 표면에서 아득히 먼 곳에 있는, 신플라톤주의의 신비를 간직한, 불가해한 분으로 남아 있었다.[77]

그러나 아우구스티누스의 신비로운 하느님은 플로티누스의 '일자—者'처럼 정적인 존재, 홀로 있는 순수가 아니다. '일자'처럼 시간에 매이지 않고 변화하지 않아도 아우구스티누스의 하느님은 폭풍 속에서 욥에게 말씀하시고 죽어가는 한 인간을 통해 자신을 알리시는 불가해한 분이시다. 그분은 "아득히 먼 곳"에 계시지 않으며 이 세상 구석구석에 침투하신다. 경험과 역사 속 비극과 공포 가운데 신비이신 분이 아우구스티누스의 하느님이다.

하느님을 경험하기 전에 여러분은 그분에 대해 말할 수 있다고 생각합니다. 하지만 진실로 그분을 경험하면 자신이 경험한 것을 말로 표현할 수 없음을 여러분은 깨닫게 됩니다.[78]

니사의 그레고리우스도, 심지어 플로티누스도 똑같은 말을 했을지 모른다. 그러나 그들은 아우구스티누스보다 더 들뜬 마음으로, 비애감 없이 그런 말을 했을 것이다.

아우구스티누스가 음악에 깊이 (심지어는 혼란스러워할 정도로) 영향을

---

[77] Peter Brown, *Augustine of Hippo*, 393.
[78] *Enarrationes in Psalmos*, 99.6.

받았다는 사실은 그리 놀라운 일이 아니다. 「고백록」 제10권에서 그는 교회에서 들리는 음악을 두고 어떻게 반응해야 할지 모르겠다고 이야기한다. 그는 그 음악에 지각과 목적(하느님에 대한 찬미)을 망각한 채 아름다운 소리에 집중해 감정적으로만 자기 탐닉에 빠질 가능성이 있음을 보고, 청교도 같은 엄격함으로 귀를 닫고 사람의 마음을 하느님 사랑을 향해 움직이게 해주는 가장 강력한 도구마저 거부하고 싶은 충동을 말하기도 한다. 그러나 한편, 말로 할 수 없는 것을 노래로는 부를 수 있음을 아우구스티누스는 인정한다. 「고백록」과 같이 말로 드리는 찬송과 시편뿐만 아니라 들판에서 노동자들이 별 뜻 없이 흥얼거리는 노래도 하느님을 향한 환희의 합창이 될 수 있다.

하느님에게 바치는 노래로 적절한 노래는 "환희로" 드리는 노래입니다. 그렇다면 환희로 드리는 노래란 무엇일까요? 추수철에, 혹은 포도밭에서 땀을 흘리며 고된 일을 하면서 노래하는 이들을 떠올려 보십시오. 그때 그들은 익숙한 가사와 함께 행복을 만끽하며 노래를 부릅니다. 그리고 시간이 흐를수록 행복이 그들을 감싸고 그들은 가사와 음에서 멀어집니다. 환희의 소리에 들어간 것입니다. 이런 노래는 마음이 말할 수 없는 무언가를 낳고 있음을 뜻하는 소리입니다. 말로는 다 표현할 수 없는 하느님만큼 그런 환희의 노래를 드리기에 합당한 분이 있을까요? 그분에 대해 말할 수 없다면, 그렇다고 해서 그분에 대해 마냥 침묵을 지키는 것도 적절치 않다면, 말없이 기뻐하는 마음, 음절로는 온전히 표현치 못하는 커다란 기쁨으로 "환희"의 노래를 부르는 것

외에 무엇을 할 수 있겠습니까?[79]

우리는 언제 환희에 젖을 수 있을까요? 우리가 말할 수 없는 분을 찬미할 때입니다.[80]

이는 아우구스티누스가 그리스도인의 기도와 찬미에 관해 남긴 인상적인 구절이라 할 수 있을 것이다. 하지만 좀 더 심오하고 도발적인 표현이 「시편 상해」 마지막 부분에 나온다. 여기서 그는 음악을 빌려 은총, 희망, 세상의 방식들로부터의 정화됨, 진리의 순전한 아름다움에 대해 말하는데, 아우구스티누스의 관점을 압축해 놓고 있다 해도 과언은 아니다. "북치고 수금 타며 노래하여라"(시편 149:3)라는 노래를 그는 이렇게 풀어낸다.

북과 수금에 담긴 신비로운 의미를 그냥 지나쳐서는 안 됩니다. 북은 가죽을 펼친 다음 팽팽하게 해 소리를 내고 수금은 줄을 팽팽하게 해서 소리를 냅니다. 두 악기 모두에서 평범한 육신이 "십자가에 못 박혀 있는" 것입니다. "그리스도로 말미암아 세상이 나를 대하여 십자가에 못 박히고 내가 또한 세상을 대하여 그러하니라"(갈라 6:14)라고 말한 분은 이 북과 수금으로 찬양을 잘하셨을 겁니다. 그리고 "새 노래"를 사랑하시는 주님께서는 여러분을 저 북과 수금으로 삼으시기를 원하

---

[79] *Enarrationes in Psalmos*, 32.8.
[80] *Enarrationes in Psalmos*, 99.5.

십니다. 그분은 "누구든지 내 제자가 되려고 하는 이는 자기를 부인하고, 자기 십자가를 지고, 나를 따라오너라"(마태 16:24)라고 말씀하시면서 여러분에게 지침을 주셨습니다. 주님이 당신의 북과 수금을 버리지 못하게 하십시오. 육신이라는 가죽을 (십자가의) 나무 위에 펴서 팽팽하게 만들고 모든 육신의 욕망을 말려 버리십시오. 수금의 줄, 혹은 신경은 펼쳐서 팽팽하게 할수록 더 선명한 소리를 냅니다. 사도 바울이 수금 소리를 더 날카롭고 선명하게 내기 위해 어떻게 해야 한다고 말했나요? "뒤에 있는 것은 잊어버리고, 앞에 있는 것을 향하여 몸을 뻗어 목표점을 바라보고 달려가고"(필립 3:14) 있다고 했습니다. 그렇게 그는 자신을 펼쳐서 팽팽하게 만들었고 그리스도께서는 그런 그를 만지셨습니다. 진리가 그를 통해 달콤한 소리를 냈습니다.[81]

천여 년이 지난 후 조지 허버트George Herbert가 어느 시를 썼을 때 그는 이 구절을 염두에 두었던 것이 분명하다.

깨어나라. 내 류트여, 네 숨씨를 다해
너의 역할을 다하기 위해 분투하라.
십자가는 모든 나무에게 십자가를 짊어지신
그분의 이름을 울려 퍼지게 하는 법을 가르쳤으니
그분의 늘어난 힘줄은 모든 현弦에

---

[81] *Enarrationes in Psalmos*, 149.8.

이 최고의 축제일에 어떤 조가 가장 어울리는지를 가르쳤으니.

(「부활절」Easter, 2)

하느님의 폭력적인 사랑은 우리의 막힌 귀와 닫힌 눈을 꿰뚫는다. 하느님을 향한 인간의 폭력적인 욕망은 자신의 굳어진 입을 꿰뚫는다. 마음은 말을 갖고 있지 않지만, 그렇다고 침묵 속에 자신을 담아둘 수도 없다.

> 마음이 침묵할 때 사랑은 얼어붙습니다. 마음이 울부짖을 때 사랑은 불타오릅니다.[82]

---

[82] *Enarrationes in Psalmos*, 36.14.

05

곡예사와 광대

도시

엄밀히 말해, 아우구스티누스는 그리스도교 제국에 살았다. 313년 콘스탄티누스Constantine는 그리스도교를 합법화했으며 389년 테오도시우스Theodosius는 그리스도교를 로마 제국의 국교로 삼았다. 그렇지만 아우구스티누스는 「신국론」에서 로마를 폭력과 억압 위에 세워진, 받아 마땅한 보복을 마침내 받는, 파멸의 운명을 지닌 '도시'로 다룬다. 410년 고트족이 도시 로마를 점령했고, 이를 교회의 재앙으로 여기는 이들을 상대로 그는 「신국론」을 썼다. 아우구스티누스에 따르면 하느님의 도시라는 거대한 관점에서 볼 때, 로마의 몰락은 교회가 언제나 마주하는 수많은 비극에 또 하나의 비극이 추가된 것일 뿐이다.

지극히 영광스러운 하느님의 도시인 교회는 이런 날들이 이어지는 가운데서도 신앙으로 살아가며, 불경스러운 자들 틈에서 순례자로 살아간다. 그러면서도 그곳은 영원한 안식처의 안정을 지니고 있다.[1]

사회 질서가 어떻든 교회는 여전히 순례 중이며, '그리스도교 제국'은 다른 사회 형태와 마찬가지로 일시적이고 모호한 현상이라고 아우구스티누스는 말했다. 그는 아프리카 지역에서 제국의 권위가 거의 완전히 무너지는 모습을 보았으며, 야만인들이 (자신이 주교로 있던) 히포를 포위하고 공격을 시작할 때 죽음을 맞이했다. 아프리카와 서유럽에 살고 있던 여느 예민한 그리스도인들이 그러했듯, 아우구스티누스에게 로마 제국이 하느님의 보호를 받는 성스러운 왕국이라는 생각은 고통스럽고 터무니없는 관념이었다. 한편 콘스탄티누스는 보스포루스 해협에 있는 비잔티움에 그리스도인들의 도시, 그리스도인들이 세운 새로운 로마를 건설함으로써 그리스도인들이 믿는 하느님의 보호 아래 제국을 쇄신하겠다는 뜻을 분명히 표현하려 했다. 제국의 그리스 지역에 살던 그리스도인들은 그리스도인 통치자의 궁전이 있는 '그리스도인들의 로마'인 콘스탄티노플이 있다는 사실을 하느님 나라가 임박했다는 종말의 징표, 심판의 날을 알리는 징조로 여겼다. 이 같은 맥락에서 콘스탄티누스를 가장 열렬히 찬양했던 카이사리아의 에우세비우스Eusebius of Caesarea는 그리스도인이 통치하는 왕국은 하늘나라의 형상

---

[1] *De Civitate Dei*, I. Praef.

('에이콘'*eikṓn*), 황제는 우주의 질서와 합리적 구조를 끌어내는 로고스의 형상이라고 말했다.[2]

이런 생각을 하던 이들에게 옛 로마의 멸망은 별다른 문제가 되지 않았다. 동방에서 이 비극을 애통해한 이들은 히에로니무스Jerome 같은 라틴 망명자들이었다. 아우구스티누스와 달리 동방 지역 사람들은 교회를 세속 권력, 권위와 분리해서 보아야 한다는 압박감을 거의 느끼지 않았다. 한때 동로마 제국 지역에서는 박해로 인해 교회와 제국 사이에 "쇳덩이같이 무겁고 오랜 이별"이 있었고, 순교자는 두 도시 사이의 갈등을 분명하게 드러내는 신호였다. 이제 서방에서 교회는 자신의 생존과 정체성이 로마 및 로마 제국의 문화Romanitas의 생존에 달려 있음을 부정하고 야만인들과의 화해라는 길고도 지난한 작업을 떠안아야만 했다. 그러나 같은 시기 동방에서는 선출된 그리스도인 군주가 하느님의 백성을 통치했다. 여기서 교회가 지향하는 '선'과 도시가 지향하는 '선'은 서방처럼 날카롭게 분리되지 않았다. '바실레우스'*basileús*, 왕이 통치하는 지상 도시에서 살아가는 것은 하느님께서 인류를 당신의 영원한 왕국('바실레이아'*basileía*)에 적합하게 만들기 위해 하신 명령을 따르는 것이었다. 그런데 동로마 사회에서 가장 덜 발전된 지역이었던 이집트와 시리아의 농민층에서 저항이 일어났다. 여기에 속한 이들은 그리스도교 왕국에 별다른 투자를 하지 않았던 이들, 지리상으로 보나 사회상으로 보나 주변부에 속해 있어 정부의 이념이 무엇이든 별

---

2   다음을 보라. *De Laudibus Constantini*, 1-3.

다른 차이를 체감하지 못했던 이들이었다. 하늘나라의 형상이든 아니든, 황제와 정부는 농민에게 먼 곳에서 전제정치를 휘두르며 가혹한 세금을 부과하는 집단에 지나지 않았다. 농민은 도시의 시민이 아니라 도시의 지배를 받는 노예에 불과했기 때문이다. 훗날 서방에서 도시가 없는 곳에서 살아가던 이들이 그러했듯, 이 농민들에게 그리스도인의 삶을 '도시에서의 삶'과 동일시하는 것은 아무런 의미가 없었다. 이러한 맥락에서 도시에서 벗어나는 것, 사회 질서, 가족 및 시민 생활, 재정 거래로부터 의도적으로 자신을 고립시키는 것은 신앙의 가능성이 도시에서의 삶으로 한정될 수 없다는 믿음을 천명하는 것과도 같았다. 국가가 명목상 그리스도교화 되기 전에 순교는 이 모든 것을 너무나 분명하게 보여 주었다. 순교자는 단호하게 도시를 거부함으로써 지상 도시의 운명과 그리스도인의 운명이 같지 않음을 선언했다. 세례를 받은 황제가 도시를 통치하면서 순교자는 더는 나오지 않게 되었지만, 그로 인해 도시의 요구 사항과 하느님의 요구 사항이 동일하지 않다는 영속적인 진리는 모호해졌다. 이런 의미에서 수도 운동은 그 전 시대의 순교를 대체하는 움직임으로 볼 수 있을지도 모른다. 수도 운동은 이 시대와 앞으로 다가올 시대 사이의 긴장, 이 지상에는 하느님 나라가 부재함을 순교보다는 덜 극적이나 그 못지않게 진지하게 증언했다.

수도 운동을 무비판적으로 예찬하지 않았음에도, 칼 바르트 역시 "사막으로 들어가는 길"이 도피가 아니라 "세상, 특히 세상에 물든 교회에 대한 책임감 있고 효과적인 저항이자 거부이며, 세상과 싸우는 새롭고도 구체적인 방식, 그러므로 세상에 대한 직접적인 대응"일 수 있음을 인정한다.[3] 수도 운동은 교회가 교회 자신을 협소하게 정의하는 것에 도전하고 모든 "문화 종교"culture-religion를 거부한다. 그렇기에 세상과 세상에 물든 교회의 눈에는 수도 운동이 부조리하거나, 적어도 조화롭지 않은 움직임으로 보일 수 있다. 수도 운동의 창시자인 안토니우스Antony는 다음과 같이 말한 것으로 알려져 있다.

> 사람들이 실성할 때가 올 것입니다. 그들이 미치지 않은 누군가를 보면, "넌 미쳤어!"라고 말하며 그를 공격할 것입니다. 단지 자기들과 다르다는 이유로 말입니다.[4]

수도 운동의 어찌할 수 없는 기이함을 가리키는 진술로 이보다 더 적절한 진술은 없다. 하느님을 섬길 수 있는 인간의 가능성을 제한할 때 세상과 교회는 "실성"했다고 할 수 있다. 이때, 아이러니하게도 세상과 세상의 눈에 물든 교회의 눈에 미친 것처럼 보이는 수도사와 수녀는 온전한 정신을 갖고 있다. 그들은 희생을 무릅쓰고 하느님의 부름이 사람들과 사회의 규정, 허용할 수 있는 것보다 훨씬 더 기이함을 드러낸다.

콘스탄티누스가 (피터 브라운의 표현을 빌리면) "그리스도교의 개종"을

---

[3] Karl Barth, *Church Dogmatics* IV. 2, 13. 『교회 교의학 4/2』(대한기독교서회)

[4] Benedicta Ward(tr.), *The Sayings of the Desert Fathers: the alphabetical collection* (London: Mowbray, 1975), St. Antony 25. 『사막 교부들의 금언』(분도출판사)

일으키기 전, 3세기 중엽에 안토니우스는 자기 전 재산을 팔고 새로운 삶을 시작했다. (전통적으로 아타나시우스로 알려진 그의 전기 작가에 따르면) 그가 이집트 사막에서 독거 생활을 한 최초의 그리스도인은 아니었다. 안토니우스에게 독특한 위상을 부여한 이유는 그가 완전한 독거 생활에서 벗어나 주변에 정착해 은둔 생활을 하고 있던 이들의 영적 아버지 역할을 맡은 시기(305년경)가 아리우스주의가 교회에 위기를 촉발한 시기와 일치했기 때문이다. 안토니우스와 그를 따르던 이들은 아타나시우스에게 상당한 도덕적 권위를 실어주었다.

콘스탄티누스가 세상을 떠난 뒤 황제 세력, 즉 도시 세력이 아리우스주의를 지지하자 가톨릭 교회에 속한 많은 사람이 하느님과 도시 사이의 균열을 분명히 감지하게 되었다. 안토니우스는 105세까지 살았고 356년에 세상을 떠났다. 수도 운동이라는 저항이 가장 필요했던 시기, 그 저항을 대표하는 강력한 구심점으로 있었던 것이다. 그가 아타나시우스를 옹호한 덕분에 수도 운동은 4세기 중엽에 이르러 그리스도교 국가라고 공언한 국가라 할지라도 교회는 본질상 거기서 자유롭다는 정통파의 징표, 지상의 도시가 동의하지 않더라도 교회는 자신만의 해석을 선언할 권리를 지니고 있음을 가리키는 징표가 되었다. 물론 돌이켜보면 이 유산 역시 모호한 측면이 있다. 다음 세기 수도회들은 자신들의 가르침을 고수하기 위해 호전적인 면모, 심지어 잔인한 면모를 보이기 때문이다. 이러한 모습은 부끄럽고 충격적으로 다가온다. 그럼에도 불구하고 수도 운동은 비잔티움 세계와 그 위성 국가들에게 최후 심판의 날은 아직 오지 않았다는 암시로 남아, 동방 그리스도교가 에우세비우스로 대표되는 은총 없는 신정주의 이념theocratic ideology에 완전히 지배당하지 않게 해 주었다.

사막

물론 안토니우스는 이런 것들에 대해 전혀 생각하지 않았을 것이다. 본래 그의 저항은 지역에 바탕을 두고 있었고, 개인적인 체험과 관련이 있었다. 18세, 혹은 19세였던 269년경, 안토니우스는 이집트의 한 시골 교회에서 예배에 참여했다. 누군가 복음서를 낭독했는데, 그 날 구절은 예수가 부자 청년에게 한 명령을 담고 있었다.

네 소유를 팔아서, 가난한 사람에게 주어라. (마태 19:21)

안토니우스 주변에는 이 명령이 근본적으로 내적이며 영적인 의미를 담고 있다고 이야기해 줄 알렉산드리아의 클레멘스 같은 사람이 없었다. 그는 계몽되지 않은 문자주의자였다(이 또한 하느님의 은총이다). 이 사건을 계기로, 안토니우스는 "불과 몇 개월 전" 부모님이 세상을 떠나게 되면서 받게 된 유산을 즉시 마을 사람들에게 나누어주고 수련 생활('아스케시스ἄσκησις)을 시작했다. 수년간 그는 마을 이웃들과 함께 기도하며 가난하게 살았고, 이웃 마을에서 은둔 수도 생활을 하고 있던 노인에게 지도를 받았다. 285년경까지 안토니우스는 우리가 익히 아는 사막 은둔 수도 생활을 하지는 않았다. 당시 이집트와 시리아에서는 공동체를 이루어 수련 생활을 하는 것이 그리 드문 일은 아니었다.

하지만 안토니우스가 지닌 비범한 통찰력과 매력 덕분에, 그리고 그가 수도자로서 아리우스파가 일으킨 위기 상황과 마주해 더 넓은 교회의 삶에 참여하기로 결정하면서 사람들은 점점 더 사막 수도 운동이 무언가 '새로운 것'이라고 느끼기 시작했다. '수도 생활'은 당시 지중해 도시와 마을에 흩어져 독거 생활을 하는 사람들이 하고 있던 단순한 '훈련'과는 다른 무언가가 되어야 했다. '수도자'는 '에스카톤ἔσχατον, 즉 종말에 대한 긴장을 잃은 그리스도인의 삶을 반대했다. 이러한 맥락에서 초기 수도 운동이 갈등을 통한 성장이라는 주제를 매우 중시했다는 점은 그리 놀랍지 않다. 수도자가 되기로 하는 서원 그 자체로 무엇이든 이뤄낼 수 있다는 내용은 당시 문헌 어디에도 등장하지 않는다. 서원의 목적은 중요한 전투를 치를 수 있는 안정적인 지리적, 심리적 장소를 마련하는 것에 있었다. 초기 많은 수도자에게 안정적인 장소를 확보하는 일은 다른 모든 것에 앞선 최우선 과제였다.

> 독방에 머무르십시오. 그러면 독방이 모든 것을 가르쳐 줄 것입니다.
> 당신의 상상력으로 하여금 자신이 좋아하는 것을 생각하게 하십시오.
> 다만 당신의 몸이 독방에서 벗어나지 않게 하십시오.[5]

새로운 자극을 받으면 깨달음을 얻거나 덕을 발견할 수 있다는 생각은 아무런 쓸모도 없을 뿐만 아니라 파괴적이다. 수도자는 하느님 앞에서

---

[5] Benedicta Ward(tr.), *The Wisdom of the Desert Fathers: the Apophthegmata Patrum* (Oxford: SLG Press, 1975), 24.

인간의 성숙이 외부의 자극, "좋은 생각", 좋은 인상, 교훈, 관념에 의존한다는 모든 견해를 거부한다. 대신 수도자는 자신의 고유한 어둠, 유혹과 망상으로 인해 내면에서 일어나는 공포와 더불어 사는 법을 익혀야 한다. 구원은 영혼 전체에 영향을 미친다. 권태, 성적 좌절, 불안, 충족되지 않는 욕구에서 벗어나기 위해 새로운 일, 새로운 생각을 좇는 것은 이러한 상태들에 은총의 손길이 닿지 못하도록 막아서는 것과 다름이 없다. 독거 생활이라는 굴욕적이고 전혀 "영적이지 않은" 경험, 사소한 일들로 이루어진 제한된 일상, 지루하고 외로운 일들을 감내하지 않고서는 인간 본성의 많은 부분과 마주할 길이 없다고 초기 수도자들은 생각했다. 그들에게 수도 생활은 망상을 파괴하는 훈련이었다. 세상이 제시하는 그리스도인의 정체성이라는 망상에서 벗어나기 위해 수도자들은 사막으로 나갔고, 거기서 자신의 삶을 극화하고 자기마음에 들도록 통제하려는 열망의 뿌리, 지성으로 강화된, 자아의 낡고도 익숙한 제국주의라는 망상의 뿌리를 보려 했다. 이러한 맥락에서 안토니우스는 단호하게 말했다.

(모든 사람은) 마지막 숨을 거둘 때까지 유혹을 마주해야 합니다.[6]

유혹을 경험하지 않은 사람은 하늘나라에 들어갈 수 없습니다.[7]

[6] *The Sayings of the Desert Fathers*, St. Antony 4.

[7] *The Sayings of the Desert Fathers*, St. Antony 5.

곡예사와 광대

『사막교부들의 금언』에는 이기심과 악에 빠지는 경향을 뿌리 뽑았다는 착각을 경고하는 이야기들로 가득하다. 이를테면 압바 아브라함은 스스로 음욕과 탐욕, 헛된 영광을 뿌리 뽑았다며 자랑하는 원로를 추궁해 그가 자기 안에 정념이 여전히 살아 있으며, 어느 정도 억제할 수는 있지만, 파괴되지는 않았음을 인정하게 만든다.[8] 고통스러운 과정, 다사다난한 과정을 거쳐 자신의 모습을 발견하게 되는 이야기들도 있다. 압바 난쟁이 요한John the Dwarf에 관한 짧은 이야기에서 요한은 정념에서 해방되기를 기도하고, 놀랍게도 그 기도는 이루어진다. 그가 이 복된 결과를 선배 형제에게 털어놓자 그 형제는 요한에게 말한다.

> 가서 하느님께 싸움을 일으켜 달라고 청하십시오. 그래야 전에 가졌던 겸손과 고뇌를 다시 얻을 수 있을 것입니다. 영혼은 전쟁을 통해 성장하기 때문입니다.

이후 요한은 싸움이 왔을 때 그것을 거두어 달라고 기도하지 않고, 싸울 힘을 달라고 기도한다.[9] 올바른 기도는 삶을 살아갈 힘을 얻기 위한 것이지, 삶에서 벗어나는 것이 아니다. 사막 수도자들은 그리스도인의 삶의 특징을 '안식하지 못함' 가운데 전투를 벌이는 것이라고 보았다. 이때 '안식하지 못함'은 아우구스티누스처럼 마음이 '안식하지 못하는 것'이 아니라 몸과 정신의 안락함에 안주하지 않고 끊임없이 의지를

---

[8] *The Sayings of the Desert Fathers*, John the Dwarf 13.

[9] *The Sayings of the Desert Fathers*, Abraham 1.

갈고닦는 것을 말한다. 이러한 태도에는 분명 문제가 있다. 이러한 태도의 긍정적인 면은 인간이 성장하기 위해서는 갈등과 지루함, 망상이 불가피함을 현실적으로 받아들이게 해주며 현 상태에 안주하려는 성향, 정적이며 자기중심적인 영적 삶을 경계하게 해 준다는 것이다. 부정적인 면은 인간의 노력과 (문자 그대로) 경계vigilance, 각성alertness을 지나치게 강조한다는 것이다. 이러한 태도는 자칫 신앙의 삶을 신경과민의 삶으로 보게 만들 수 있으며, (아우구스티누스가 격렬하게 거부했던) 의지에 대한 낭만주의 시각, 초자아super-ego를 지향하는 영성에 휘말리게 할 수 있다. 이에 대한 말끔한 해결책은 없다. 수도 운동 초기에도 개신교 종교개혁가들이 반대했던 것, 즉 은총을 희생시키면서까지 인간의 의지를 미화하는 조짐이 있었다. 하지만 결국, 초기 수도 운동은 은총의 편에 섰다. 많은 사막 교부는 의지의 '실패'를 깊이 받아들였다. 초기 사막 수도 운동을 이끈 사람 중 가장 매력적인 인물 중 한 사람인 대大 마카리우스Macarius the Great는 한 형제에게 조언했다.

낯선 생각들이 일어나면 절대 그 생각들에 주목하지 말고 언제나 위를 바라보십시오.

같은 이야기에서 마카리우스는 자신의 고통에 대해 이야기함으로써 상대가 자신도 고통받고 있음을 인정하게 한다.[10] 여기서 우리는 사막

---

10   *The Sayings of the Desert Fathers*, Macarius the Great 3.

수도자들이 가장 중시했던 부분을 만나게 된다. 바로 타인을 판단하지 않는 태도, 그리고 불확실성에 휘둘리고 고통스러워하는 타인과 자신을 망설임 없이 동일시하는 위대한 "압바"들의 능력이다.

> 사람들은 압바 마카리우스가, 기록된 대로, 지상에서 하느님처럼 되었다고 말했다. 하느님께서 세상을 보호하시듯 압바 마카리우스 역시 자신이 본 과오들을 보지 않은 듯 덮었고, 자신이 들은 바를 듣지 않은 듯 덮어 주었기 때문이다.[11]

『사막 교부들의 금언』에는 죄 없는 형제가 죄 많은 형제의 참회를 어떻게 나누었는지를 다룬 수많은 이야기가 있다.[12] 사막 교부 금언집들을 번역하고 편집한 베네딕타 와드는 말한다.

> 형제를 위해 자신의 영혼을 바친다는 것이 무엇인지를 보십시오.[13]

끊임없이 의지를 갈고닦아야 한다는 수도 생활의 규율은 그렇게 의지를 그침 없이 갈고닦는다고 해도 실패할 수 있지만 그게 전부가 아니라는 깨달음, 또한 용서가 가능하다는 깨달음, 그리고 형제들의 사랑이 죄인을 계속 지지해야 한다는 깨달음을 통해 균형을 잡는다. "사람

---

[11] *The Sayings of the Desert Fathers*, Macarius the Great 32.

[12] 예를 들어 다음을 보라. *The Wisdom of the Desert Fathers*, no. 47, no. 123.

[13] *The Wisdom of the Desert Fathers*, 15.

들로부터의 도피", 고독과 침묵을 강조함에도 불구하고 수도 생활의 근본은 이웃에 대한 사랑이다.

> 압바 난쟁이 요한이 말했다. "위에서 아래로 집을 짓는 것은 불가능합니다. 위에 이르려면 기초부터 시작해야 합니다." 형제들이 그에게 말했다. "그 말씀이 무슨 뜻입니까?" 그가 말했다. "기초는 우리가 얻어야 하는 이웃입니다. 이것이 시작 지점입니다. 그리스도의 모든 계명이 여기에 달려 있기 때문입니다."[14]

안토니우스가 썼다고 전해지는 한 편지에는 이런 문구가 있다.

> 형제에게 죄를 짓는 이는 자기 자신에게 죄를 짓는 것입니다.[15]

그리고 『사막 교부들의 금언』에서 안토니우스는 말한다.

> 우리가 형제를 얻으면 하느님을 얻습니다.[16]

위에서 언급한 편지에서 저자는 흥미롭게도 천국을 우리가 서로의 얼

---

[14] *The Sayings of the Desert Fathers*, John the Dwarf 39.

[15] *The Letters of St Antony the Great*, no. 6.

[16] *The Sayings of the Desert Fathers*, St. Antony 9.

굴을 마주 보는 상태로 묘사한다.[17] 이는 아우구스티누스가 지상에서는 인간의 마음이 서로에게 가려져 있음을 가리키며 썼던 "세상의 밤"이라는 말, 그리고 마카리우스가 죽은 이교도 사제의 영혼에게 들었던 말("지옥에서는 누구와도 얼굴을 마주할 수 없고, 오직 다른 사람의 뒷모습만 볼 수 있다. 그러나 당신이 우리를 위해 기도할 때, 우리는 서로의 얼굴을 조금 볼 수 있다")이 떠오르는 대목이다.[18]

압바 모세Moses가 압바 포이멘Poemen에게 "수도자는 자기 이웃에 대해 죽어야 하며, 어떤 식으로든 그를 절대로 판단하지 말아야 합니다"라고 가르쳤을 때, 우리는 수도 운동의 정신에서 '죽음'이라는 심상이 얼마나 중요한지를 알 수 있다. 모세는 계속해서 가르친다.

> 수도자가 누구에게도 해를 끼치지 않으려면 … 모든 것에 대해 죽어야
> 합니다.[19]

이때 "죽음"이란 타인에게 이기심에 바탕을 둔 폭력을 가할 가능성에서 벗어나는 것, 타인이 어떤 방해도 받지 않고 자유와 고유한 삶을 누리게 해주는 것을 뜻한다. 또, 모세는 말했다.

> 누가 자기 집에 죽은 사람이 있는데, 그를 거기에 내버려 두고 자기 이

---

17 *The Letters of St Antony the Great*, no. 6.

18 *The Sayings of the Desert Fathers*, Macarius the Great 38.

19 *The Sayings of the Desert Fathers*, Moses 14.

웃의 죽음을 애도하러 간다면 우스울 것입니다.[20]

그러므로 수도자는 자신의 죄에 대해 울어야 하며, 자신이 모르는 이웃의 죄에 대해 울어서는 안 된다. 압바 난쟁이 요한이 말했듯 같은 샘에서 물을 공급받는 서로 다른 나무들처럼 소명은 사람마다 다르기에, 어떤 수도자가 스스로 택한 삶의 방식이 적절한지 아닌지를 함부로 평가해서는 안 된다.[21] 이와 관련해 『사막 교부들의 금언』에는 한 방문객이 엄격하고 말이 없는 압바 아르세니우스Arsenius와 쾌활하게 자신을 반기는 압바 모세를 보고 그 다름에 놀랐으나 결국 두 사람 그 모습 그대로 하느님을 위한 것임을 알게 되는 이야기가 있다.

> (그의 눈에는) 강에 큰 배 두 척이 있는 모습이 보였다. 한 배에서는 압바 아르세니우스와 하느님의 영이 완전한 평화 가운데 항해하고 있었다. 다른 배에는 압바 모세가 하느님의 천사들과 함께 있었다. 그들은 모두 꿀 케이크를 먹고 있었다.[22]

『사막 교부들의 금언』 중 또 다른 이야기에서는 한 방문객이 아르세니우스가 교회에서 약간의 편의를 누리는 모습(병이 들어 작은 베개를 베고 침상에 누워 있는 모습)을 보고 충격을 받는다.

---

[20] *The Sayings of the Desert Fathers*, Moses 14.
[21] *The Sayings of the Desert Fathers*, John the Dwarf 43.
[22] *The Sayings of the Desert Fathers*, Arsenius 38.

"이 사람이 정말 압바 아르세니우스요? 이처럼 누워 있는 이 사람이?"
그러자 사제가 그를 옆으로 데리고 가서 말했다. "살았던 마을에서 당
신의 직업은 무엇이었습니까?" "나는 매우 힘든 생활을 했소." 그러자
사제가 다시 물었다. "그러면 암자에서는 어떻게 살고 있습니까?" 방문
객이 대답했다. "나는 지금이 훨씬 편안하오." 그러자 사제가 말했다.
"이 압바 아르세니우스를 보십시오. 세상에 있을 때 그는 황실의 개인
교사였습니다. 황금 띠와 온갖 금 장신구와 비단옷을 입은 수천 명의
노예들에 에워싸여 있었지요. 그 밑에는 값비싼 양탄자가 펼쳐져 있었
습니다. 당신이 세상에서 목동이었을 때는 지금 누리는 안락함조차 누
리지 못했지만, 그는 더는 세상에서 누리던 우아한 생활을 누리지 않
습니다. 그래서 당신은 편안하지만, 그는 고생하고 있지요."[23]

그 외에도 안토니우스와 관련된 이야기, 다른 사람들과 관련된 이야기
들이 있다. 이 이야기들에서 하느님은 수도자들에게 그들과 영적으로
동등한, 도시에서 평범하게, 가난과 겸손으로 자신을 희생하며 살아가
는 이들(안토니우스의 경우에는 의사)이 있음을 일깨우신다.[24]
　초기 수도 운동은 개인의 현실, 타인의 현실, 사회의 현실 등 현실
에 대한 망상과 왜곡을 제거하는 데 관심을 기울였다. 망상에서 벗어
나지 않는 한 성장할 수 없다고 보았기 때문이다. 신앙 공동체는 이렇
게 생각하는 이들, 망상에 빠지기 쉽고 타인을 지배하려는 경향이 있

---

[23] The Sayings of the Desert Fathers, Arsenius 36.
[24] 이를테면 다음을 보라. The Sayings of the Desert Fathers, St. Antony 24.

는 자아를 과감하게 수술할 준비가 된 이들을 구성원으로 인정할 때만 유혹과 기만에 빠지지 않을 수 있다. 이들은 공동체에게 공동체의 취약한 부분, 신앙에 진지하게 헌신하지 않을 때 공동체가 치르는 대가를 상기시킨다. 이것이 바로 수도 운동이 그리스도교에 남긴 커다란 공헌이다(내용은 다르지만, 동양 종교들에서 일어난 수도 운동도 각 종교 내에서 같은 기능을 담당했다고 볼 수 있다). 안토니우스가 등장한 이후, 사람들은 그런 수술은 자기 신념을 투사하거나 '영성'에 대한 사람들의 통념, 혹은 기대를 따른다고 해서 이루어지는 것이 아니라, 공동체를 통해 자신의 공간에 타자가 머물게 하는 법을 익히고 공동체 구성원들끼리 서로 돕고 지원할 때 이루어질 수 있다는 사실을 점점 더 분명히 깨달았다. 그리고 이는 '원로들', 젊은 수도자에게 지침을 주는 한 사람의 압바, 혹은 영적 아버지에 대한 순종을 강조하는 것과 균형을 이룬다.

수도 공동체가 다양한 삶의 방식을 허용하면서도 단순히 괴짜들끼리 어울려 사는 모임이라고 할 수 없는 이유는, 이렇듯 순종을 강조하고 다른 사람들을 돌보는 활동을 그 삶의 중심에 두기 때문이다. 수도 공동체는 수도자에게 자유와 (수련을 위해) 타인들과 거리 두는 것을 허용하며 일반적 규율 같은 것을 강요하지 않았다. 하지만 동시에 수도자는 동료 수도자들에 관심을 기울이고 원로들의 가르침에 순종하는 가운데 자신의 소명을 찾아야 한다. 아무리 홀로 수행하는 데 많은 시간을 보내는 수도자라 할지라도, 그는 동료 수도자들의 삶을 판단하거나 통제하려 하지 않은 채 그들이 자신과 함께 시련을 나누듯 그들의 시련을 함께 나누며 수행해야 한다. 이러한 균형은 매우 미묘하면서도 유지되기 어렵다. 점차 시리아와 소아시아에서 별난 금욕 수행자들이 나타났다는 사실을 고려하면, 수도 운동이 점차 조직과 구조에 관심을 기울였다는 사실은 그리 놀라운 일이 아니다.

320년에서 346년 사이, 파코미우스Pachomius는 이집트 타벤네시에 수도자들을 위해 엄격한 공동체 질서를 확립했다. 그리고 4세기 후반 카이사리아의 대大바실리우스Basil the Great of Caesarea 역시 소아시아에서 수도자들을 위해 유사한 질서를 확립했다. 이때 쓰인 두 지침 모음집은 「긴 규칙서」Regulae Fusius Tractatae와 「짧은 규칙서」Regulae Brevius Tractate라는 다소 오해의 소지가 있는 이름으로 불린다(이 모음집들은 수도 생활을 위한 체계적인 규율이라는 의미에서 '규칙'이 아니다). 파코미우스 수도원과 바실리우스 수도원에서 유래한 수도원 제도는 수도 생활을 하는 사람들의 생활 규범을 제공했으며 이는 오늘날 수도회 생활 방식에도 커다란 영향을 미쳤다. 지침들은 사막 수도 전통과 함께 '고전적인' 기준점이 되었다. 이러한 전개 과정을 "카리스마적 운동"에 대한 "제도"의 승리로 보는 것은 경솔한 일이다. 두 '규칙서'를 보면 알 수 있듯 바실리우스는 자유가 방종이 되지 않게 하는 데 관심이 있었다. 강그라 주교 회의Synod of Gangra(340년)의 교령을 보면 당시 수도자들의 기행이 얼마나 심했는지, 일부 지역의 수도자들이 교회에 대해 얼마나 우월감을 갖고 있었는지를 알 수 있다. 그렇기에 주교 회의에서는 수도 생활이 결혼 생활보다 우월한 삶의 형태라고 주장하는 이들, 그리스도의 몸 전체의 활동보다 개인의 경건을 선호하며 성찬에 참여하지 않는 이들을 비난한다. 바실리우스는 이런 배경 아래 글을 썼으며, 독신 생활은 그리 자랑거리가 되지 못한다고 말했다. 그에 따르면 우리 중 누구도 홀로 자급자족할 수 없다.

> 창조주 하느님께서는 우리가 서로를 필요로 하도록 세상 만물을 조율하셨다. (「긴 규칙서」, VII)

좀 더 중요한 점은, 홀로는 그리스도인(그리고 수도자)의 삶의 두 가지 필수 요소인 사랑과 겸손을 성장시킬 수 없다는 것이다. 바실리우스에 따르면, 우리는 누군가의 인도를, 때로는 책망을 받아야 하며, 또 누군가를 섬겨야 한다. 그는 묻는다. 혼자 산다면 "누구의 발을 씻어 주겠는가"? 주변 사람들의 반대에 부딪히는 일, 다른 누군가와 의견이 충돌하는 일과 같은 '나'를 자극하는 일이 일어나지 않는다면 어떻게 인내를 배울 수 있겠는가? 이 모든 논의는 결국 신학의 두 가지 근본 사실, 성육신 사건과 그리스도의 몸(교회)이 현존한다는 사실과 연결된다고 바실리우스는 말한다. 그리스도께서는 자기를 잊고 우리를 섬기러 오셨다. 홀로 사는 사람이 어떻게 이를 본받을 수 있겠는가? 교회는 다양한 사람이 자신의 필요를 충족하기 위해서가 아니라 서로를 섬기며 자신이 하느님께 받은 선물을 모두와 나누는 공동체인데, 어떻게 교회에서 홀로 살 수 있는가?[25] 이웃의 "영적, 혹은 물질적 필요"에 관심을 기울이지 않는 수도자는 '필라우티아'φιλαυτία, 즉 자기애自己愛라는

---

[25] *Regulae Fusius Tractatae*, VII.

죄를 짓는 것이다.[26] 타인에 대한 무관심은 자기애의 표식이다. 바실리우스는 분명하게 독거 생활을 하는 수도자가 다른 누구보다 이런 죄를 짓기 쉽다고 말한다. 그가 독거 생활을 정당하다고 여겼는지, 어느 정도 공동 생활을 한 다음 독거 생활을 할 수 있다고 보았는지는 분명하지 않다. 하지만 설령 정당하다고 보았더라도 그의 입장에서 그 정당성을 주장하는 데 별다른 공을 들이지는 않았을 것이다. 수도 생활에 관한 그의 신학은 성육신하신 그리스도의 삶에 바탕을 두고 있기에, 은둔 수도자를 위한 설득력 있는 신학을 만들어내기란 사실상 불가능하기 때문이다.

그리스도인의 삶의 '호로스'ὅρος, 즉 표준(혹은 정의)은 "성육신하신 그리스도의 한도(혹은 정도)까지 그리스도를 닮는 것"이다.[27] 바실리우스는 끊임없이 이 부분을 강조한다. 지상에서 사셨을 때 그리스도께서 모든 사람의 종이셨기에, 우리도 모든 사람의 종이 되어야 한다. 짧은 글인 「세상 포기에 관하여」De Renuntiatione Saeculi에서도 그는 "겸손은 그리스도를 닮는 것"이라고 말했다.[28] 이는 우리의 삶, 우리의 자아 전부를 희생하는 것을 포함한다. 그리스도께서는 모두를 사랑하시고 모두를 위해 죽으셨기 때문이다.[29] 그리스도께서 모든 사람에게 아무런 조건 없이 자신을 내어주시기에 그리스도인 역시 아무런 조건 없이 모든

---

[26] *Regulae Brevius Tractate*, LIV.

[27] *Regulae Fusius Tractatae*, XLIII.

[28] *De Renuntiatione Saeculi*, 211C.

[29] *Regulae Brevius Tractate*, CLXXXVI.

사람을 섬겨야 한다. 하느님께서 자신의 은총을 모든 사람에게 값없이 주시듯 그리스도인들 역시 값없이 사랑과 연민을 행해야 한다. 누군가는 바실리우스의 이런 이야기들에서 그의 지칠 줄 모르는 열정과 사회 개혁가의 모습, 그가 주교가 된 이후 학교, 병원, 고아원을 지은 일들을 떠올릴지도 모르겠다.

그리스도의 겸손과 섬김을 강조했던 바실리우스는 자연스럽게 공동체 내 지도자의 역할에 대해 숙고했다. (파코미우스와 마찬가지로) 바실리우스가 확립한 수도 공동체에서도 선출된 지도자가 카리스마 넘치는 압바를 대체했다. 수도회가 더 크고 복잡해진 이상 불가피한 일이었다. 이때도 바실리우스는 수도회 내 상급자가 다양한 영역에서 권위를 지니고 있음을 인정하면서도 그리스도처럼 모든 이를 섬겨야 한다는 것을 강조함으로써 그가 구체적으로 어떠한 일을 해야 하는지를 상세히 이야기한다. "주님께서는 당신의 종들을 섬기는 일을 부끄러워하지 않으셨"다.[30] 그렇기에 그리스도의 권위는 세상의 질서를 뒤집는다. 바실리우스에 따르면 상급자는 각 수도자의 필요에 맞게 그를 지도하고 지도력을 행사할 책임이 있다. 그는 그런 방식으로 공동체에 '순종'해야 한다. 상급자는 다른 수도자들이 그를 돌보듯 다른 수도자들을 "돌보아야" 한다. 지도자는 공동체가 개인을 짓밟지 않게 해야 하며 사막 수도 운동의 자유와 광활함이 제도 안에서도 살아 숨 쉬게 해야 한다, 바실리우스에게 지도자는 그리스도처럼 쓰이는 존재, 고통을

---

[30]   *Regulae Fusius Tractatae*, XLIII.

감내하는 존재, 타인에게 연민을 보이는 존재다. 지도자는 수도자들도 실현해야 할 그리스도를 닮는 삶의 본을 제시할 책임이 있다.

수도원

동방 수도 전통은 다양한 경로를 통해 서방에 전파되었다. 하지만 가장 중요한 '전달자'는 이집트와 시리아에서 압바들과 함께 살다 갈리아에서 생을 마감한 스키티아(오늘날 루마니아) 출신의 카시아누스 Cassian였다. 420년대 초 그는 사막의 위대한 지도자들의 가르침을 요약한 두 권의 책(「공주 수도자 규정집」De Institutis Coenobiorum, 「담화집」Conlationes)을 썼는데, 가톨릭 종교개혁이 일어날 때까지 서방 수도사, 수녀들의 필수 지침서 역할을 했다. 특히 위대한 압바들이 제자들에게 전하는 담화 형식으로 이루어진 「담화집」은 (데이비드 놀스David Knowles의 표현을 빌리면) "서방 수도 세계에서 견줄 작품이 없는 고전"이었다.[31] 카시아누스는 에바그리우스의 저술에 깊은 영향을 받았기에 「담화집」에 나오는 사막 교부들의 담화들은 실제 1세대 이집트 수도자들에게는 익숙하지도 않고, 공감하지도 않았을 에바그리우스의 어휘를 많이 담고 있다. 영혼의 '변덕'에서 벗어나 안정과 순결을 강조하는 부분, "동요하지 않는 평화"와 "쉼 없는 기도"의 강조, 하느님에게로 귀향하는 정신을 그리는 부분 등은 그 대표적인 예다.[32] 이러한 표현들은 카시아누스가 인위적인 형식으로 주조한 것이 분명하다. 하지만 동시에 「담화

---

[31] David Knowles, *Christian Monasticism* (Weidenfeld and Nicolson, 1969), 11.

[32] *Conlationes*, VII, IX. 2.

집」에는 분명한 그리스도 중심주의Christocentrism가 흐르고 있으며 하느님의 형상으로서 사랑, 특히 하느님을 닮은 행동으로서 적들에 대한 용서를 강조한다.[33]

「공주 수도자 규정집」(IV. 39)과 「담화집」(XV. 7, XVIII. 13, ii)에는 이후 수도원 문헌들의 특징이 될 겸손의 등급과 종류, 즉 "덕들의 여왕"에 관한 논의가 담겨 있다.[34] 에바그리우스 영성이 잠재적으로 품고 있는 개인주의의 가능성, 밀교esotericism의 가능성을 카시아누스는 종이 되신 그리스도, 자비로운 그리스도의 본을 수도자의 특징으로 강조함으로써 상쇄한다. 에바그리우스처럼 그 역시 역사적 그리스도에 대한 묵상을 적극적으로 권하지는 않았다. 하지만 이를 (오리게네스의 경우와 마찬가지로) 그리스도의 중심적인 역할과 지위를 부정하는 것으로 볼 수는 없다. 그는 "자녀됨의 영", 삼위일체 하느님의 사랑과 생명을 나누는 관점으로 그리스도인의 삶을 설명할 수 있었다.[35] 이러한 면에서 카시아누스는 오리게네스주의 중 성서를 중시하고 하느님과 인간의 관계를 강조하는 측면을 가장 분명하게 계승한 사람이다. 그리고 그의 저술들을 살피면 그가 공동체 생활에 관해 쓰고 있다는 분명히 알 수 있다. 언젠가 도미니크회 수도사 퍼거스 커Fergus Kerr는 카시아누스에 관해 말했다.

---

[33] *Conlationes*, I.6-7, XI. 9, XV. 10.

[34] *Conlationes*, XV. 7.

[35] *Conlationes*, XI. 9, XXIV. 26, iv, X. 7.

(그는) 우리가 다른 사람들과 좋지 않은 방식으로 맺고 있는 관계, 혹은 궁핍해진 관계를 먼저 직시하지 않는다면 제대로 기도하는 법을 다룰 수 없다고 전제했다.[36]

카시아누스에게도 구세주이자 종인 그리스도를 향해 성장하는 삶은 타인을 향한 사랑과 연민의 삶, 겸손과 인내를 기본으로 하는 공동체적 삶을 통해서만 가능하다.

바실리우스와 카시아누스의 통찰들을 종합해 수도 운동 역사상 가장 주목할 문서들을 남긴 인물은 누르시아의 베네딕투스Benedict of Nursia(480년경-547년경)다. 그보다 조금 앞선 시기에 익명의 저자가 쓴 「스승의 규칙서」Regula Magistri가 베네딕투스가 쓴 저술들의 일부 틀을 제공해 주었고, 「스승의 규칙서」에 나오는 규율과 권위에 대한 논의들을 상당 부분 보존하고 있기는 하나 베네딕투스가 쓴 규칙서는 「스승의 규칙서」와 전체 분위기가 크게 다르다. 「수도 규칙서」Regula Benedicti 는 비교적 짧고 실용적인(어떤 면에서는 무미건조한) 작품이며, "초보자를 위해 쓴 짧은 규칙"(73장)이지만, 서구 문명 전체에 이 책이 미친 영향은 심대했다. 규칙서는 명료하면서도 온건하며, 간결하면서도 현실적이며 책 전체에 단순한 성육신 신학이 흐르고 있다. 보기 드문 천재의 작품인 것이다.

주목할 만한 특징은 책 전반에 걸쳐 군대와 관련된 심상들이 쓰이

---

36 Fergus Kerr, 'Prayer and Community', *Religious Life Today* (Fowler Wright Books, 1971), 39.

고 있다는 점이다. 격동의 4세기 이탈리아에서 이 규칙서가 쓰였다는 사실을 감안하면 그리 놀라운 일이 아니라 할 수도 있다. 머리말에서 베네딕투스는 수도자를 "자기 뜻을 버리고 참된 왕이신 주 그리스도를 위해 분투하고자 순종이라는 예리하고 빛나는 무기를 잡은 이"로 묘사하며, 1장에서는 "규칙과 수도원장 아래 분투하는" 군인으로 그린다. 이렇게 묘사한 이유는 근본적으로 수도 생활에서 순종의 중요성을 강조하기 위해서다. 하지만 바실리우스가 그러하듯 베네딕투스는 권위를 행사하는 방식, 순종하는 삶의 전반적인 목적, 즉 그리스도의 본을 따라 살기 위해 자기 의지를 버리는 것에 관심을 기울임으로써 균형을 맞춘다. 아빠스, 즉 수도원장은 "수도원에서 그리스도를 대리하는 이"다. 아빠스라는 명칭은 신자들이 하느님을 향해 부르는 "아바"에서 따왔다. 베네딕투스에 따르면 아빠스는 "말보다는 행동으로 더 많이" 가르쳐야 하며, "모든 사람을 동등하게 사랑하고", 각 구성원의 필요에 맞게 자신을 조정하며(2장), 중요한 결정을 내릴 때는 공동체 전체와 상의해야 한다(3장). 수도원장은 겸손과 모든 사람에 대한 존중을 바탕으로 공동체의 기준을 설정해야 하며(4장, 30-32장, 63-70장, 71장 등), 수도 공동체의 모든 구성원은 서로를 존중하면서 공동체의 병자(36장)와 손님, 특히 가난한 사람(53장)을 그리스도 섬기듯 섬겨야 한다(이때 베네딕투스는 부자들은 그들의 위세 자체로 존경을 받을 것이라고 비꼬듯 말한다).

베네딕투스는 머리말에서 수도 생활은 그리스도의 고난에 동참하는 것임을 분명히 밝힌다. 또한, 5장 '순종에 관하여'에서 그는 수도자의 순종을 "나는 내 뜻을 이루려고 하늘에서 내려온 것이 아니라"(요한 6:38)는 그리스도의 말씀과 연결하고 있다. 이는 수도 생활의 근거를 잘 보여 준다. 수도자들은 은총으로 그리스도를 닮고자 하는 이들, 공동체의 삶을 통해 자신과 서로를 빚어가려는 사람들이다. 베네딕투스는 하느님 자신이 인간을 위해 하시는 이타적인 섬김을 닮기 위해 성장하려는 그리스도인의 활동은 (교회라는 더 넓은 공동체뿐만 아니라 (초기 그리스도인들의 공동체처럼) 치유라는 목적 아래 더 긴밀하게 엮인 집단에서도) '함께하는 삶'과 긴밀한 관련이 있다고 보았다. 퍼거스 커는 말했다.

> 타인들과의 관계는 단순한 성장의 계기가 아니다. 타인들과의 관계는 그 자체로 우리의 덕이 얼마나 성장했는지를 보여 준다.[37]

모든 초기 수도 문헌은 다른 인간 존재라는, 구체적이면서도 '나'를 거스르는 현실과 마주하는 가운데 덕을 이루지 않는다면 오리게네스나 니사의 그레고리우스가 말한 '성숙'은 불가능하다고 전제했다. 이 성장 과정은 결코 깔끔하게 진술하거나 습득할 수 없다. 분명한 점은 그리스도교는 "사적 체험"을 중시하는 종교와는 거리가 멀다는 사실이다.

아우구스티누스도 동료와 친구를 모아 "규칙 아래" 살며, 함께 수련

---

[37]   Fergus Kerr, 'Prayer and Community', 43.

하면서 그리스도인의 성품을 기르려 했다. 그는 은총의 삶에서 인간의 우정(그리고 누군가와는 우정을 맺지 않는 것)이 얼마나 중요한지를 알고 있었다. 그러나 사막의 수도자들, 수도 규칙들을 확립한 이들은 어떤 측면에서는 아우구스티누스보다 훨씬 더 비관적으로 인간 문제에 접근했다. 그들은 진실로 '함께하는 삶'을 이루기 위해서는 세속의 삶에서 물러나야 한다고, 어떤 상황에서는 후퇴하는 것이 승리를 거둘 수 있는 유일한 길이라고 보았다. 상황이 현실과 실재의 참된 모습을 가릴 때 "망상에서 벗어나는" 유일한 길은 그 상황에서 벗어나는 것이다. 그리고 벗어나는 방식, 벗어난 다음 택해야 할 삶의 방식은 순종하는 삶이어야 한다. 가장 엄격하게 조치해야 하는 사안, 그만큼 근본적인 문제는 자기 의지self will를 근절하는 것이다. 그리스도의 자기 포기는 십자가에서 절정에 달한다. 그렇기에 동방 그리스도교 예술에서는 수도사를 십자가에 못 박힌 모습으로 묘사하곤 했다. 수도 생활을 일종의 자기 죽음, 즉 순교로 본 것이다.

앞서 언급한 아우구스티누스의 문제를 생각해보자. 카시아누스는 하느님의 뜻과 활동, 인간의 뜻과 활동이 협력한다는 '신인협력'synergism을 옹호했고, 아우구스티누스 추종자들은 이를 적대시했다.[38] 아우구스티누스주의자의 눈에 이는 순진해 빠진 견해, 헬레니즘에 바탕을 둔, 온건한 낙관주의의 유산으로 보였다. 아우구스티누스주의자들에게 자기 의지를 파괴하기 위해 자기 의지를 열심히 가다듬는 활동은

---

[38] *Conlationes*, XIII.

자신을 파멸로 몰고 가는 길처럼 보였으며, 인간의 행동과 하느님의 활동을 명확하게 구분할 수 있으며 각자의 힘이 발휘되는 영역 역시 명확하게 구분할 수 있는 것처럼 '협력'을 논하는 것은 터무니없는 일로 보였다.

상당히 많은 수도 문헌이 (앞에서 언급했듯) 이러한 순진한 관점에 바탕을 두고 있음을 부정할 수는 없으며 스토아주의처럼 인간의 의지를 강조하는 유산이 좀처럼 사라지지 않은 것 또한 사실이다. 그러나 베네딕투스는 사막 교부들이 그랬듯 『수도 규칙서』전반에 걸쳐 인간은 너무나도 연약한 존재이며 끊임없이 실패한다고 말했음을 잊어서도 안 된다(27장에서 파문당한 수도사들을 어떻게 보살펴야 하는지를 논하며 그는 선한 목자의 비유를 감동적으로 언급한다). 또한, 그는 4장에서 '선한 일의 도구들'을 언급하며 "영의 모든 정념을 가지고 영원한 생명을 갈망하라"고, "하느님의 자비에 절대로 절망하지 말라"고 이야기하는데, 이는 그가 아우구스티누스의 영향을 깊게 받았음을 보여 준다. 베네딕투스회의 수도사들은 의지의 영웅이 아니며, 영성가들이 애용하는, 하지만 모호한 표현인 "영의 선수들"도 아니다. 그들은 희망과 갈망 가운데 은총으로 말미암아 인내하는 이들이다.

좀 더 중요한 부분은, 베네딕투스가 수도 생활을 하는 가운데 동료 수도사들에게 관심을 기울이고 그들을 섬겨야 한다고 강조했다는 것이다. 오늘날 우리는 이를 통해 자아를 강조하는 경향, 자아의 고독한 분투를 강조하는 경향을 줄이고 하느님의 부르심에 적절하게 응답하는 법을 익힐 수 있다. 아우구스티누스는 영혼은 영혼을 압박하는 거대한 힘들 사이에서 움직인다고 보았으며, 영혼의 과제는 그러한 가운데서 자신을 집으로 인도해주는 흐름을 찾는 것이라고 보았다. 그리고 만년에는 점점 더 영혼이 처음부터 한 흐름, 혹은 다른 흐름에 속해 있으며 영혼 스스로는 사실상 움직일 수 없다고 보았다. 이는 다른 무엇보다도 무언가 영혼을 움직일 때만, 영혼이 움직일 수 있음을 뜻한다. 인간 자아는 부동의 동자가 아니다. 무언가의 손길이 자아에 닿고 그 무언가가 자아를 이끈다. 여기에 수도 전통은 이 손길과 이끎의 과정을 인간 공동체들이 매개한다는 통찰, 다른 사람들이 함께한다는 사실 자체로 자아중심주의가 빚어낸 망상의 장벽이 허물어진다는 통찰을 더했다. 인간은 주변에 있는 타인들이 설정한 경계들의 제한, 제약을 받고, 그 경계들에 이끌리거나 반발하고, 자극받고, 애타는 방식으로 하느님의 활동에 '협력'한다. 인간은 그런 경계들 가운데서 하느님을 파악한다. 수도 전통에서는 흔히 순종의 서약이 "섭리를 구체화한다"고 말한다. 이는 그리스도께서 상급자, 병든 형제, 손님, 가난한 사람을 통해 당신의 얼굴을 드러내시고, 당신의 뜻을 보이시며, 당신에게로 인도한다는 것을 인정하는 것에 다름 아니다. 수도자는 이러한 과정을 거쳐 자신의 얼굴에 그리스도의 얼굴을 반영하는 법을 익히게 된다.

클레르보의 베르나르두스(1090년-1153년)

이른바 (중세) "암흑기" 내내 베네딕투스의 「수도 규칙서」는 서방 수도 세계를 지배했다. 그러나 이는 이 기간 내내 유럽 수도원을 모두

'베네딕투스회 수도사'들이 채웠음을 뜻하지는 않는다. 이와 관련해 데이비드 놀스는 주저 『잉글랜드의 수도회』The Monastic Order in England에서, 다양한 수도원에서 「수도 규칙서」는 '헌법'이라기보다는 일반 지침서로 기능했으며 각 수도원의 생활 방식은 베네딕투스회의 생활 방식과는 사뭇 달랐다고 이야기한 바 있다.[39] 19세기 베네딕투스회의 재부흥을 위해 힘썼던 이들은 중세 수도회들을 특징짓는 두 가지 활동인 학문 연구와 엄숙한 전례 준수가 전형적인 베네딕투스회 활동이라고 믿었다. 그렇지만 수도원의 학문 연구 전통은 베네딕투스가 아니라 그보다 젊은 동시대인으로 540년 칼리브리아에 '비바리움'Vivarium이라고 불리는, 학문 연구에 주안점을 둔 필사실이 있는 최초의 수도원을 설립한 카시오도루스Cassiodorus에서 유래했다. 그리고 엄숙한 전례 준수 전통은 로마 주요 교회들의 정기 예배를 떠받쳤던 거대한 '바실리카' 수도원의 관행에서 유래한다. 6세기와 7세기 점점 더 많은 수도 공동체가 베네딕투스의 「수도 규칙서」를 채택했지만, 그들은 자신들의 전통과 함께 이 규칙서를 활용했다. 동방에서 바실리우스의 '규칙'이 그랬듯, 서방 수도 세계에서 베네딕투스의 「수도 규칙서」는 법이라기보다는 영적 지침이었다. 9세기 초까지 아니아네의 베네딕투스 Benedict of Aniane는 샤를마뉴 제국 전역에 걸쳐 법을 제정하는 방식으로 수도회 개혁을 단행했고, 그 결과 베네딕투스주의Benedictinism는 엄숙한 전례를 중시하는 '바실리카' 수도원 양식과 훨씬 더 밀접한 관계를 맺

---

[39] David Knowles, *The Monastic Order in England: A History of Its Development from the Times of St. Dunstan to the Fourth Lateran Council, 943-1216* (University Press, 1940), 11.

게 되었다. 그러나 이러한 통일은 「수도 규칙서」를 엄격하게 준수하는 것과는 거의 관련이 없었다. 누르시아의 베네딕투스는 9세기 공동체들이 보여 준, 점점 더 길어지는 예식, (10세기-11세기 부르고뉴의 클뤼니 대수도원에서 보인) 전례 자체를 신격화하는 모습을 상상하지 못했다. 당시 수도원들은 「수도 규칙서」와 관습을 결합해 나름의 실천 양식을 확립했다.

　11세기와 12세기 초 급진적인 수도원 개혁가들, 이를테면 로무알두스Romuald, 페트루스 다미아누스Peter Damian, 뮈레의 스테파누스Stephen of Muret 역시 「수도 규칙서」를 유연하게 활용했다. 이들은 규칙서를 현실에 맞게 수정하는 것이 아닌, 규칙서 이면에 있는, 규칙서의 모태가 된 사막이라는 현실로 돌아가고자 했고 (특히 다미아누스의 경우) 엘리야를 그 대표적인 모범으로 여겼다. 그들은 규칙서를 준수하는 것만으로는 "의에 온전히 도달"(73권)할 수 없다는 베네딕투스의 진술을 받아들이고 의식적으로 규칙서 "너머"에 있는 단계들을 진술하려 하는 가운데 더 깊은 침묵, 더 온전한 고독, 더 강도 높은 기도를 상상했다. 다미아누스가 시도한 수도원 개혁에는 저항이라는 수도 운동의 본래 성격을 회복하려는 요소도 있었다. 이를 통해 그는 당시 교회 전반에 걸쳐 일어난 부패, 11세기 중반 교황 그레고리우스 7세Gregory VII가 시행한 개혁과 일부 조치에 대해 반대했다. 당시 교황의 행보에 대한 그의 태도는 복잡했다. 도덕적 해이에 빠진 성직자들을 무자비할 정도로 비난했던 다미아누스는 이를 개혁하고자 했던 교황의 시도 자체에 대해서는 공감하면서도 교황이 교회에 세우려 한 권위는 강압적이고 폭력적이며 지나치게 세상과 닮아있다고 판단한 것 같다. 이러한 맥락에서 급진적인 수도 운동은 과거 사막 수도 운동이 그랬듯 세상뿐만 아니라 세상에 물든 교회에 대한 날카로운 반응이라 할 수 있다. 차이가 있다면, 급진적인 수도원 개혁가들은 교회가 '세상' 정부라는 병행 체제와 분명하게 대조되는 방식으로 자신의 정체성을 엄격하게 추구하고, 그 정체성을 강압적으로 관철하려 하는 움직임 또한 '세상'에 물든 것일 수 있음을 지적했다는 데 있다.

앞서 언급한 이들 중 가장 기이하면서도 독창적인 수도원 개혁자를 꼽는다면 뮈레의 스테파누스를 들 수 있을 것이다. 처음에 그는 은둔 수도사들에게 "모든 규칙의 으뜸인 복음" 이외에 어떤 규칙이라도 제시하기를 거부했다.[40] 이내 규칙을 만들기는 했지만, 널리 통용되고 있는 그 어떤 수도원 생활 양식도 본받지 않고, 언제나 그리스도의 가난과 겸손을 본받으라는 단순한 부름만을 강조함으로써 동시대 사람들을 곤혹스럽게 했다.

11세기 말부터 시토회는 「수도 규칙서」를 정확하게, 헌법이나 법전처럼 "마지막 한 글자까지"ad apicem litterae 지켜야 한다고 주장했고 이러한 개혁은 12세기 전반기에 꽃을 피웠다. 아이러니하지만, 그 결과 베네딕투스가 그렸던 공동체의 생활 방식과는 여러모로 거리가 먼 생활 방식이 탄생했다. 물론 당시 시토회 운동은 수도사가 전례 전문가에서 벗어나 초기의 소박한 면모를 회복하는 데 크게 기여했다. 하

---

[40] PL 204, col. 1024.

지만 과거와 달리 성가대 수도사choir-monk와 상당히 많은 수의 '콩베르시'conversi(글자를 읽을 줄 모르는 평신도 수도사)가 육체노동을 분담했고, '콩베르시'는 주로 땅을 개간하고 경작하는 고된 일을 맡았다. 그 결과 시토회는 빠른 속도로 농업 분야의 전문가가 되었고 커다란 성공을 거두었다.

12세기에 시토회의 수도 운동이 경이로울 정도로 확산될 수 있었던 데는 교육을 받지 못한 이들에게 문호를 열어 사제직을 받기 위해 길고 고된 수련 과정 없이도 수도 생활을 할 수 있게 해 주었던 점이 크게 작용했다. 동시에 당시 교회 생활의 분위기도 시토회가 세력을 넓히는 데 일조했다. 당시 교회는 한계, 정의, 법, 즉 일종의 유사 국가로서 서방 교회의 지위 확보, 전문 교회법 학자들의 법체계 관리, 로마 교황청 내 자체 대법원 및 형사법원의 설립에 관심을 기울이고 있었다. 명확한 헌장, 명확한 규정, 명확한 정체성을 제시할 수 있는 수도회가 힘을 얻기 좋은 시기였던 것이다.

그러나 시토회의 미래가 불확실했던 시기 이 운동에 한 비범한 천재, 클레르보의 베르나르두스가 참여하지 않았다면 그토록 많은 사람이 시토회에 몰려들지는 않았을 것이다. 살아 있는 동안 유럽에서 가장 권위 있는 인물이었던 그는 놀라울 정도로 모순적인 인물이기도 했다. 편협하고, 공정하지 않았으며, 때로는 정치적으로 파렴치한 일들을 벌였고 기이할 정도로 자신의 권위를 확신했지만, 동시에 사랑이 가득했고 연민이 넘쳤으며 겸손했다. 베르나르두스는 세상에 커다란 영향을 미치는 수도사라는 자신의 위치가 기이하기 그지없다는 사실을 통렬하게 인식했다. 그는 온갖 논쟁에 열정적으로 참여했으며 특정 당파를 배타적으로 옹호했지만, 적을 거의 두지 않았으며 미움보다는 깊은 사랑을 불러일으킨 인물이었다. 그리고 클레르보에서 양 떼를 돌보는 목자로 활동할 때 시인, 명상가, 교사로서 베르나르두스는 가장 매력적인 모습을 보였다. 수도사들이 아가에 대한 그의 위대한 설교들을 원문 그대로 보존한 것 같지는 않지만, 그렇다 할지라도 그가 어떠한 방식으로 설교했는지, 어떠한 표현을 사용했는지는 분명하게 알 수 있다.[41] 그의 설교문은 왜 그토록 많은 사람이 이 자부심 넘치고 까다로운 사람에게 이끌렸는지를 가늠해 볼 수 있게 해 준다.

베르나르두스는 따뜻하고 매력 넘치는 사람이었으며 중세 그리스도교 문화를 일군 위대한 인물이었다. 초기 수도회 지도자들과 달리 그는 당시까지는 막강한 권한을 갖고 있던 교황과 연합하여 그리스도교 세계라는 이상을 이루기 위해 비그리스도교 세계와 전투를 벌이는 데 가담했다(그는 제2차 십자군 전쟁을 일으키는 데 도움을 주었고, '기사 수도회'military orders인 성전 기사단과 구호 기사단을 설립하는 데 중요한 역할을 맡았다). 이러한 모습은 평가하기 쉽지 않다. 중세 초기 대다수 이론가가 그러했듯 그는 교회와 세상 사이의 긴장은 그리스도교 세계 안에서는 세속 권력에 바탕을 둔 체제와 종교적 권위에 바탕을 둔 체제의 분리를, 그리스도교 세계 밖을 향해서는 이교도에 맞서기 위해 그리스도교 세계 전체의 사회, 정치적 결집을 지향하는 것으로 드러난다고 여겼

---

[41] 시토회 출판부에서 새로 번역한 클레르보의 베르나르두스 전집 중 제3권에 실린 장 르클레르크Jean Leclerc의 머리말을 참조하라.

다.[42] 그렇다고 해서 베르나르두스가 수도사를 그리스도교 세계의 징표이자 도전으로 보는 옛 견해를 포기한 것은 아니다. 다른 곳과 마찬가지로 그리스도교 세계에서도 수도 생활은 어리석고 이례적인 삶으로 보임을 그는 알고 있었다. 베르나르두스가 내적으로 격렬하게 갈등했던 이유는 바로 이 때문이다. 그에 따르면, 수도사들은 "곡예사와 광대" 같은 존재다.[43] 세상의 관점에서 그들은 땅에 머리를 박은 채 물구나무를 서고 있었다. 그리스도교 세계에 관심을 기울이고 헌신했지만, 그는 그 세계가 궁극적으로 복음이 제시하는 종말론적 전망과는 무관하다는 것을, 자신의 정체성과 소명의 참된 원천은 바로 이 복음의 전망에서 나온다는 것을 알고 있었다. 그는 말했다.

> 나는 기꺼이 돌팔이 역할을 맡을 것입니다. 사람들 보기에는 우스꽝스럽지만 천사들 보기에는 아름다워 보이는 그런 역할 말이지요.[44]

이는 "그리스도를 위한 어리석음"이며, 베르나르두스가 정치 문제에 개입하며 뼈저리게 느낀 부조리함과는 전혀 다른 것이었다. 그의 양심은 침묵하지 않았다. 편지에서 베르나르두스는 자신이 "성직자도 아니며 평신도도 아닌 키메라chimaera"와 같은 존재이며, 방랑하는 선동가

---

[42] 이를테면 다음을 보라. *Letter* 320. 베르나르두스의 편지와 관련해 나는 다음의 영역본을 활용했다. Bruno Scott James(tr.), *The Letters of St. Bernard of Clairvaux* (London: Burns & Oates, 1953)

[43] *Letter* 90.

[44] *Letter* 90.

이자 음모가로 살기 위해 "참된" 수도 생활을 포기했다고 자기 자신을 책망한다. 그의 마음은 다른 곳에 있었다.

베르나르두스의 마음을 이해하기 이해서는 참된 수도자, 압바로서 그의 면모를 분명하게 보여 주는 사목 저술들을 살펴보아야 한다. 이 저술들에는 수도 전통의 핵심 통찰, 그리스도인의 성장에 관한 풍부한 심상이 담겨 있어 중세 그리스도교 영성의 가장 위대한 업적이라 해도 무리가 없다. 아우구스티누스와 더불어 '사랑의 박사'doctor caritatis라 불리는 이답게, 여기서 베르나르두스는 그리스도교에서 말하는 사랑이 무엇인지를 파고든다. 언젠가 성 안토니우스는 말했다.

나는 이제 더는 하느님을 두려워하지 않습니다. 그분을 사랑합니다.[45]

이 같은 맥락에서 그리스도인의 삶을 베르나르두스는 두려워 거리를 두는 데서 사랑으로 가까이 나아가는 것으로 묘사한다. 그가 보기에 인간의 사랑은 어느 정도는 이기적인 두려움을 동반하며 일어난다(베르나르두스는 현실주의자다). 하지만 빨리 이 두려움에서 벗어나야 한다.

하느님께서는 두려움 가운데 우리를 부르시며, 사랑 가운데 우리를 의롭다고 말씀하십니다.[46]

---

[45] *The Sayings of the Desert Fathers*, St. Antony 32.
[46] *Letter* 109.

아가를 다룬 세 번째 설교에서 그는 그리스도의 발과 손과 입에 입 맞추는 단계를 구분한다. 첫 번째 단계, 발에 입 맞추는 단계는 복음서에서 나오는 죄 많은 여인의 입맞춤, 즉 엎드린 채 주께서 베푸시는 용서의 말씀을 기다릴 때 느끼는 두려움을 동반한, 참회의 입맞춤이다. 한참 뒤, 아가 2장 11절부터 12절("겨울은 지나고 … 가지를 쳐야 할 때가 이르렀는데"(현재 성서 역본들은 좀 더 원문에 맞게 "새들 노래하는 계절이 이 땅에 돌아왔"다고 옮긴다)을 주해하면서 그는 말한다.

형제 여러분, 우리는 가지를 쳐야 합니다. 이것이야말로 우리가 해야 할 일입니다. 그러나 좀 더 중요한 것은 우리의 겨울은 끝났다는 사실입니다. "겨울"이 무슨 뜻인지 아시겠습니까? 겨울은 사랑에 자리를 내어주지 않는 두려움을 뜻합니다. 여름은 사랑입니다. 여름이 오면 … 겨울에 내렸던 모든 소나기 … 불안에 잠긴 채 흘리는 모든 눈물을 말릴 것입니다. … 여름에도 소나기는 내리지만, 그 소나기는 달콤하고 부드러운 소나기입니다. 사랑에 흘리는 눈물보다 달콤한 것은 없으니 말이지요. 사랑도 우리를 눈물짓게 합니다. 하지만 이때 흘리는 눈물은 두려움에서 나오는 눈물이 아니라 누군가에게 헌신하는 데서 나오는 눈물입니다. 사랑에 빠졌을 때 우리는 그리움에 눈물 흘리며, "우는 사람들과 함께" 웁니다. 여름의 절정은 사랑입니다. 이 사랑은 "들판에서 피어난 꽃", "들의 백합화"인 예수께서 다시 지상에 나타나시는 부

활의 봄, 그리스도의 봄날에 자라납니다.[47]

그분과 함께 여름이 왔습니다. 새 생명의 계절인 봄, 우리를 얼음장
과도 같은 죽음에서 자유케 하시며 "보라. 내가 만물을 새롭게 하노
라"라고 말씀하시는 분과 함께 여름이 왔습니다. 그분의 육신은 죽음
의 땅에 뿌려졌고 부활로 다시 피어났습니다. 메마른 황무지, 골짜기
의 들판은 그분이 뿜어내는 신선한 향기에 반응해 푸른 벌판으로 자랍
니다.[48]

베르나르두스에 따르면, 하느님께서는 인간에게 존엄성, 앎, 덕을 주
셨기에 인간은 이들을 생각하는 것만으로도 창조주의 사랑에 이끌린
다. 하느님의 은총은 인간 존재를 자유 의지라는 존엄성, 자기 인식,
당신을 찾고 알 수 있는 가능성으로 장식했다.[49] 하지만 그리스도인에
게는 하느님을 사랑해야 할 더 중요하고 분명한 이유가 있다. 그리스
도인은 그리스도께서 달콤함으로 우리를 당신에게로 끌어당기시며,
새로운 생명을 선물을 갖고 계심을 믿는다.[50] 모든 사랑은 감사에 대한
감각, 자신이 무언가를 받았고, 빚지고 있다는 깨달음에서 시작한다.
그러므로 하느님에 대한 사랑은 하느님께서 인류에게 무언가를 주셨

[47] *Sermones*, VIII.
[48] *De Diligendo Deo*, III. 8.
[49] *De Diligendo Deo*, II.
[50] *De Diligendo Deo*, III.

음을 받아들이는 데서 시작한다.[51] 하느님께서 인류에게 주신 가장 커다란 선물, 가장 위대한 사랑의 표현은 성육신한 말씀인 예수다.

어떤 의미에서 이는 "이기적"이다. 하느님께서 '나'를 위해 하신 일에 집중하기 때문이다. 그러나 베르나르두스는 아우구스티누스가 그랬듯 사랑은 자기애라는 기초 없이는 존재할 수 없다고 보았다.[52] 자신을 돌보고 소중히 여기는 법을 알지 못한다면 타인을 돌보고 소중히 여기는 법 또한 배울 수 없다. 그러나 자신만을 돌보고 소중히 여기는 데서 멈춘다면 그 사랑은 '유스티티아'justitia, 즉 조화로움, 공정함, 정확성을 결여할 수밖에 없다. 그리고 이 '유스티티아'는 하느님을 사랑할 때만 나온다. 베르나르두스는 오직 하느님의 빛 안에서만 우리가 자신과 이웃을 올바르게 사랑할 수 있다고 말한다.[53]

베르나르두스의 저작 「하느님의 사랑에 관하여」De Diligendo Deo는 다양한 방식의 자기애에서 시작해 자기애로 마무리되는, 사랑의 성장에 관한 탁월한 분석을 담고 있다. 여기서 그는 하느님의 사랑이 어떻게 우리의 모든 사랑에 스며들어 당신의 사랑으로 인도하는지를 설명한다. 전체 그림은 4중(자기를 위해 자기를 사랑하는 것, 자기를 위해 하느님을 사랑하는 것, 하느님을 위해 하느님을 사랑하는 것, 하느님을 위해 자기를 사랑하는 것)으로 이루어져 있다.[54] 그에 따르면 하느님께서는 자기에게 관

---

[51] *De Diligendo Deo*, V.

[52] *De Diligendo Deo*, VII.

[53] *De Diligendo Deo*, VIII. 25.

[54] *De Diligendo Deo*, VIII-X.

심을 기울이는 우리의 성향을 헤아려 주시고, 우리의 이기적인 요구에 응하심으로써 당신의 '선'을 드러내신다. 그리하여 우리는 아무런 능력도 없는 자기애의 상태에서 우리를 위해 활동하시는 당신의 사랑으로 나아갈 수 있게 된다. 또한, 이 과정에서 우리는 해방되어 다른 사람들을 더 '올바르게' 사랑할 수 있게 된다. 우리의 시선은 넓어지고, 우리의 마음은 (베네딕투스의 「수도 규칙서」 서문 말미에 나오는 표현을 빌리면) "확장"된다. 그렇게 인간의 사랑은 점차 정화된다. 사랑을 받을수록 우리는 더 관대하게, 더 많이 사랑하며 "그리스도에게 속한 것들을 추구"하고, 하느님께서 자유 가운데 베푸시는 사랑 깊은 곳까지 꿰뚫고 들어가려 분투한다. 그리하여 우리 마음은 하느님께서 하시는 활동 때문이 아니라, 하느님이 하느님이시기에, 하느님을 위해, 하느님을 사랑하게 된다. 그러나 여기서 끝나지 않는다. 우리는 우리 자신에게로 돌아와 우리 자신을 다룰 줄 알아야, 하느님을 위해 우리 자신을 사랑하는 법을 익혀야 한다. 이때 사랑은 하느님께서 바라시는 참된 자기애, 즉 우리 자신을 향한 그분의 뜻을 사랑하는 것이며, 그렇기에 내 의지에서 자기를 확대하려는 욕구와 통제에 대한 욕구를 궁극적으로 제거해내는 것이다. 이는 "자기 자신을 비워 거의 무로 돌아가는 것"으로, 이를 통해 우리는 하느님께서 전적으로 우리의 정체성을 결정하시는 활동을 받아들일 수 있게 된다.[55] "이를 느끼는 것이야말로 성화다."[56]

---

55   *De Diligendo Deo*, X. 27.
56   *De Diligendo Deo*, X. 27.

상처 입은 앎 - 그리스도교 신앙의 역사 다시 보기

228

이 단계에서는 하느님의 뜻 외에 다른 누구의 뜻, 의지도 더는 존재하지 않는다. 그리고 그런 점에서 이때 자아는 하느님 안에서 사라진다. 이 부분은 매우 중요하다. 베르나르두스는 하느님과 '나'의 연합을 포도주에 물이 섞이는 것, 불에 쇠가 달구어지는 것에 견주곤 했다. 무한자가 유한한 주체를 흡수한다는 식의 생각을 그는 허락하지 않는다. "당신의 뜻이 이루어지게 하소서"라는 기도는 순수한 사랑의 기도, 한 주체가 다른 주체에게 응답하는 기도로 남는다.

> 인간의 실체는 여전히 그곳에 있을 것이다. 그러나 다른 형태, 다른 영광, 다른 능력으로 있을 것이다.[57]

온 마음과 영혼을 다해 하느님을 사랑하라는 명령은 육신의 욕구에 더는 휘둘리지 않고 몸과 영혼이 완전한 조화를 이룰 때 성취된다.[58] 이제 몸의 필요는 하느님을 향한 마음과 영혼의 열망과 떨어져 있지 않으며 갈망, 영혼의 갈망이 모든 것 위에 있다. 이는 몸을 폄하하는, 혹은 몸을 없어도 좋은 부속물로 여기는 견해와는 거리가 멀다. 베르나르두스는 사람들이 부활할 때, 영혼과 몸이 재결합하기 전까지는 완전한 조화는 이루어지지 않는다고 주장한다. 영혼은 그 자체로는 불완전하기에 몸을 열망한다. 부활하여 영광을 입은 몸이 영혼으로 돌아올 때만 영혼은 자신에게 영향을 미치는 일체의 관심에서 자신을 돌이켜

---

[57] *De Diligendo Deo*, XVIII.
[58] *De Diligendo Deo*, XIX.

하느님을 온전히 열망할 수 있다.[59] 그때 영혼은 비로소 참된 자기 초월이라는 끝없는 길, "결코 만족할 수 없는, 그러나 어떤 불안도 없는 탐색 … 불만과 욕구를 알지 못하는 영원하고 설명할 수 없는 열망"을 향해 나아갈 수 있다.[60] 인간의 영혼은 하느님과 완전히 동일해지거나, 완전히 겹칠 수 없기에 영혼의 이 여정은 끝이 없다.

은총 아래 성숙해진 삶 속에서 하느님과 '나'는 언제나 얼굴을 마주하고 있다.

> 우리가 온 힘을 다해 하느님의 영광을 바라보는 한, 그 영광은 우리를 짓밟지 않을 것non meopprimet입니다. 오히려 하느님께서는 그 영광의 인 imprimar을 우리에게 새기실 것입니다. 그분의 얼굴이 드러나면 그 얼굴을 보는 우리도 너울을 벗어버리고 "영이신 주님"에 의해 그분과 같은 모습으로, "영광에서 영광으로"(2고린 3:18) 나아갑니다. 하느님의 뜻에 우리가 온전히 순종할 때 우리는 변모됩니다. 그러나 자신이 하느님의 뜻에 순종한다고 해서, 그분의 뜻과 우리의 의지가 합치된다고 해서 우리가 그분의 위엄 있는 영광을 닮게 되었다고 생각해서는 안 됩니다.[61]

---

[59] *De Diligendo Deo*, XI. 30-1. 이와 다음을 비교해 보라. *Sermones*, V in Cant. 2.
[60] *De Diligendo Deo*, XXXIII.
[61] *Sermones*, LXII in Cant. 5.

이후 그는 같은 내용을 좀 더 상세하게 이야기한다.[62] 여기서 베르나르두스는 예수와 아버지의 영원한 연합과 우리와 하느님의 연합을 신중하게 구분한다. 아버지와 아들의 연합은 '뜻'의 연합이며, 인간과 하느님의 연합은 의지와 뜻, '의지들'의 연합이다. "인간의 의지와 하느님의 뜻은 본질상 혼동되지 않"는다. "이 연합은 하느님의 뜻과 인간 의지가 나누는 친교, 사랑 안에서의 일치"다.[63] 다른 아가 설교에서 그는 말한다.

> "내가 가장 사랑하는 님은 나의 것, 나는 그분의 것입니다."(아가 2:16) 의심할 여지 없이 이 구절은 두 인격 사이에서 이루어지는 상호 사랑을 표현하고 있습니다. 이러한 사랑에서 우리는 최상의 행복, 경이로운 겸손dignatio을 봅니다. 이러한 사랑은 동등한 자리에 있는 이들이 서로의 뜻에 동의하거나, 그러한 자리에서 서로 포옹하는 것이 아니기 때문입니다.[64]

이렇게 베르나르두스는 특정 인간이 절대자 안에서 사라진다고 보는 왜곡된 관점뿐만 아니라, 인간이 자신의 수준에서, 자신이 완전히 파악할 수 있는 존재로 하느님을 마주할 수 있다는 생각도 거부한다.

니사의 그레고리우스에게 그랬듯 베르나르두스에게도 은총의 삶은

---

62 *Sermones*, LXII in Cant. 5-10.
63 *Sermones*, LXII in Cant. 9-10.
64 *Sermones*, LXVII in Cant. 8.

광활하고도 새로운 세계로 들어가는 것이다. 그러나 베르나르두스는 우리가 이 삶으로 돌이켰을 때, 새로운 빛과 새로운 관점 아래 마주하게 되는 것은 (그레고리우스가 보았듯) 복이 스며들어 있는, 혹은 복을 품고 있는 어둠이 아니라 그리스도 안에 있는 하느님의 얼굴이라고 보았다. 그렇게 그는 피조물이라는 현실이 의미가 있음을, 그 삶과 이야기에 가치가 있음을 옹호한다. 피조물인 '나'는 하느님께서 영원히 찾으시고 만나 주시며 사랑하시는 존재이자, 하느님이 당신의 얼굴을 보시듯 바라보시는 얼굴을 지닌 존재다.

「하느님의 사랑에 관하여」는 간결하게, 「아가 설교」Sermones in Cantica Canticorum는 한결 더 광범위하게 논의를 담고 있지만, 결국 두 저작에서 베르나르두스가 다루는 것은 동일한 운동, 즉 우리에게 다가오는 하느님의 사랑에 점점 더 크게 마음의 문을 열어 무언가를 소유하려는 경향을 지닌 '나'의 사랑을 정화하는 운동이다. 이러한 면에서 그리스도를 닮는 겸손이라는 주제가 그의 「아가 설교」(이를테면 XI. 7-8, XXV. 8-9, XXVII 곳곳)와 편지(이를테면 151)에 반복해 등장한다는 사실, 또 다른 저작인 「겸손의 단계」De Gradibus Humilitatis의 핵심 주제라는 사실은 그리 놀랍지 않다. 「하느님의 사랑에 관하여」는 천국에서 열린 연회에서 그리스도께서 식사 시중을 들기 위해 나오는 장면으로 끝을 맺는다.[65] 이를 통해 베르나르두스는 충만한 겸손, 사랑의 겸손을 표현하려 했다. 그에 따르면, "사랑에 의해 영감을 받은, 불타오르는 겸손"과 "진리에

---

[65] *De Diligendo Deo*, XI. 75.

의해 우리 안에서 생성되었으나 따뜻함은 없는 겸손"은 다르다.[66] 자신에 대한 정확한 앎은 그를 겸손하게 만든다. 그러나 이는 그리스도께서 우리에게 보여 주신 절정의 겸손, 그 모범과는 아무런 관련이 없다. 베르나르두스는 하느님의 가족이 되려면 먼저 우리 자신을 알아야 한다고 말하지만, 이는 '나'를 포함한 사물과 사태가 어떤 모습으로 있는지를 정확히 아는 것일 뿐이다.[67] '자신에 대한 앎' 그 자체는 자유가 없기에 사랑을 구성하지 않는다. 그리스도께서는 "그 모습이 자신이 아님을 아셨으면서도 종의 모습으로 겸손하게 자신을 드러내신 이유는 그분의 뜻에 따른 것이지 그분의 판단에 따른 것이 아니"었다.[68] 그리스도께서 보여 주신 겸손은 그분이 자신을 나누어 줄 이유가 없는 정죄당한 이들, 고통받는 이들과 자신을 완전히, 기꺼이 동일시한 것이다. 하느님께서는 바로 이 운동, 당신의 뜻에 바탕을 둔 움직임을 본받으라고 우리에게 명령하셨다.[69] 베르나르두스는 자신에 관한 진실을 알게 되었을 때, 그 앎이 아무리 굴욕적이라 할지라도 받아들이고, 이를 알게 되었음을 기뻐하고, 사심 없이 섬기고 사랑하라고, 그리고 이에 따르는 대가와 고통을 받아들이라고 말한다. 이 겸손의 긍휼 compassio은 그리스도의 신부 가슴 사이에 있는 향기로운 몰약이다.[70]

이제 베르나르두스는 자연스럽게 순종에 대해 논의한다.

---

[66] *Sermones*, XLII in Cant. 6.

[67] *Sermones*, XXXV-XXXVII 곳곳.

[68] *Sermones*, XLII. 7.

[69] *Sermones*, XLII. 8.

[70] *Sermones*, XLII. 11.

하느님을 위해 모든 인간, 수도회에서 최고 권위를 지닌 아빠스, 그가 임명하는 상급자에게 순종하지 않으면서 자신은 하느님에게 순종한다고 말한다면, 그건 별다른 소용이 없습니다. 저는 더 나아가 당신에게 권고합니다. 당신과 동등한 위치에 있는 이들에게 순종하십시오. 그리고 후배들minoribus에게도 순종하십시오.[71]

바실리우스보다, 나아가 베네딕투스보다 더 분명하게 베르나르두스는 수도 생활의 참된 가르침(모두가 서로에게 순종하고 섬기는 것, 그리고 겸손한 사랑)이 무엇인지를 드러냈다. 이는 그가 다른 설교에서 한 이야기, 다른 사람에 대한 판단을 자제하고 남과 자신을 비교하는 행동을 삼가라는 권고와 결코 무관하지 않다.[72] 베르나르두스에 따르면, 타인을 진실로 섬기는 일은 자신의 지위와 성취가 중요하지 않음을 알고 있을 때만 가능하다. 그리고 이를 위해서는 타인을 엿보고, 조사하고, 판단하고, 분류하기를 거부하는, 인간의 연약함을 너무나도 잘 알기에 언제나 타인의 행동에 대해 최선의 해석을 내릴 수 있는 "정신과 영혼의 고독"이 필요하다.[73] 한 편지에서 그는 자신이 죄인이기에 다른 죄인들을 혐오하며 움츠러들 필요가 없다고 말한다.[74] 이는 '자기 이웃에 대해 죽는다'는 사막 교부들의 이야기를 베르나르두스 나름대로 해

---

[71] *Sermones*, XLII. 9.

[72] *Sermones*, XXXVII. 7, XI. 5.

[73] *Sermones*, XL. 5.

[74] *Letter* 108.

석한 것이라 할 수 있다. 하지만 그는 하느님과 이웃을 사랑하기 위한 "고독"이라는 개념을 독특한 방식(초기 수도 문헌 가운데서는 매우 드문 방식)으로 확장하고 풍요롭게 했다. 바실리우스와 마찬가지로 베르나르두스도 은둔 수도사를 싫어했다.[75] 하지만 그는 '고독'이 수도 생활, 그리스도를 닮아가는 과정의 핵심임을, 그리스도인의 삶의 종점이 아니라 출발점임을 깊이 알고 있었다.

아우구스티누스와 마찬가지로 베르나르두스는 망상을 정복하고, 궁핍하고 혼란스러우며 조건화된 자신을 있는 그대로 보아야 한다고, 훨씬 더 넓은 관계의 망에 자신을 놓고, 자신의 의존성과 불충분함을 반성하며 현실을 끌어안고, 그에 따라 행동해야 한다고 뼈아플 만큼 강렬히 주장했다. 의식하든, 의식하지 않았든 그는 집착에 가까울 정도로 인간의 타락, 인간의 무력함에 관심을 기울이는 아우구스티누스 전통과 인간의 자유 의지, 정화를 강조하는 동방 수도 전통을 결합해 사랑, 연민, 섬김에서 나오는 두 가지 진리에 대한 겸손이라는 모형을 제시했다. 이는 자아가 자신에 대한 통제의 중심이 아니라는 깨달음을 통해 성장한다. 내가 처한 상태, 내 의지의 연약함을 철저히 자각할 때 내 의지는 마비되지 않고 해방되며 사랑 안에서 적절하게 움직일 수 있게 된다. 베르나르두스는 결단이라는 요소, 사랑과 섬김과 순종을 끊임없이 이어가려는 자발적인 의지를 아우구스티누스보다 더 중시했다. 그가 수도 운동이라는 전통 아래서 말한다는 점을 생각하면 충

---

75   이를테면 다음을 보라. *Letter* 118.

분히 이해할 수 있다. 수도 운동은 매일 자신을 돌이키는 일이 지극히 무미건조하게 이루어진다는 점을, 달리 말하면 사소한 일상에서, 다른 인간과 더불어 살아가는 가운데 기쁘거나, 슬프거나, 활기차거나, 피로하거나 끊임없이 하느님을 향해 나아가야 한다는 점을, 그렇게 결단해야 한다는 점을 강조했다.

아우구스티누스의 비범함은 하느님의 폭력적인 아름다움에 산산이 조각나는 신자의 모습, 그러면서도 그 아름다움에 이끌리는 신자의 모습을 온전하고도 포괄적으로 묘사했다는 데 있다. 그리고 고전적인 수도 운동의 비범함은 하느님의 폭력적인 사랑, 삶을 재구성하는 사랑에 다가가기 위해서는, 이 전망에 충실하기 위해서는 끊임없이 노력을 기울이고, 지루한 과정, 고된 규칙이라는 현실을 감내해야 한다는 것을 꿰뚫어 보았다는 데 있다. 이 전통들 위에서, 그리고 이 전통들을 엮어 베르나르두스는 그의 형제들이 수도원에서 함께 살아가며 '자신의 성찰'이라는 빵을 떼고 나눌 때 저 신랑의 헤아릴 수 없을 만큼의 달콤한 사랑을 찾도록 이끌었다. 여기에 그의 비범함과 특별함이 있다.

> 나그네살이하는 이 순례길의 집에서 주님의 율례는 나의 노래가 되었습니다. (시편 119:54)[76]

---

[76] 이 번역은 베르나르두스가 사용한 번역을 그대로 가져왔다. 다음을 보라. *Sermones*, I in Cant. 9.

06
—
탈자, 그리고 이해

디오니시우스의 유산

이해와 사랑이 함께한다면, 그리스도교 전통에서 "앎의 신비주의"가 "사랑의 신비주의"와 반대된다고 본다는 견해는 지나치게 단순하다. 앞에서 우리는 클레멘스, 오리게네스, 에바그리우스를 순전한 '주지주의자'로 보는 것이 얼마나 어려운지를 살펴본 바 있다. 그들은 모두 하느님께서 '구원에 관한 진리'가 아닌 희생하는 사랑이라는 운동을 통해, 관계를 구원하심으로써 자신을 드러내신다고 믿었다. 그렇기에 하느님께서 당신을 드러내시는 방법을 체계적으로 이야기하려고 할 때 그분에 관해 "알 수 있는" 측면, 활동과 그분을 "사랑할 수 있는" 측면, 활동은 결코 분리되지 않는다. 니사의 그레고리우스로 대표되는 교부들은 본질적으로 교회 안에서 그리스도와 일치함으로써, 그분의 사랑의 활동을 나눔으로써 하느님을 알 수 있다고 보았다. 그리스 교부들, 그리고 그들의 후계자들이 하느님의 '본질'essence, '우시아'οὐσία 를 알 수 있다는 생각을 극구 피하려 애쓴 것은 하느님께서 인간에게 자신을 주시려는 사랑의 의지가 없다면 우리는 결코 그분을 알 수 없다고 확신했기 때문이다. 하느님에 대한 중립적인 이야기, 달리 말하면 "하느님에게 참여하지 않은 상태"에서 우리는 하느님에 관해 이야기할 수 없다. 또한, 하느님으로부터 떨어져서, 거리를 두고 하느님에 관해 내릴 수 있는 정의란 있을 수 없다. 하느님의 '본질'을 아는 것을 두고 동방 신학은 이러한 입장을 보였고, 현재도 그러하다. 이는 동방 신학자들이 왜 그토록 하느님의 본질('에센티아'essentia)에 관한 서방 교회의 시각, 특히 중세 서방 신학자들의 논의들에 적대감을 느꼈는지를 알려 준다. 물론 서방 신학자들에게도 '본질'이라는 말은 그렇게 노골적으로 주지주의적인 개념이 아니었다. 하지만 이 말이 비잔티움 신학자들에게 얼마나 도발적으로 들렸을지를 헤아려 보기란 그리 어렵지 않다.

흥미롭게도 동방 교회와 서방 교회가 하느님에 관한 앎을 다룬 방식은 모두 아테네에서 바울을 만나 그리스도교로 개종한 디오니시우스 아레오파기타Dionysius the Areopagite가 썼다고 알려진, 몇 편 되지 않는 저술들(이른바 '아레오파기타 전집'Corpus Areopagiticum)의 영향을 받았다. 16세기까지 그 진위에 심각한 도전을 받지 않았던 이 저술들은 사도의 글에 가까운 권위를 누렸다. 저명한 러시아 정교회 신학자 존 메이엔도르프John Meyendorff는 동방 교회에서 이 저술들의 영향력은 제한적이었다고 여러 번 주장했지만, 이 저술들이 오랜 기간 엄청난 영향력을 행사한 건 사실이다. 이 저술들을 처음 인용한 글이 533년에 등장했다는 사실을 감안하면, 그리고 카파도키아 교부들뿐만 아니라 (486년에 죽은) 아테네의 신플라톤주의 철학자 프로클루스Proclus의 저술을 참고한 것으로 보인다는 점을 감안하면, '아레오파기타 전집'은 5세기 말 혹은 6세기 초의 작품일 확률이 높다. 이 저술들은 그리스어로 기록되었지만, 매우 특이하고 거친 그리스어이며, 이상한 어구, 새로 만든 단어들로 가득 차 있다. 저술 장소가 시리아라는 데는 학자들의 의견이 대체로 일치한다. 이 익명의 저자는 451년 칼케돈 공의회에서 합의한 "신앙의 정의"에 불만을 품고 비잔티움 교회에서 이탈한 세력에 동조한 것으로 보인다. 이 세력은 그리스도 안에는 신성과 인성이라는 두 본성(퓌시스φύσις)이 혼합되거나 융합되지 않은 채 존재한다는 칼케돈 공의회의 결정을 거부했기 때문에 일반적으로 (편향된 표현이기는 하나) "단성론자"monophysite라고 불린다. 단성론자들은 그리스도는 신성과 인성을 모두 지닌 통일된 '본성'을 지닌다고 주장했으며, 위僞디오니시우스(이 장에서는 디오니시우스로 표기)의 저술들은 분명 이런 견해를 반영한다. 동, 서방 교회에 거대한 영향을 미친 저술가가, 그에게 가장 많은 영향을 받은 이들의 기준에 따르면 이단자이자 분열주의자였다는 사실은 아이러니하다.

'아레오파기타 전집'에 속한 저술들은 모두 한 가지 물음을 다룬다. '하느님은 어떻게 자신의 생명을 피조물과 나누시는가?' 이와 관련해 「천상 위계」De Coelesti Hierarchia, 「교회 위계」De Ecclesiastica Hierarchia에서는 천상과 지상이라는 실재를 하느님이 자신의 생명을 위계라는 계단을 따라 아래로 보내는 구조로 설명한다. 위계의 최상단에는 세라핌, 케루빔, '보좌들'이라는 최고 천사 계층이 있다. 주교, 사제, 부제로 이루어진 "우리의 위계", 즉 지상 교회의 위계는 하늘의 질서를 반영하며, 전례는 수도사, 평신도, 예비 신자와 같은 "입문자들"initiates에게 "지성으로 알 수 있는 실재"에 대한 상징을 제시한다(신플라톤주의자들처럼 디오니시우스는 모든 곳에서 '3'이라는 숫자에 집착한다).[1] 메이엔도르프는 이러한 논의가 성사sacrament로서 교회의 삶을 개인이 깨달음을 얻는 체계로 축소했다고 지적한 바 있다.[2] 그의 지적대로 디오니시우스가 제시한 원리가 동, 서방 그리스도교 전례에 미친 영향은 아무리 좋게 보아도 양가성이 있다. 양쪽에서 나름대로 교정하려 노력했음에도 불구하고 디오니시우스의 영향 아래 성사를 일종의 구경거리로 보는 관점이 널리 퍼졌고 대중화되었다. 중세 시기 다수가 알지 못하는 라틴어로만 성찬을 집전해 성찬 참석률이 감소한 것도 이와 관련이 있다.

디오니시우스 사상의 전체 구조는 5세기 아테네에서 발전한 정교한 신플라톤주의 체계에서 유래한다. 그리고 상징성 있는 사물들과 성스러운 의식을 통해 "지성으로 알 수 있는" 세계로 상승한다는 원리는 헬레니즘에 바탕을 둔 종교의식에서 흔히 발견된다. 이러한 점에서 위계에 기초한 디오니시우스의 논의는 지엽적인 부분을 지나치게 강조

---

[1]   *De Ecclesiastica Hierarchia*, III. 3, V. 7 등.

[2]   John Meyendorff, *Christ in Eastern Christian Thought* (New York: St Vladimir's Seminary Press, 1975), 104-6. 그리고 다음을 보라. John Meyendorff, *Byzantine Theology: historical Trends and Doctrinal Themes* (New York: Fordham University Press, 1974), 201-3. 『비잔틴 신학』(정교회출판사)

하는 측면이 있다.

그러나 '전집'에는 중요한 그리스도교적 요소가 있다. 「교회 위계」
(I. 4)에서는 잠깐, 그리고 「신명론」De Divinis Nominibus에서는 많은 부분에
걸쳐 그는 참여의 구조가 '자연스러운(본성에 따른)' 사실일 뿐만 아니
라 하느님의 자발적인 '선'에 근거하고 있음을 강조한다. 신플라톤주
의에서는 일자—者가 다양성과 참여로 나아가는 것이 자연스러운 일이
지만, 디오니시우스의 하느님은 자신을 나누어주기를 '갈망하신다'. 이
러한 맥락에서 '전집'의 정교하면서도 기발한 전체 질서는 궁극적으로
사랑에 의존한다고 할 수 있다. 이 사랑이 '전집'의 그리스도교적인 내
용을 채운다. 하느님은 하느님이시기에 "언어, 직관, 존재"를 모두 초
월하시며, 그렇기에 사물의 질서 안에 포함되시지 않는다(사물, 혹은 '존
재'being는 유한하고 정의할 수 있는 생명을 가리키기 때문이다).[3] 사물이 존재하
는 방식으로 '존재'한다고 하기에 하느님은 너무나 실재하신다. 그렇
기에 우리는 그분의 실재를 영원히, 온전히 파악할 수 없다. 그러나 하
느님은 다양한 활동을 통해 자신에게서 "나오신다". 그렇게 하느님께
서는 피조물들에게 자신을 드러내시고, 피조물들이 자신에게 참여할
수 있게 하신다. 이 움직임들은 모두 영혼을 하느님께로 인도하는 '아
날로기아'ἀναλογία, 즉 '유비'이며 이로써 인간은 하느님에 관해 이야기하
거나 그분에게 이름을 붙일 수 있게 된다. 이러한 맥락에서 만물의 초
월적 근거는 이름이 없는 동시에 모든 이름을 소유하고 있으며 어떤

---

[3]   *De Divinis Nominibus*, I. 1.

술어도 이 근거에 명료하게 적용되지 않지만, 동시에 모든 술어가 이 근거에 속한다.[4] 그렇다면 하느님에게 적용할 수 있는 참된 술어가 있을까? 디오니시우스에 따르면 '선'이다. 모든 술어는 이 근본적인 활동 덕분에 하느님에게 적용될 수 있기 때문이다. '선'은 그분에게서 나오는 모든 활동을 가리키는 이름이다.[5] 우리가 하느님을 "갈망"하듯, 그분은 영원히 자신을 내어주기를, 그리고 사랑받기를 '갈망'하시기에 자신을 피조물에게 나누어 주신다. 디오니시우스는 흥미롭게도 이 그나티우스가 한 말("나의 갈망(에로스ἔρως)이 십자가에 못 박혔다")을 인용해 이 신성한 갈망, 혹은 사랑이 하느님에 관한 모든 이야기의 기초가 된다고 주장한다.[6] 창조의 순간, 하느님께서는 "탈자脫自"('에크스타시스ἔκστασις, 문자 그대로의 의미는 '바깥에 머물러 있음'이다)를 통해 자신에게서 나오신다. 하느님께서 '탈자'하신 이유는 인간 존재들의 '탈자'를 불러일으켜 사심 없는 사랑으로 응답하고, 그들이 자기가 아닌, 하느님에게 속하도록 하기 위해서다. 따라서 창조 질서에는 하느님의 사랑과 인간의 사랑, 갈망과 탈자의 끊임없는 순환이 있다.[7]

디오니시우스의 이러한 주장은 신플라톤주의자나 정통 그리스도교인들이 (설령 그들이 이러한 주장을 적극적으로 반대하지는 않았다 해도) 문제가 많다고 여겼을 용어를 하느님에게 적용했다는 점에서 매우 놀랍고

---

[4] De Divinis Nominibus, I. 7.

[5] De Divinis Nominibus, III. 1.

[6] De Divinis Nominibus, IV. 12.

[7] De Divinis Nominibus, IV. 13-14.

인상적이다. 그는 모든 그리스도교 담론과 그리스도교 신앙에 바탕을 둔 모든 경험의 토대에 사랑하고 사랑받고자 하는 하느님의 열망을 놓았다. 언젠가 세바스천 무어Sebastian Moore는 말했다.

> 요즘 나는 '하느님의 뜻'이라는 관념이 적절하지 않다고 느낀다. … 그 분이 우리 삶 가운데서 하느님으로서 있기를 바라신다는 것을 가리키는 다른 말이 있으면 좋겠다.[8]

무어의 이 말은 디오니시우스의 말과 비슷해 보인다. 사랑하고자 하는 하느님의 의지에 대한 디오니시우스의 강조는 그의 전체 그림이 "탈플라톤화"de-plationize할 수 있게 해 준다. 하지만 그가 이러한 의지를 예수 그리스도와 관련된 어떤 생각들과도 연결하지 않으며, 하느님의 '선'에 대한 계시가 무차별적인 방식으로 나타나는 것처럼, 전체 창조 질서의 한 기능처럼 여기는 것도 사실이다. 삼위일체에 관한 디오니시우스의 발언 역시 당혹스럽다. 한 구절에서 그는 분명하게 삼위일체의 위격들이 태초의 통일체에서 발현된다고 말한다.[9] 비록 하느님에게서 최초로 나왔다고('프로오도이'πρόοδοι) 할지라도 이들은 한 분 하느님을 가리키는 "이름들"이다. 달리 말하면 하느님이 자신을 드러내시는 여러 형태에 속한다는 것이다. 마찬가지로 「신명론」말미에서 그는 하느

---

[8] Sebastian Moore, 'Some Principles for an Adequate Theism', *The Downside Review*, July 1977, 206.

[9] *De Divinis Nominibus*, II. 4 이하.

님이 무엇이 아닌지 길게 서술하며 그분은 '일자'도 아니며 "우리가 이해하는 대로" "삼중이신 분(트리아스ʹτριάς)"도 아니라고 말한다. 그렇기에 디오니시우스가 삼위일체를 하느님의 내적 실재로 여기기보다는 하느님이 자신을 나누어 주시는 방식 중 하나로 여겼다는 결론을 피하기는 어렵다. 여기서 하느님께서 우리와 연합하심의 절정이 우리가 그분의 자녀가 되어 그분과 친밀한 일치를 이루는 것이라는 생각은 불가능하다. '전집'에서 「신명론」 다음에 나오는 글인 「신비 신학」De Mystica Theologia에는 어렴풋하게나마 하느님과의 연합에 관한 상像을 제시하려는 의도가 담겨 있지만, 글 전반에 걸쳐 절대 부정absolute negation의 언어가 쓰였기에 분명한 신학적 관점을 도출해내기는 어렵다. 하지만 인간이 자기에게서 벗어나 '신성한 어둠'으로 들어가기 위해서는 모든 감각 경험뿐만 아니라 모든 '종교적' 경험과 이해 역시 버려야 한다는 이야기는 니사의 그레고리우스를 떠올리게 하고 십자가의 요한John of the Cross을 예고한다는 점에서 인상적이고 매우 중요하다. 하지만 여기서 (니사의 그레고리우스 및 십자가의 요한과 달리) 그는 하느님과의 연합한 상태('경험'이 아니다)에 관한 신학적 근거를 제시하지는 않는다.

동방과 서방의 디오니시우스 주석자들은 디오니시우스의 양가성을 완화하고 그의 핵심 통찰을 좀 더 분명하게, 그리고 좀 더 신학적으로 발전시키는 작업을 이어갔다. 동방 쪽 주석자 중 가장 대표적인 신학자는 645년 세상을 떠난 스키토폴리스의 '고백자'(신학 논쟁이 이루어졌던 시기 타협하지 않고 고문을 받았기에 이렇게 불린다) 막시무스Maximus of Scythopolis다. 그는 동방 그리스도교의 가장 위대한 체계적 사상가라 할 수 있을 것이다. 막시무스는 그리스도를 중심에 두면서도 형이상학적으로 매우 심오한 신학을 만들어냈으며, 이 신학은 오늘날까지(특히 지난 30년 동안) 동방 정교회 교의학에 커다란 영향을 미치고 있다. 그는 '상호 교류', 혹은 '상호 운동'을 뜻하는 '페리코레시스'περιχώρησις 개념을 발전시켜 예수의 신성과 인성의 관계를 설명했고, 이 운동이 '케노시스'κένωσις, 즉 자기 비움self-emptying의 하나라고 이야기했다.[10] 영원한 말씀은 먼저 인간이 되기 위해 자신의 신성을 비우셨고, 인간이 되신 다음에는 인간의 본능에 해당하는 정념들을 비우시며 고난과 죽음을 받아들이셨다. 하느님이 하신 자기 비움에 응답하는 차원에서, 인류는 그분이 인간으로서 하신 '자기 비움'에 참여하도록 부름 받았다. 그분이 하신 일을 헤아려 보기 위해 우리는 우리의 삶을 비워 나가야 한다.[11]

> 정념들을 비워나갈 때, 인간은 하느님의 생명을 자신의 생명으로 만들 수 있다. 하느님께서 은총을 베푸심에 따라, 그분의 말씀이 성취한 것과 같은 정도로. 하느님의 말씀은 진짜 인간이 되셨을 때 자신이 본래 지닌 순수한 영광만큼 자신(의 신성)을 비우셨다.[12]

사랑에 기초한 하느님의 '자기 비움', 자신의 본성을 벗어나 인간이 되

---

10 Disputatio cum Pyrrho, PG 91, 337C, 344-8. 그리고 Ambiguorum Liber, PG 91, 1040, 1049-1052, 1060A 등.

11 Capita Theologica et Oeconomica I. 55, PG 90, 1104 BC.

12 Orationis Dominicae Expositio, PG 90, 988.

탈자, 그리고 이해

247

시는 '탈자'에 인간은 사랑, 그리고 자기에게서 벗어나 하느님의 생명으로 나아가는 '탈자'로 응답해야 한다.[13] 막시무스에 따르면, 인간의 운명은 은총으로 말미암아 하느님과 본성이 같은 존재가 되는 것이다.[14] 이는 성령이 우리 안에 머무심으로써, 그분이 우리 안에서 그리스도의 아들됨을 실현하심으로써 이루어진다.[15]

이렇게 막시무스는 디오니시우스의 사변들에 분명한 그리스도론의 토대를 놓았다(또한, 그는 영원한 말씀에 따른 창조라는 그리스도교 교리로 디오니시우스가 말한 '위계'에 좀 더 분명한 의미를 부여했다). 이 같은 맥락에서 막시무스에 관한 탁월한 연구서 『고백자 막시무스가 바라본 세상과 교회』Le Monde et l'église Selon Maxime le Confesseur를 쓴 알랭 리우Alain Riou는 그가 오리게네스, 니사의 그레고리우스의 역동적이고 인격적인 접근과 디오니시우스의 정적이고 상징적인 심상을 종합했다고 주장했다.[16] 실제로 막시무스의 그림은 '자연적인 것'the natural과 '인격적인 것'the personal 사이의 균형을 유지한다. 역동성을 강조하는 오리게네스주의의 그림은 불안정을 미화할 수 있고, 위계를 강조하는 디오니시우스의 그림은 사물의 질서에서 하느님과 인간의 중요성을 배제할 수 있다. 막시무스는 그리스도의 인격과 두 본성의 관계를 섬세하게 다룸으로써 진정한 화해의 가능성을 열었다. 앞서 언급한 리우의 구분은 지나치게 깔끔하지

---

[13] *Quaestiones ad Thalassium* 64, PG 90, 724B-728D. 그리고 *Orationis Dominicae Expositio*, PG 90, 877A-880A.

[14] *Ambiguorum Liber*, PG 91, 1308B.

[15] *Ambiguorum Liber*, PG 91, 1345-1348.

[16] Alain Riou, *Le Monde et l'Église selon Maxime le Confesseur* (Paris: Beauchesne, 1973), 38-39.

만, 분명 막시무스 저술들의 중요한 특징을 가리키고 있다. '은총의 형이상학'metaphysics of grace이라 부를 수 있는 그의 저술들은 모두 진지하게 실재의 구조를 다루며 그 중심에는 그리스도 안에서, 그리스도를 통해 이루시는 하느님의 자유로운 사랑, 십자가에서 자기를 내어주시는 활동이 있다.

토마스 아퀴나스(1225년경-1274년)

누군가는 '탈자'의 신학자들을 다루는 장에서 어떤 면으로 보든 길고, 그만큼 단조로워 보이는 글을 썼던 토마스 아퀴나스를 다루는 것을 이상하게 여길지도 모르겠다. 하지만 이는 아퀴나스에 대한 오해이자 '탈자'라는 개념에 대한 오해에서 나온 반응이다. 아퀴나스 사상의 핵심은 일종의 '페리코레시스', 즉 각 용어가 다른 용어에서 일종의 생명, 혹은 존재를 갖는 관계의 가능성을 모색하는 것이기 때문이다. 이러한 맥락에서 「신학대전」Summa Theologiae 전체를 관통하는 주제가 사랑('카리타스'caritas)이라는 말은 옳다. 아퀴나스가 이 방대한 저작을 쓴 근본적인 목적은 창조주와 유한한 실재의 간극을 메우는 데 있기 때문이다.

> 사랑은 사랑의 대상이 '사랑하는 이' 안에 존재하게 하고, 그 역도 성립하기에 사랑의 효과는 서로에게 깃드는 것으로 보아야 한다.[17]

---

[17] *Summa Theologica* I. 2ae. 28. ii. concl.

아퀴나스에 따르면, 사랑은 사랑하는 이가 자기 밖으로 나온다는 점에서 '탈자'를 수반한다. 그리고 참된 '탈자'는 소유욕에 기반을 둔 사랑의 움직임, 즉 자신을 위해 상대로부터 무언가를 얻기 위해 상대에게 나아가는 움직임이 아니라, 사랑받는 이가 잘 되기를 온 마음으로 바라며, 이를 위해 자기 밖으로 나오는 것이다.[18] 이러한 사랑의 탈자적 특성을 언급하며 그는 "하느님의 사랑은 탈자를 낳는다", "하느님께서도 사랑으로 인해 탈자를 경험하신다"는 디오니시우스의 말을 인용한다.[19] 모든 사랑은 하느님께서 베푸시는 사랑을 닮았고 그분의 사랑에 참여하기에 탈자를 일으킨다.

이 같은 맥락에서 아퀴나스가 '탈자의 이론가'라는 말은 틀리지 않았다. '탈자'라는 말 자체는 매우 드물게 나오지만, "타자 안에서의 현존"이라는 관념은 그의 저술 전반의 중심을 이루고 있다. 여기서는 이 관념이 앎, 특히 종교적 (체험을 통한) 앎에 관한 아퀴나스의 논의에 어떤 영향을 미치는지를 살펴보겠다.

아퀴나스가 '지성'intellectus, 그리고 '지적인'intellectualis이라는 표현을 쓴다는 이유를 들어 현대 독자들은 그가 건조한 체계를 세우려 했다고 생각하는 경향이 있다. 인간이 "지적인" 본성을 지니고 있다는 측면에서 하느님의 형상이라고 말할 때, 관조란 근본적으로 '지적인' 활동이라고 말할 때 아퀴나스는 그리스 사상에 물든 완고한 체계를 제안했다

---

18   *Summa Theologica* I. 2ae. 28. iii. c.

19   *Summa Theologica* I. 2ae. 18. iii. contra.

고 보는 것이 자연스러워 보인다.[20] 하지만 그에게 '지성'은 풍부한 뜻을 지닌, 포괄적인 말이었다. 아퀴나스가 말한 '지성'을 단순히 '추론하는 지적 능력'으로 받아들이면 그의 전체 사상을 완전히 오해하게 된다. 그가 '지성'이라는 말을 쓸 때, 이는 주로 받아들이고, 반응하는 인간의 능력을 가리킨다. 인간은 자신이 마주한 현실을 "이해할 수 있는 형태"로 받아들일 수 있고, 질서와 구조를 분별할 수 있다. 그리고 자신이 마주한 대상들에 참여하고 일정한 의지를 가지고 반응할 수 있다. 이러한 맥락에서 '지성'은 포괄적인 의미의 '이해'를 뜻한다. 사랑하는 이와 사랑받는 이가 연합하듯 이해는 알고자 하는 이와 알려지는 대상의 연합을 포함한다. 지성을 통해 대상은 주체로 전환되며 (사랑에서 그 절정에 이르는) 의지는 주체를 대상으로 전환함으로써 이를 보완한다. 주체는 대상 그 자체를 지향하기 때문이다.[21]

의지가 선을 열망하듯, 지성은 진리를 열망한다. 하느님의 의지에 대한 중요한 논의를 담고 있는 「신학대전」 1부 제19문제에서 그는 의지와 이해는 분리될 수 없음을 분명히 드러낸다.

의지는 이해에서 나온다. 자연의 사물들이 그들의 자기 형태를 통해 행동하듯 이해는 이해하는 이가 이해할 수 있는 형태를 통해 행동한다. 모든 사물은 자신의 본성에 맞는 형태를 취하려는 성향이 있으며, 그 형태를 소유하지 않았을 때는 그 형태를 소유하기를 지향하고, 형

---

[20] *Summa Theologica* I. 93. 그리고 *Summa Theologica* I. 2ae. 180. i. concl.
[21] *Summa Theologica* I. 16. I. c., 83. iii. c., II. 2ae. 66. vi. ad. I 등.

태를 소유하면 그 안에서 안식한다. … 이해도 마찬가지다. 이해도 자신과 관련된 선을 지향한다. 즉, 자신에게 적절하고 유익한 것을 이해할 수 있는 형태로 파악하여 이를 가졌을 때는 그 안에서 안식하고, 이를 갖고 있지 않으면 이를 추구한다. 둘은 모두 의지와 관련된 활동이다. 따라서 이해력이 있는 모든 것은 의지를 갖고 있다.[22]

이해는 주체와 대상의 관계, 대상을 향한 주체의 움직임을 포함하기 때문에, 현대 토마스주의자들의 표현을 빌리면 '지향성'intentionality을 포함하기 때문에 의지와 관련이 있다. 그리고 의지는 본질상 욕망, 받아들임, 가치 평가와 같은 사랑에 포함된 모든 요소와 관련이 있다. 하느님의 대상은 하느님 자신이기에 그분의 이해는 그분의 존재에 이미 포함되어 있다. 그분은 자신의 이해에 형태를 부여하기 위해 어떤 외부 자료를 필요로 하지 않으신다. 그분의 존재와 행동은 하나이기에 그분은 수동적일 수 없다. 하느님은 "순수한 행동"pure act이기에 그분의 이해와 사랑의 움직임은 근본적으로 자신을 향한다. 그러나 유한자는 존재와 행위 사이에 간극이 있기 때문에 자극을 받아야, 달리 말하면 무언가를 받아들여야 한다. 유한자들은 언제나 자신들 너머의 실재를 지향한다. 하느님께서는 자신의 완전한 자유와 충만함 가운데 "안식"하시기에 이해하고 사랑하시는 반면, 우리는 채워지기를 갈망하기에, 우리 외부에 있는 실재에 이끌려 이해하고 사랑한다.

---

[22] *Summa Theologica* I. 19. i. c.

하느님께서는 안식하신다. 그러나 그분은 넘치시며, 끊임없이 움직이시는 가운데, 그분의 '선함' 안에서 안식하신다고 (디오니시우스가 그랬듯) 아퀴나스는 생각했다. 성육신이 하느님께 합당한 이유는 바로 이 '선함'bonitas 때문이다. 피조물인 인간의 본성이 하느님의 생명 안으로 들어가는 것은 하느님께서 하실 수 있는 자기 교류self-communication의 가장 드높은 형태다.[23] 어떤 비평가들은 아퀴나스가 그리스도에 대한 어떠한 언급도 없이 은총, 관조, 하느님에 대한 앎을 이야기했다고 비판하며, 이 부분이야말로 그리스도교 형이상학으로 간주되는 그의 체계가 지닌 가장 큰 문제라고 이야기한다. 그러나 아퀴나스가 그렇게 한 데는 몇 가지 이유가 있다. 우선, 그는 그리스도의 활동을 의식하는 사람만 은총을 받는다고 생각하지 않았다. 아퀴나스는 성육신을 분명히 언급하지 않고도 자신의 피조물을 향해 하느님께서 활동하신다는 측면에서 은총을 충분히 논의할 수 있다고 생각했다. 물론 성육신은 이 은총의 바탕이자 근거, 그리스도께서 만물의 '머리' 되심을 드러내는 사건이다.[24] 논의를 보면 분명히 알 수 있듯 성육신은 하느님께서 은총과 선함 가운데 자신을 내어주시고, 알리시는 방식이다. 그는 이러한 사실과 그 성격, 그리고 그 결과를 새삼스럽게 논의할 필요를 느끼지 않았다. 아퀴나스가 은총을 '신성화', 성령이 주는 선물, 온전한 삼위일체의 생명에 깃들게 되는 과정으로 자세히 검토했다는 사실은 그가 어떤 식으로든 교리를 '자연화'했다는 평가, 교리를 범속한 것으로 만들

---

[23] *Summa Theologica* III. 1. i. c.

[24] *Summa Theologica* III. 8. iii.

었다는 평가가 틀렸음을 보여 준다.

「신학대전」 이전에 쓰인 「대이교도대전」Summa contra Gentiles에서 그는 은총을 검토하는 가운데 그리스도를 믿는 이들의 "예정"predestination에 대해 말한 에페소인들에게 보낸 편지(1:4-6)를 언급하며 「신학대전」에서도 같은 구절을 가지고 동일한 주제를 다룬다는 사실은 주목할 필요가 있다(III.24.iii, iv). 하느님께서 그리스도를 영원히 구세주로 선택하셨기 때문에 은총은 우리에게 흘러간다. 그렇기에 하느님에게서 넘쳐흐르는 '선함'으로서 은총은 하느님에 관한 모든 앎의 기초다. 우리는 존재자들이 "행동"할 때만, 즉 세상에 실제로 있으며 행동하고 관계 맺는 방식으로 존재할 때만, 그렇게 우리에게 영향을 미칠 때만 그들을 알 수 있다. 이와 달리 하느님은 지극히 순수하게 존재하시며(아퀴나스가 반복해서 이야기하듯 하느님은 존재 자체ipsum esse, 즉 순수한 존재 활동이다), 따라서 순수하게 활동하신다. 우리가 알든 모르든 그분은 우리의 모든 현실에 영향을 미치신다. 그분은 은총 가운데 인간이 자신의 "지적 본성"을 따라 이를 깨닫고, 반응할 수 있게 해 주신다. 이는 하느님의 자기 선물self-gift이다. 이 같은 맥락에서 관조를 통해 얻는 하느님에 대한 앎은 지적인 것이며, 관조는 "지적" 성격을 지닌다. 그러나 이를 순전히 지적인 문제로만 볼 수는 없다. 오히려 이러한 논의를 통해 아퀴나스가 이야기하고자 하는 바는 순수하게 "지적인 문제"는 없다는 것이다. 이해는 '아는 이'와 '대상'이 연합하는 가운데 절정에 이르며 "기쁨"을 일으킨다. 이해는 타자에 의해 자신이 완성되기를 바라는 욕망('아페티티오'appetitio)에서 시작되며 의지를 동력 삼아 자신에게 적절한 대상을 주변에서 "느끼고", 또 찾는다. 이해의 모든 과정에는 (지성뿐만 아니라) 정서affectus, 느낌, 관조가 있다. 특히 관조의 여정은 하느님을 향한 의지의 회심에서 시작해 이생 이후, 영광 가운데 순수하게, 아무런 제약을 받지 않고 하느님을 보게 됨으로써 끝난다.[25]

이러한 논의는 아퀴나스 전 세대의 위대한 수도사들이 이야기한 바와 매우 유사하다. 이를테면, 베르나르두스의 절친한 친구였던 생티에리의 기욤William of St. Thierry은 아름다운 저술인 「하느님을 관조한다는 것에 관하여」De Contemplando Deo에서 관조의 여정을 시작할 때 일어나는 사랑과, 관조의 끝에서 맞이하게 되는 "기쁨의 사랑"을 구분한다. 이는 아퀴나스가 고전적인 수도 전통을 계승하고 있으며, (꽤나 오랜 기간 그래왔지만) 중세 후기 스콜라주의의 관점으로 그의 저술을 읽는 것은 커다란 실수라는 진실을 일깨워 준다. 그의 방법론은 초기 수도사-신학자들과는 매우 다를 수 있으나, 그의 관심사는 15세기 사변에 열중했던 학자들의 관심사보다는 베르나르두스의 관심사에 가까운 경우가 더 많다.

아퀴나스는 관상 경험을 매우 신중하게 분석했다. 「신학대전」에서 아퀴나스는 어떤 행동이 관조에 속하느냐는 질문을 던지고 이에 대답한다.[26] 여기서 그는 12세기 최고의 사변적 저술가이며 기도를 세밀하게 구분했던 생빅토르의 리샤르Richard of St. Victor의 논의들을 여러 차례 언급하는데, 그러한 구분은 일정한 가치가 있으나 엄밀히 말하면 관

---

[25] *Summa Theologica* II. 2ae. 180. i., v., vii., 그리고 viii.

[26] *Summa Theologica* I. 180. art. iii.

조를 "방해"하는 행동에 지나지 않으며 관조는 훨씬 더 단순하게 표현할 수 있다고, 온화한 말투로 이야기한다.[27] 리샤르가 관조의 다양한 형태라 말하는 것들을 아퀴나스는 통일되고, 단순하며, 올바른 관조로 나아가는 단계들로 설명한다. 그에 따르면 정신은 감각으로 대상을 관찰하는 데서 이해의 초기 활동으로 나아간다. 정신은 대상들을 이해, 달리 말하면 "지적"으로 파악한다. 그다음, 정신은 알 수 있는 세계, 즉 감지할 수 있는 대상들에 들어 있는 초월적, 혹은 보편적 진리를 이해한다. 보편적인 비물질적 구조를 '이성'으로 파악하는 것이다. 관조는 이런 이해 이후에 시작된다. 이해는 감각에 기초한 경험에서 시작해 이성에 바탕을 둔 깨달음으로 나아가지만, 관조는 감각과 이성을 모두 초월한다. 관조는 보편적이고 초월적인 진리라는 궁극적 실재, 즉 하느님의 진리 그 자체를 받아들이는 것이다. 이때 지성은 순전히 받아들이는 역할만 한다.[28] 이렇듯 아퀴나스는 분명하게 '주지주의'intellectualism를 거부한다. 그에게 관조란 하느님을 순수하게 받아들이는 상태에 이르도록 이해를 정화하는 과정이자 그 과정의 정점이다. 아퀴나스에게 이해가 확대되면 확대될수록, 깊어지면 깊어질수록 (물질이든 비물질이든) 창조된 현실의 제약은 점점 덜 받게 되고, 하느님의 은총 어린 활동, 그분의 자기 교류에 점점 더 열려 있게 된다. 이 상태에 가까워지면 가까워질수록 정신에서는 오직 하느님만 활동하시며 그 외에는 아무런 일도 일어나지 않는다. 그러므로 아퀴나스가 정

---

[27] *Summa Theologica* I. 180. art. vi. ad. 3.

[28] *Summa Theologica* I. 180. art. iv. ad. 3.

신이 감각 경험에 사로잡히면 진지한 관조를 할 수 없게 된다고 이야기했을 때, 이는 단순히 몸과 영혼의 분리를 말한 것이 아니다. 그보다는 이 지상에서는 정신과 영혼이 육체, 그리고 감각에 완전히 묶여 있기에 인간 안에서 순전히 하느님만 활동하시는 상태는 가능하지 않다는 이야기로 보아야 한다. 감각 경험을 장애물로 간주하는 것도 마찬가지다. 이를 통해 아퀴나스는 관조가 중요한 측면에서 이해와 연속성이 있기는 하나 근본적으로 낯설다는 점을 말하려 했다. 관조는 "인간의 가장 높은 차원에 걸맞은 활동"이지만 다른 인간 행동과는 달리 오직 은총이 이를 좌우한다는 점에서 낯설고 기이하다.[29] 많은 사람이 관상기도를 하는 가운데 느끼는 공허함, 심지어 부조리함에 관해 다룬 존 채프먼John Chapman 아빠스의 편지들 같은 영성 고전들에는 모두 이같은 통찰이 자리 잡고 있다.

> 기도가 순수하면 지성은 어떤 작용도 하지 않습니다. 누군가는 이를 무지의 행위라 말할 수도 있고, 바보 같은 느낌이 든다고 말할지도 모르지요.[30]

이를 두고 세바스천 무어는 말했다.

---

[29] *Summa Theologica* I. 2ae. 3. v. c.

[30] Dom Roger Hudleston(ed.), *The Spiritual Letters of Dom John Chapman* (London: Sheed and Ward, 1935(2판)), 59.

무한자에 대한 생각의 전환은 우리가 생각할 수 있는 가장 파괴적인 정신의 변화다. 채프먼은 이를 이치에 맞아 보이지 않는 말로 표현했다. 그러나 이는 매우 특별한 은총을 가리키는 말이며, 신자들을 배려하는 말이다.[31]

아퀴나스가 이해의 성장, 혹은 상승에서 마지막 두 단계, 지성으로 파악할 수 있는 현실들에 대한 합리적 탐구와 하느님의 진리와 직접 마주하는 단계의 차이를 말할 때 이야기하고자 했던 것도 바로 이와 같다. 이해의 마지막 단계에서는 이성이 작동할 수 있는 개념이 없기에, 이성이 할 일도 없다. 채프먼은 말한다.

> 관조를 할 때 지성은 '공백'과 마주합니다. 그리고 의지는 그 공백을 따라갑니다.[32]

그러므로 관조의 여정은 방향을 잃어버린 것 같은 느낌, 그러한 (때로는 끔찍한) 경험을 수반한다. 「신학대전」에서 아퀴나스는 이에 관해 간략하게 언급한다.[33] '관조의 여정 가운데 우리는 야곱이 천사와 씨름했을 때처럼 분투하고, 상처를 입는다. 그런데 어떻게 관조가 '기쁨'이 될 수 있는가?' 이에 그는 상처를 세속적인 사랑이 약해지는 것으로 보는

---

[31] Sebastian Moore, 'Some Principles for an Adequate Theism', 210.

[32] Dom Roger Hudleston, *The Spiritual Letters of Dom John Chapman*, 76.

[33] *Summa Theologica* I. 180. vii. ad. 4.

대大그레고리우스Gregory the Great의 주석을 인용하며 말한다. 이제 야곱
은 하느님의 사랑이라는 선한 발에는 의지하고, 세속적 사랑이라는 약
한 발에는 기대지 않을 것이다. 그렇게 앞으로 걸어가는 모습은 절뚝
거리는 것처럼 보일 것이다.

관조는 분투다.[34] 외부에서 일어나는 일들의 '모순'이 영혼의 단순한
활동을 혼란스럽게 하기 때문이다. 관조하는 이가 부패할 수 있는 몸
을 지닌 한, 이는 불가피하다. 이러한 상태에서 감각에 기초한 삶은 방
해물이며 관조는 전투battle일 수밖에 없다. 하지만, 몸의 궁극적 운명
은 (부패가 아니라) 영광이다. 즉 영혼은 단순해짐으로써 몸을 지닌 삶
또한 단순화되고 정화된다. 천상의 상태란 몸과 영혼 모두가 하느님
을 향해 완전히 열린 단순한 상태다. 그때 감각들은 더는 영혼을 산만
하게 하지 못한다. "영광의 빛"이 인간의 "세계" 전체를 천상의 몸과
그 몸이 받아들이는 것들로 변모시킬 것이기 때문이다.[35] 관조 가운데
영혼은 이를 보고, 또 안다. 물론 아퀴나스는 몸의 현재("부패할 수 있
는") 상태에 좀 더 집중하며 이에 관해서만 신중하게 이야기하려 노력
한다.[36]

어떤 면에서 아퀴나스는 관상기도를 하는 가운데 하느님과 마주하
는 경험을 철학적으로 상세하게 설명한 최초의 사람이라고 할 수 있
다. 오리게네스와 베르나르두스, 그리고 많은 그리스도교 사상가는 영

---

[34] *Summa Theologica* I. 180. vii. ad. 2.
[35] *Summa Theologica* I. 2ae. 3. iii. 그리고 4. vi., III. 3.45. ii., Suppl. 82-85.
[36] *Summa Theologica* I. 180. vii.

혼과 하느님의 친밀함을 강조하며 둘의 입맞춤으로 나아가는 여정으로서 신앙의 여정을 그렸다. 니사의 그레고리우스와 위디오니시우스는 하느님에게 다가갈수록 개념의 구조와 심상들이 무너진다는 점에 주목했다. 아우구스티누스는 하느님의 아름다움에 사로잡히는 정신을 묘사했다. 모든 그리스도교 사상가 중에서 가장 둔하며, 가장 덜 열정적이며, 그만큼 우직했던 아퀴나스는 위의 모든 논의와 그 밖의 많은 주제를 자신의 형이상학 안에 끌어모았다. 아우구스티누스 못지않게 그는 기도가 갈망이 깨어날 때 시작된다고 보았다. 또한, 니사의 그레고리우스와 디오니시우스처럼 그는 하느님에 대한 앎과 어떤 개념에 기댄 앎을 구분했으며, 그럼으로써 오리게네스와 베르나르두스처럼 매개 없이 하느님을 직접 경험한다는 것이 무엇인지를 성찰했다. 이런 과정 끝에 그는 과거 모든 그리스도교 사상가가 받아들이고 기술한 경험이 어렵고 고통스럽고 당혹스럽다는 사실을 설명했다. 이와 관련해 '이해'는 자신을 가만히 유지하고 이 사실을 받아들이는 것 외에는 달리 할 일이 없다.

하느님을 관조하기 위한 여정 중에 인간은 관념과 심상의 공백과 마주한다. 그리고 이 공백은 다른 때, 어떤 대상을 감지함으로써, 혹은 대화를 통해 채워질 수도 있고 그렇지 않을 수도 있다. 이 부분에 대해 아퀴나스는 별다른 이야기를 하지 않는다. 물론 그는 천국(그의 말로는 "우리의 본향")에서 우리는 대상을 완전히 만족스럽게 감지할 것이며, 빛이 있을 것이라고 말한다. 그러나 이 지상에서 하느님께서 우리와 함께하신다는 유일한 보장은 다른 어떤 것도 그런 방식으로 함께 하지 않는다는 것 외에는 없다. 우리의 (하느님에 관한, 혹은 다른 무언가에 관한) 어떤 말과 관념도 이를 적절하게 담아내지 못한다. 이와 관련해 인간에게 의미 있는 유일한 행위는 의지와 갈망의 움직임, 어둠 가운데서도 희망을 잃지 않은 채 하느님을 열망하며 하느님 아닌 다른 어떤 것에도 만족하지 않는 것이다. 다른 모든 것은 그분보다 못하기 때문이다. 스콜라 철학 용어로 이는 '공본성'connaturality에 따른 앎, 즉 '나' 안에 하느님께서 현존하신다는 사실에 근거한 앎이다. 달리 말하면, 하느님께서는 인간 안에서 당신을 발견하고 당신을 아신다. 그분이 인간의 삶에 들어오셨기 때문이다. 바로 이 같은 맥락에서 그리스도교 사상가들은 관조를 "초자연적" 상태로 기술한다(어떤 이들에게는 당혹스럽고 불편한 표현이다). 하느님이 구원하신 이들에게 주신 최초의 자기 선물을 통해서만, 인간이 묵묵히 저 선물을 받아들일 때만 하느님을 이해할 수 있기에 관조의 여정은 "초자연적"이다. 이때 이해는 '정상적'이지 않은 방식으로 작동한다. 누군가는 이를 두고 손쉽게 관조가 "비정상적"이라고 생각할 수 있으며, 관조가 비정상적이라면 어떻게 "인간의 가장 높은 차원에 걸맞은 활동"인지 의아해할 수 있다. 하지만 아퀴나스가 오해를 무릅쓰고 이러한 그림을 제시한 이유는 한편으로는 '자연적' 삶의 온전함과 전체성에 열정적으로 관심을 기울이고, '종교'를 거기에 부가된 무언가로 만들려 하지 않으면서도 "인간의 목적", 그 궁극적 목적은 자기 초월이라는 활동, 즉 하느님을 갈망하고 그분을 향해 자신을 여는 활동에 있다고, 인간의 자연적 삶은 바로 이 활동으로 모인다고 보았기 때문이다.

(그가 자주 쓴 표현을 빌리면) 은총은 자연을 파괴하지 않으며 완성한다. 이때 자연은 인간의 본성에 있는, 자연적으로 갖고 있는 '지성'이다. 지성은 인간이 저기에 있는 무언가에 반응하고 그 무언가와 마주하게 한다. 그렇기에 인간이 저기에 있는 무언가(하느님)에 가장 완전히, 분명하게, 일관되게 반응할 때 지성은 가장 높은 지점에 도달한다. 그러나 저기에 있는 하느님은 너무나 완전하시기에, 총체적이시기에 지성은 그분을 그저 받아들일 수밖에 없다. 지성이 고요해지고 침묵할 때만 지성을 지닌 인간은 자신의 목적지에 도달한다. 인간의 본성은 "무언가를 선택하는 것이 아니라, 자신을 떠미는 무언가가 있음을, 그 무언가가 우리에게 관심을 기울이고 있음을 즉각적으로 깨닫는" 것임이 점점 더 분명해진다.[37]

앎에 관한 토마스주의 이론을 제시한 방대한 저작 『앎의 등급들』The Degrees of Knowledge에서 자크 마리탱Jacques Maritain은 관조는 도덕이나 예술을 통한 앎과 유사성이 있기는 하나, 여전히 최상의 앎임과 동시에 독특한 앎이라고 이야기한다.[38] 모든 혼란과 불확실함 가운데서도 인간이 자신의 의지를 하느님에게로 돌리는 한, 그렇게 이해를 지향하는 한, 창조주께서는 유한한 '나'에게 자신의 생명을 쏟아부어 주신다. 거기서 인간은 하느님의 형상을 찾을 수 있다. 아우구스티누스가 거듭 말했듯, 그 형상은 하느님께서 그러하신 것처럼 존재, 앎, 사랑이 하나

---

[37] D. M. MacKinnon, *The Problem of Metaphysics* (Cambridge: Cambridge University Press, 1974), 163. 이 저서의 13장 전체가 이 토론에 관한 것이다

[38] Jacques Maritain, *The Degrees of Knowledge* (London: Geoffrey Bles, 1959), 280-283.

의 단순한 행위로 결합된 모습을 하고 있다.

마이스터 에크하르트(1260년경-1327년)

아퀴나스의 제자 중 적어도 한 사람은 이해의 수동성이라는 주제를 극단적인 지점까지 밀어붙였고, 교회는 이에 신경질적인 반응을 보이며 그를 이단으로 의심했다.[39] 마이스터 에크하르트Meister Eckhart는 아퀴나스와 마찬가지로 도미니크회 수도사였고, 고위직을 지냈으며(한동안 작센 관구장을 지냈다), 사변적 사상가, 교사, 설교자로 명성을 얻었다. 그의 저술은 대부분 설교문으로 남아 있으며 그중 상당수는 독일어로 되어 있다. "권고"counsel, 경구apophthegm, 일화 모음집도 남아 있다. 당대 에크하르트는 인기 있고 영향력 있는 인물이었지만, 논란을 낳는 인물이기도 했다. 살아 있을 때 이단 혐의로 기소되기도 했고, 1329년 교황 칙서는 그가 이야기했다고 추정되는 여러 의견을 정죄하기도 했다. 반대자들은 그가 창조된 것과 창조되지 않은 것을 혼동하며, 하느님의 내재와 관련해 위험한 가르침을 전하고, 영혼이 창조되지 않았다는 식의 이야기를 한다고 비난했다. 이러한 혐의에 대해 에크하르트는 성공적으로 자신을 변호했고, 동료들이 내린 유죄 판결에 맞서 로마에 항소했다. 교황청이 (부정적인) 최종 판결을 내리기 전에 그는 세상

---

[39] 이 장에서 에크하르트의 독일어 설교 번호는 (영어판을 낸) 에반스의 방식을 따랐는데, 대체로 프란츠 파이퍼Franz Pfeiffer판과 동일하다(본문에서는 P/E로 표기했다), 파이퍼판이 아닌 다른 출처를 사용했을 경우 에반스의 번역본이 사용한 번호를 따랐다(본문에서는 E로 표기했다). 퀸트가 개선한 본문을 사용했을 경우 그의 번호도 사용했다(본문에서는 Q로 표기했다. 이때 번역은 에반스판을 기초로 하되 좀 더 명확하고 현대적인 용어로 수정했음을 밝힌다).

을 떠났다. 밀도 있고 복잡한 언어, 역설적이고 놀라운 문구와 심상을 즐겨 쓰는 성향 때문에 에크하르트가 정확히 어떤 그림을 그리려 했는지, 그가 받은 혐의 중 그가 실제로 이야기한 부분은 무엇이고, 그렇지 않은 부분은 무엇인지 확인하기란 어렵다. 그러나 최근 연구는 에크하르트가 토마스주의 전통에 확고하게 속해 있음을, 그리고 그 가운데 아퀴나스 신학을 개정하고 색다르게 수정했음을 밝혀냈다. 그는 (많은 사람이 생각하듯) 그리스도교 전통 주류에서 벗어난, 이상한 동양의 범신론을 주장한 '신비주의자'가 아니다.

아퀴나스를 따라 에크하르트는 지성을 수동 지성intellectus possibilis과 능동 지성intellectus agens으로 나누는 아리스토텔레스의 구분을 따른다. 이때 능동 지성은 현상들phenomena을 붙잡아 수동 지성에 넘기고, 수동 지성은 현상의 '형상'form을 취한다. 에크하르트는 이를 능동 지성이 수동 지성이라는 자궁에 대상에 대한 심상들을 쏟아붓고, 수동 지성이 이들을 이해할 수 있는 것으로 낳는다고 묘사한다.[40] 기도 안에서 하느님 자신인 성령은 능동 지성의 역할을 하며 수동 지성을 임신시킨다. 그러나 하느님은 "단순"하시기에 정신이 받게 되는 것은 풍요로운 심상이나 개념이 아니라 모든 것을 끌어안는 하나의 실재다. 지성은 이 단순한 실재에 집중하는 방식으로 반응하며 정신도 그 지점을 향해 정제되며 참된 정신이, 하느님의 빛을 받아 이를 다시 하느님께로 반사하는 '스킨틸라'scintilla, 불꽃이 된다.

---

[40] P/E III.

당시 사람들이 가장 곤혹스러워하고 의혹의 눈길을 보낸 에크하르트의 이야기가 바로 이 '영혼의 불꽃'scintilla animae에 관한 이야기였다. 그는 이 상태에 있는 영혼은 "시간과 육신의 영향을 받지 않는 힘"이며, 완전한 통일성과 단순함을 이루고 있다는 점에서 하느님과 같은, 하느님의 형상이라고 말했다.[41] 에크하르트가 자주 쓴 표현을 빌리면 이 상태는 순결한 처녀와 같다. 하지만 동시에 이 상태의 영혼은 아내이면서 어머니가 되어야 한다. 하느님의 뜻, 영혼의 본래 운명은 아들을 낳는 것이기 때문이다. 모든 행적, 기억, 심상이 정화되어 동정녀처럼 순수해지면 영혼은 성령에 의해 영원한 말씀을 낳을 수 있는 상태가 된다.[42]

> 영이 준비되면, 하느님께서는 주저하지 않고, 지체하지 않고 들어오십니다.[43]

그에 따르면 하느님께서는 순결한 처녀 같은 영혼이 하는 청원을 거절하실 수 없다. 이런 심상들이 다양한 질문을 불러일으킨다는 점은 의심의 여지가 없다. 에크하르트의 이런 이야기는 영혼을 본성상 신성한 것으로 보고 지상에서 영혼은 자신의 본래 고향으로 돌아오라는 명령만을 기다리고 있다고 보는 일종의 영지주의처럼 보이고, 실제로 그

---

[41] P/E VIII.

[42] P/E IV, P/E VIII, Q2(P/E XXVI, P/E LXII), Q82(P/E LXXIX), Q43.

[43] P/E IV.

렇게 읽을 수도 있다. 이를테면 파이퍼Franz Pfeiffer 비평판 독일어 설교집 56번째 설교에는 피조물이 하느님 안에서 영원한 존재라는 도발적인 표현이 있다. '참여'participation와 '동일성'identity에 대한 에크하르트의 미묘한 구분은 설교로 울려 퍼졌다고 해서 명확하게 이해되었을 것 같지는 않다. 그럼에도 불구하고 그가 영혼을 이차적이고 파생적인 실재로 보았다는 점에는 의심의 여지가 없다. 다른 모든 피조물과 마찬가지로 영혼이라는 존재의 중심은 하느님을 순전히 반영하며 그러한 의미에서 영혼은 하느님이라고 말할 수 있다. 참된 원본과 그 원본을 반영하는 반영물 사이에 실질적인 차이는 없다. 원본은 원본이며 반영물에는 없는 깊이와 밀도를 지니고 있다는 점을 제외하면 말이다. 이를 통해 에크하르트는 영혼이 하느님을 받아들일 수 있으며 은총 가운데 자신이 관조한 그 모습을 취할 수 있음을 이야기하려 했다. 이는 영지주의도, 범신론도 아니며 아퀴나스와 근본적으로 입장이 다르지 않다.

그는 지성이 그 대상으로서 존재를 갈망한다고 강조했다. 지성은 사물들이 순전히 '저기'에 있다는 사실에 의해 형성되었기에 모든 존재의 원천을 통해서만, 하느님이라는 영원한 '저기에 있음'thereness을 통해서만 만족할 수 있다. 그렇지만 하느님은 이 지상에서 유한한 삶을 살아가는 인간들에게 자신의 순수함을 온전히 보여 주시지는 않는다.

(그렇기에 정신은) 결코 안식할 수 없습니다. 다만 정신은 아직은 감추어져 있으나 언젠가는 오게 될 무언가를 계속 기대하고 준비합니다. ... 진리 안에서만 정신은 안식할 수 있습니다. 정신이 진리를 향해 열정

을 갖도록 하느님은 정신에서 계속 한 걸음 한 걸음 멀어지십니다.[44]

에크하르트는 신앙이 무르익으면 익을수록 하느님이라는 순수하고 단순한 단일성을 향한 관심이 깊어지고, '나'를 향한 생각들과 심상들을 "내려놓게" 된다고 보았다. 그의 말을 빌리면, 영혼을 하느님께서 활동하실 수 있는 공간인 "사막"으로 만드는 것이다. 눈에 보이는 경건 생활은 영혼의 저 움직임의 부가물에 불과하다. 주님 승천 대축일에 행한, 요한복음서 16장 7절("내가 떠나가는 것이 너희에게 유익하다")에 관한 설교에서 그는 대담하게 일곱 가지 성사와 "우리 주 예수 그리스도의 인간으로서의 모습"을 신앙 성숙의 장애물로 묘사한 바 있다.[45] 동시대 많은 사람은 에크하르트의 이런 발언을 비난했고, 19세기 낭만주의자들은 찬사를 보냈다.

그러나 설교의 전체 맥락을 보면 그는 구원과 관련된 성사와 성육신의 효력에 어떠한 의문도 제기하지 않았다. 다만 그가 반대한 것은 은총에 대한 간편하고 손쉬운 생각, 무한한 은총을 어떤 식으로든 제한하는 생각, 물질로 한정하려는 생각이었다. 외적 형식과 규정에만 몰두하는 성사 신학sacramental theology에 갇힌 이들에게, 그는 성사가 그 자체를 넘어선 무언가를 가리키기 위해 존재한다는 사실을 상기하려 했다. 또한, 그리스도의 인성과 관련된 경건을 강조하는 이들에게서 그는 하느님의 특별한 섭리를 보고 듣고 이에 기대어 확신을 얻으려

---

[44] P/E III.
[45] P/E LXXVI. 1.

는, 결코 건강하지 못한 모습을 보았고 이를 하느님을 제한하고 가두는 것이라 여겼다. 그리스도를 따르는 것은 한 역사적 인물뿐 아니라 영원한 말씀이기도 한 그리스도 전체를 따르는 것이라고 그는 생각했다. "내가 떠나가는 것이 너희에게 유익하다"는 구절은 한 역사적 인물을 기억한다고 해서 구원과 성화가 이루어지지 않음을, 성자의 온전한 삶, 즉 "거룩한 삼위일체의 연합" 안으로 들어감으로써 이루어짐을 의미한다고 에크하르트는 말했다.

하지만 삼위일체에 대한 에크하르트의 이야기는 매우 모호하다. (위디오니시우스처럼) 때때로 그는 삼위일체를 두 번째 층위에서 하느님이 실존하시는 방식으로 묘사하곤 한다. 그에 따르면 삼위일체는 하느님Gott이지만, '하느님을 넘어선 하느님', 즉 신성Gottheit은 아니다. 삼위일체를 이루는 각 위격은 "제약받는 본성"을 지닌 하느님이다.[46] 삼위일체 하느님은 활동하시고, 행동하시고, 관계 맺으시지만, '신성'으로서의 하느님은 안식하시고, 하나로 계시며, 형언할 수 없고, 불변하시다.[47] 영혼은 궁극적으로 이 '신성'으로서의 하느님과 연합한다. 하느님이 영혼을 "들여다보고", 영혼의 "성"에 들어가 그곳에 머무르려면 자신의 속성quality, 인격성personality, 존재 양식들modes of being도 제쳐두셔야 한다.

그분은 성부, 성자, 성령으로서 이 일을 하실 수는 없습니다. 그렇습니

---

[46] P/E VIII(Q2).

[47] P/E LVI.

다. 이'것', 혹은 저'것'이 아닌 오직 '무언가'로서만 그 일을 하실 수 있습니다.[48]

그러나 (에크하르트가 즐겨 쓴 심상을 빌려 말하면) 영원 안에서 신성이 삼위일체라는 꽃을 피우듯 영혼 안에서 신성은 영원한 말씀이라는 꽃을 피운다.

> 말씀은 성부가 지닌 신성한 본질의 지적 형상으로, 신성한 본성의 반영으로 성부 안에 있습니다. ... 말씀은 성자라는 위격으로서 성부와 함께 있습니다. 말씀은 하느님을 닮은, 그분과 동등한 위격으로서, 존재 양식으로 영혼 안에 있습니다.[49]

이 말은 이렇게 읽을 수 있다. 하느님과 연합에 도달하기 위해서는 모든 존재 양식과 이에 관한 모형들을(심지어는 삼위일체 교리까지도) 제쳐두어야 한다. 하느님이라는 벌거벗은 실재naked reality가 들어올 수 있도록 벌거벗게 되었을 때, 영혼은 삼위일체 하느님의 생명을 수정受精해 이 생명을 반영하게 된다. 달리 말하면, 에크하르트는 하느님의 "생명"이 하느님의 실체에서 분리될 수 있다고 이야기하지 않는다. 꽃은 우연히 피는 게 아니다. 하느님은 (삼위일체로서) 영원히 활동하시고 살아계시며 동시에 영원히 안식하신다. 그분은 영원히 말씀을 선포하시고

---

48   P/E VIII(Q2).

49   E IX.

동시에 영원히 침묵하신다. 따라서 에크하르트가 제시하는 그림은 '흡수 신비주의'absorption mysticism가 아니다. 영혼이 하느님의 단순한 본질을 받아들이는 것, 흡수하는 것은 은총 아래서의 삶의 끝이 아니라 시작이다. 이때 영원의 차원에서 그러하듯 삼위일체 하느님은 영혼에서 풍요롭고 비옥한 힘을 뿜어낸다. 놀랍게도 에크하르트는 이를 종종 성적 심상을 빌려 표현한다. 그에 따르면 성부와 성자는 성령을 낳기 위해 "씨름"한다.[50] 아버지는 어둠 속에서 자신의 "본성"을 품으신 채 아들과 함께, 아들 안에서 "노신다". 그들의 놀이는 성령으로 형상화된다.[51] 하느님께서 "영혼을 향해 웃으시고, 그녀(영혼)가 따라 웃을 때" 말씀이라는 인격을 낳는다. 성자와 성부는 서로 기뻐한다.

> 이 웃음은, 호감을 낳고, 호감은 기쁨을 낳고, 기쁨은 사랑을 낳고, 사랑은 (말씀이라는) 인격을 낳고, 말씀은 성령을 낳습니다. 이렇게 말씀은 아버지와 씨름하십니다.[52]

에크하르트가 신앙의 여정에서 순전한 수동성passivity만을 가르쳤다고 생각하는 이들은 그의 성적 언어가 자아내는 힘과 중요성을 간과한 것이다. 하느님은 고요하시면서 풍요로우시다. 하느님을 만나는 영혼은 그분의 고요함과도 연합하고, 그분의 풍요로움과도 연합한다. 그리고

---

[50] P/E XVIII.

[51] E LVIII.

[52] P/E XVIII.

낳고 관계 맺는 삼위일체의 움직임과도 연합한다.

> 신성은 복된 삼위일체를 자기 계시로 삼으며 영혼은 이를 통해 벌거벗
> 은 신성과 하나가 됩니다.[53]

이렇게 신성과 연합한 영혼은 고요하면서도 그 안에서 하느님께서 활
동하시기에 모든 것을 알 수 있고, 모든 것을 할 수 있다.[54] 영혼은 자
기를 향한 욕망과 자기를 향한 모든 기대를 내려놓음으로써 이 연합에
이른다.

> 이해도, 지식도, 경건도, '내적 생명'도, 평화도, 아무것도 구하지 마십
> 시오. 오직 하느님의 뜻을 구하십시오.[55]

에크하르트는 하느님과의 연합은 근본적으로 특별한 종교 체험 같은
것이 아니라고 주장한다. 은총 아래 살아가는 삶의 목적은 모든 경험
과 활동 가운데 하느님을 발견하여 모든 곳을 집으로 여기고 안식하는
것이다. 『영적 지침들』Spiritual Instructions에서 그는 말한다.

> 당신은 당신이 느끼는 것이 아니라 당신이 사랑하고 바라는 것을 가치

---

[53] P/E LXXVI, 1.
[54] P/E LXXVI, 1.
[55] P/E IV.

있게 여겨야 합니다.[56]

누군가 주님을 만난 바울처럼 환희로 가득 차 있고, 그 곁에 어떤 사람이 병들어 수프가 필요하다면, 저는 그가 사랑을 위해 환희를 포기하는 게 훨씬 더 낫다고 생각합니다.[57]

지상 어느 곳이든 천국까지의 거리는 같습니다.[58]

하느님은 특정한 종교 영역에서 "더 많이" 발견할 수 있는 분이 아니다. 관조와 행동의 균형은 필수 불가결하다.[59] 진실로 '나'를 잊어버리고 사는 사람은 '지금, 여기'서 하느님을 닮은 삶에 다가갈 수 있다.[60] 에크하르트의 여러 설교와 글들의 주제인 영의 가난Poverty of spirit은 기도를 하는 가운데 위로받고 싶은 열망, 무언가 특별하고 의미 있는 체험을 하고 싶은 열망을 완전히 내려놓는 것을 뜻한다. 중요한 것은 하느님이라는 벌거벗은 실재를 향한 사랑, 의지, 갈망, 지향, 우리를 침묵하고 계신 하느님의 핵심으로 인도하는 신실함, 그분의 생명이 우리 안에서 자유롭게 활동하도록 하는 신실함뿐이다.

---

[56] *Spiritual Instructions* 20.

[57] *Spiritual Instructions* 10.

[58] P/E LXIX(Q68).

[59] C. de B. Evans(tr.), 'Sayings 33', *Meister Eckhart*, vol.1 (London: John M. Watkins, 1924), 425.

[60] C. de B. Evans, 'Sayings 21', *Meister Eckhart*, vol.1, 422.

은총은 오직 성령과 함께 옵니다. 은총은 성령을 등에 업고 옵니다. 은총은 멈추어 있지 않고 언제나 움직입니다. 은총은 하느님의 마음에서 흘러나옵니다. ... 은총은 영혼이 하느님의 모습을 닮게 합니다.[61]

에크하르트는 형이상학자인 만큼이나 시인이었으며, 어쩌면 시인이었기에 그만큼 탁월한 형이상학자였는지도 모른다. 당대 신학자, 철학자들 사이에서 그의 깊이와 상상력은 독보적이다. 에크하르트의 사유를 정죄했던 이들은 모든 측면에서 그보다 왜소한 영혼들이었다. 에크하르트가 갖는 중요성은 하느님과의 연합이 인간의 특정 종교 경험뿐만 아니라 모든 경험에 영향을 미친다는 점을 간파했다는 점에 있다. 신앙의 성숙은 지배와 만족을 추구하는 '나'의 열망이 전환되느냐에 달려 있다. 기도를 통해, 종교적 실천을 통해, 혹은 그 밖의 일들을 통해 이런 일이 일어날 때, '나'는 하느님의 생명으로 들어가고 "하느님께서 하시는 일"을 한다. 중요한 건 일상에서 벗어나는 (일반적인 의미에서) '영적' 경험, 황홀경이 아니라 이해의 '탈자'ecstasy of understanding, 주체에서 대상으로의 전환, 받아들이게 되고 이해하게 된 실재가 아무런 장애물 없이 내 안에서 활동하도록 '나'를 제쳐 놓는 것이다. 벌거벗고 가난하게 된 자아는 자유롭게 하느님을 향해 나아갈 수 있고 그런 자아를 하느님은 환대하며 받아들이신다.

　에크하르트는 아퀴나스가 이야기한 '대상 없는 이해 활동'이 내포한

---

[61]　C. de B. Evans, 'Sayings 6', *Meister Eckhart*, vol.1, 418.

탈자, 그리고 이해

273

의미를 밝힘으로써 아퀴나스가 제시한 그림의 많은 부분을 채웠다. 이 해가 모든 형태와 심상, 하느님보다 작은 모든 것을 버리는 과정이라면, 하느님이 특정 경험에만 묶여 있다는 생각 또한 버려야 한다. 의지가 올바르게 인도를 받고, 자아가 그분을 받아들일 수 있는 상태에 있다면, 하느님은 어디서든 만날 수 있다. 이는 관상기도가 불필요하다는 이야기가 아니다. 관상기도라는 '비활동'inactivity 가운데 우리는 '활동하시는 하느님'God-in-act을 만나는 것이 무엇인지를 가장 분명하게, 온전히 파악할 수 있기 때문이다. 관조는 "살아 있는 활동"이 흘러나오는 원천이며, 모든 곳에서 하느님을 만나는 은총을 가능케 한다. 에크하르트가 말하는 관조에 바탕을 둔 삶은 아무런 방해도 받지 않고 기도에 몰두하는 삶이 아니라, 하느님께서 그러하시듯 안식과 풍요가 넘치는 삶이다. 기도 가운데 우리는 아무것도 낳지 못하는 외적인 활동들을 정화하고 본연의 길로 인도해주는 실재를 받아들인다.

에크하르트는 죽은 피조물은 외부에서만 움직일 수 있기 때문에 살아있는 피조물과 다르다고 말한다. 즉 살아 있다는 것, 살아간다는 것은 의지에 따라 움직이고, 내부에서 움직이는 것을 의미한다.

> 모든 인간 활동의 기원은 내부에 있습니다. 하느님께서는 당신의 능력으로 우리 내부에서 우리를 움직이십니다. 그러한 인간 활동들은 ... 곧 하느님께서 하시는 활동이며 유익한 일입니다.[62]

---

[62] C. de B. Evans, 'Sayings 32', *Meister Eckhart*, vol.1, 424-5.

에크하르트는 끊임없이 외적 성취에서 벗어나 활동의 원천에 집중하도록 주의를 환기했으며, 참된 관조, 즉 영의 가난, 자기 망각에 기초하지 않고 (경건에 몰두하든 사회 변화에 힘쓰든) 활동에 힘쓰는 사람들을 질타했다. 그리스도인으로의 부름을 내면화하는 활동, 그리고 사회에서 실천하는 활동을 폄하하려는 것이 아니라, 그러한 활동이 동기, 욕망과 분리될 수 없음을 깨닫기를 바랐기 때문이다. 그러한 면에서 그는 그리스도교 전통의 핵심 통찰, 즉 그리스도인의 삶의 중심에는 욕망의 전환이 있으며, 그러한 전환이 없다면 이런저런 활동들은 아무것도 낳지 못하며, 더 나아가 자신과 타인, 주변을 파괴할 뿐이라는 통찰을 충실히 따른다. 그리스도인이 하는 모든 활동의 원천은 하느님이어야 한다는 그의 주장에 안토니우스나 아우구스티누스, 베르나르두스, 아퀴나스는 기꺼이 동의했을 것이다. 그리고 에크하르트는 이를 좀 더 예리하고 날카롭게 표현했을 뿐이다.

아퀴나스와 달리 에크하르트는 피조물인 인간의 활동이 빚어내는 현실에 별로 관심을 기울이지 않았다. 그러한 면에서 그를 범신론자, '흡수 신비주의자'라고 비난한다면, 이해할 수 있다. 에크하르트는 정통 가톨릭 교리라는 제약에서 벗어난 사람, 길을 잃다가 그리스도교계에 머무른 힌두교인이라고 몇몇 사람이 평가한 이유도 쉽게 알 수 있다(이들에게 이는 찬사였다). 그러나 에크하르트가 한 많은 표현이 불명확하고 양가적인 성격을 지니고 있음을 인정하면, 그가 참된 그리스도교 전통 위에 서 있는 이였음을 볼 수 있다. 그에게 그리스도인의 삶은 욕망이 변혁됨에 따라 행동이 전환되는 과정, '나'를 벌거벗겨 하느님의 은총 어린 활동을 받아들이는 과정, 영원한 성자와 일치를 이루는 과정, 그리하여 삼위일체 하느님을 닮는 삶으로 성장해 나아가는 과정이었다. 이는 단순히 신플라톤주의나 베단타 철학으로 치부할 수 없다.

　에크하르트의 진짜 문제는 자신의 사상을 표현할 어휘가 부족했다는 것이다. 1300년 무렵 서방 가톨릭 교회는 저 삶의 기본 원리, '탈자'라는 원리, 하느님께서 자기를 비우시는 사랑에 대한 반응으로 '나'를 비우는 '탈자'의 움직임, 하느님과 인간이 서로에게 현존함으로써 이루어지는 친교를 표현할 신학의 수단을 빠른 속도로 잃어 갔다. 당시 교회는 하느님과의 직접적인 만남을 통해 성장하는 경험, 그렇기에 모호하고 고통스러우며 분투하는 가운데 성장하는 경험에 대한 감각을 잃고 있었다. 신학의 뿌리는 바로 그러한 경험에 있으며 그리스도교 사유는 십자가와 부활이라는 역설을 마주하는 것, 거기에 인격적으로 참여하는 것과 분리될 수 없다는 점을 당시 다수의 신학자는 충분히 깨닫지 못했다. 중세가 막바지에 이르자 지성과 의지, 스콜라 신학자들과 하느님의 가난한 종들 사이의 간극은 심각할 정도로 벌어졌다. 당시 신학은 관조의 여정을 걷고 있는 이들이 자신의 삶을 신학적으로 설명할 수 있게 해 줄 언어를 거의 제공해 주지 못했다. 이러한 맥락에서 에크하르트가 세상을 떠나고 거의 200년 뒤에 일어난 신학 혁명은 이러한 교회 현실에 대한 격렬한 반격, 경험과 만남을 신학의 영토로 되찾기 위한 필사적인 시도라 할 수 있다. (성공적으로 이루어진 경우는 매우 드물었지만) 종교개혁가들은 교회가 잃어버린 이해의 기예art of understanding를 끊임없이, 진지하게 탐색했다. 아이러니한 사실은 종교개혁가들이 그토록 적대감을 표출했음에도 불구하고 위대한 스콜라 신학자들인 아퀴나스와 에크하르트가 찾으려 했던 것도 바로 그러한 이해의 기예였다는 것이다.

07

—

사람의 아들이라는 징표

그리스도교 세계의 종말

중세 후기 그리스도교 세계에서 수많은 그리스도교 사상과 실천
은 현저하게 퇴보했다. 이 시기 예술 작품들을 보면 무언가 과열된 양
상, 정제되지 않은 인간의 감정에 호소하는 경향을 볼 수 있다.[1] 한편,
이 시기 지성들은 과거의 신학적 성찰의 방식과 분리되는 징후를 보였
다. 그들은 감각 경험으로 얻는 즉각적인 자료 너머를 추상하는 인간
정신의 능력에 대해 깊이 회의하며, 그때까지 전해진 신학적 명제들을
정교하게 분석하였다. 당시 주류로 자리 잡은 이러한 흐름을 오늘날

---

[1] Simon Tugwell, *Ways Of Imperfection: An Exploration Of Christian Spirituality* (London: Darton,
Longman & Todd, 1984) 이 책 14장에서 터그웰은 이에 관련된 통찰력 있는 논의를 펼치
고 있다.

학자들은 유명론nominalism이라고 부른다. 이에 따르면, 개별 사물들의 본성에 관해 이야기하는 '일반' 개념들은 본질적으로 관습의 산물이다. 이 개념들은 개체들의 세계를 가리킬 뿐, 우리가 지각할 수 있는 구체적인 사물 너머, 그 위에 있는 본질의 영역을 가리키지 않는다. 그러므로 우리는 지각할 수 있는 것들에 대해서만 말할 수 있으며, 우리의 지각을 조직화하는 관념들은 지각하는 것들을 명확하게 말하기 위한 도구에 불과하다. 이러한 흐름에서는 하느님에 관해 이야기하기가 (당연히) 어려워진다. 하느님에 관한 말이 지각할 수 있는 대상에 관한 말이 아니라면, 우리가 일상에서 무언가를 알고, 이에 대해 말하는 방식과 하느님에 대해 말하는 방식 사이에는 연결고리가 없어 보인다. 6장에서 다룬 용어들을 빌려 말하면 세상에 대해 '지성'이 작동하는 방식과 하느님에 대해 지성이 작동하는 방식은 다르다.

여기에는 두 가지 의미가 있다. 하느님을 알기 위해서는 자연적이지 않은 방식, 즉 계시를 통해 정보를 받아야 하며, 이 정보를 믿기 위해서는 하느님에 대한 헌신과 순종을 결단해야 한다. 그리스도교 신앙 중 의지에 바탕을 둔 헌신에 관심을 기울이는 이러한 경향의 최초 징후는 아퀴나스 직후 세대에 해당하는, 프란치스코회의 위대한 신학자 둔스 스코투스Duns Scotus의 저술들에서 엿볼 수 있다. 그에 따르면 의지는 우리가 스스로 결정해 '주어진 것'을 초월하게 하는 능동적인 힘이기 때문에 지성보다 더 귀하다. 지성에는 실재가 제시하는 것을 받아들이거나 거부할 힘이 없지만, 의지에는 그런 힘이 있다. 하느님께서도 당신의 사심 없는 뜻(의지)에 따라 세상을 창조하시고 도덕률을 집행하신다. 이는 세상이 달라질 수 있고, 도덕률 역시 원칙적으로는 (하느님의 뜻에 따라) 작동하지 않을 수 있음을 의미한다. 도덕률이 작동하고 있다면, 그것은 하느님께서 자신이 창조하신 것에 질서와 규칙이 있게끔, 자신의 힘을 그런 식으로 배치하기로 결단하셨기 때문이다. 그럼에도 불구하고 이 모든 것은 하느님의 궁극적인 결단에 달려 있다. 스코투스는 유명론자가 아니지만 그는 훗날 신학적 주의주의자 theological voluntarist들이 자신들의 입장을 좀 더 체계적으로 진술할 수 있는 길을 열어 주었다. 둔스 스코투스의 가장 위대한 후계자는 의심의 여지 없이 (스코투스와 마찬가지로) 프란치스코회 수도사인 오컴의 윌리엄William of Ockham이다. 그는 신앙이란 하느님께서 알려 주기로 결단하신 명제들에 순종하는 것이며, 철학자는 자신이 할 수 있는 모든 능력을 발휘해 이 명제들을 분석할 수 있다는 견해를 매우 정교하게 발전시켰다. 그의 저술들에는 교리적 성격을 지닌 관용구들에 대한 명확하고도 중요한 설명이 담겨 있다. 그러나 이는 하느님에 관한 앎이 다른 종류의 앎과 어떠한 관련이 있느냐는 질문과는 분리된 설명들이다. 달리 표현하면, 그는 인간인 우리가 하느님을 어떻게 알 수 있느냐, 어떻게 그분의 가르침을 배울 수 있느냐는 문제를 회피한다. 그러한 면에서 오컴 본인은 교황절대주의papal absolutism를 강하게 비판했으나 14세기와 15세기 교황 절대주의를 옹호한 이들도 그와 철학적 가정을 공유했다는 사실은 그리 놀랍지 않다. 아퀴나스와 그를 따르는 이들은 하느님에 관한 인간의 이해가 기이한 방식으로 작동한다는 점을 인정했지만, 하느님에 관한 앎과 다른 앎 사이에 일종의 '가족 유사성'family resemblance이 있음을 부인하지는 않았다. 이러한 생각 위에서는 신앙을 익힐 때 역사적이고 우연적인 요소가 나름의 중요성을 갖고 있다고 말할 수 있다. 이 유사성과 연속성을 모두 부정하면, 계시와 관련해 특정 권위를 중시하는 신학, 혹은 종교적 앎에 대한 개인의 주관적인 설명에 특권을 주는 신학으로 이어질 것이다. 모순처럼 보일 수 있지만, 신학은 신앙과 관련된 개념들의 관계를 분석하는 활동으로 보면서, 동시에 종교적 헌신은 순전히 개인의 순종 여부에 달린 것으로, 종교 경험은 근본적으로 사적이며 분석할 수 없는 경건 활동으로 보는 상황이 일어날 수 있는 것이다. 이러한 상황에서 그리스도인의 삶은 사회적 혹은 (교회를 포함한) 공동체적 성찰과는 무관해지고, 신학은 신학 자체의 기초에 대한 숙고 없이 순전히 그 개념들의 관계를 다루는 법만을 연마하는 활동이 되어 버린다. 종교개혁 직전 서유럽, 종교개혁 이후 한 세기 이상 일부 개신교 세계에서는 이러한 현상이 거의 보편적으로 일어났다.

한편 14세기와 15세기 유럽 전역에서는 하느님을 향한 순례 체험에 깊은 관심을 기울이는 '신비주의'가 꽃을 피웠다. 에크하르트와 같이 도미니크회 수도사들이었던 수소Suso와 타울러Tauler는 영적 가난과 "영혼의 불꽃"이라는 에크하르트의 견해를 발전시켰다. 잉글랜드에서는 요크셔 햄폴의 리처드 롤Richardus Rolle이 영적 삶이 가져다주는 구체적인 위로에 관한 글들을 쓴 한편, 한 익명의 저자는 위디오니시우스의 사상을 탁월하게 요약한 「무지의 구름」The Cloud of Unknowing을 써서 신앙이 주는 위로에 의존하는 것을 경고하고, 기도를 통해 하느님을 받아들일 수 있도록 여백을 마련하는 것의 중요성을 강조했다. 월터 힐튼Walter Hilton은 「완전의 척도」Scale of Perfection를 써서 기도 생활이 어떤 성장 단계를 거치는지 자세히 분석했다. 이 시기 잉글랜드 영성 작가 중 특히 중요한 인물은 여성 은둔 수도사인 노리치의 줄리언Julian of Norwich이다. 탁월한 직관을 지닌 신학자였던 그녀는 자신이 본 환상을 기록한 「신성한 사랑의 계시」Revelations of Divine Love에서 하느님의 희생하는 사랑의 근본 형태인 그리스도의 십자가를 중심으로 상상력 넘치는 세계를 그렸다. 노리치의 줄리언이 본 하느님은 인간에게 적대적이거나 인간의 번영을 질투하는 하느님과는 거리가 멀었다. 그녀는 하느님을 인간을 연민하고, 자기를 선물로 내어주시는 분으로 받아들일 수 있게 해 주는 삼위일체 모형을 제시했다. 전체 신학사를 염두에 두었을 때 줄리언이 혁신적인 견해를 제시했다고 보기는 어렵다. 하지만 하느님을 본질적으로 '자기를 비워 내어주시는' 분으로 여길 수 있게 해 주었다는 점에서 그녀는 교회 역사상 가장 위대한 신학적 예언자들과 어깨를 나란히 할 자격이 있다. 저지대 국가들Low Countries(*오늘날 기준으로 네덜란드, 벨기에, 룩셈부르크와 프랑스 북부, 독일 일부 지역을 포함한 곳)에서 뤼스브루크Ruysbroeck는 에크하르트와 유사하나 훨씬 더 삼위일체에 관심을 기울인 그림을 더 많은 청중에게 전달했다. 평신도와 성직자 모두를 위한 수많은 수도회와 공동체가 탄생했고, 그중 한 곳인 성 아그네스 수도원에서 아우구스티누스회 수도사 토마스 아 켐피스Thomas a Kempis는 「그리스도를 본받아」Imitation of Christ를 집필했다.

위에서 언급한 이들 중 자신이 '신학자'theologian라고 생각한 사람은 없었다. 당시 적잖은 이들은 신학을 지적 사변, 특정 학파의 말장난으로 여겼다. 물론 스콜라주의 용어를 잘 알고 활용한 이들도 많았다. 그렇지만 그때 이들은 자신들이 스콜라주의 용어를 쓴다는 것을 의식했고, 그렇게 쓰기를 의도했다. 이는 독특한 사상가였던 에크하르트에게서도 엿볼 수 없는 움직임이었다. 에크하르트는 당시 스콜라주의가 여지를 주지 않은 무언가를 말하기 위해 스콜라주의 용어들과 씨름했다. 그러나 이후 작가들은 이러한 투쟁을 벌이지 않았다. 간격이 너무 벌어졌다.

중세 후기 사상가들이 의지에 관심을 기울인 것을 두고 아우구스티누스 전통의 한 측면을 발전시켰다고 말할 수도 있다(아우구스티누스의 플라톤주의는 스코투스와 그의 추종자들에게 강한 비판을 받았지만 말이다). 앞에서 우리는 아우구스티누스가 (특히 그의 생애 말에) 그리스도인의 삶의 원천은 (거의 전적으로) 눈먼 욕망의 이끌림에 있다고 보았음을 살핀 바 있다. 그러나 그렇다고 해서 그는 인간의 정신mens 전체가 하느님과 친교를 나누도록 운명 지어졌음을, (「삼위일체론」에서 시사하듯) 의지, 혹은 사랑은 기억과 이해를 자아로부터 하느님께로 인도한다는 것을 결코 부정하지 않았다. 또한, 그는 다른 '기능들'이 의지에 종속된다고 보았지만, 그렇다고 해서 이것들과 의지를 분리할 수 있다고 보지 않았으며, 의지가 이것들을 집어삼킨다고 여기지도 않았다. 의지만으로는 앎을 얻을 수 없다. 의지를 작동시킨다고 해서 인간 주체 전체가 움직이지는 않는다. 기억과 지성이 좌절될 때 의지가 어쩔 수 없이 중심에 놓이게 될 때가 있지만, 그건 어디까지나 주체의 '지향성', 타자를 향해 나아가는 인간 정신 전체 활동의 일부일 뿐이다. 그러므로 의지가 실질적으로 가장 중요하다고 이해하는 것, 의지의 궁극적 우위를 인정하는 것이 진정한 아우구스티누스주의라고 말할 수는 없다. 앎은 사랑보다 열등하다는 스코투스주의자들의 확신에 토마스주의자들은 (아무리 불완전하다 할지라도) 이해와 무관한 사랑은 있을 수 없다고 단호하게 답할 것이다.

주체성subjectivity을 논할 때 고전적인 삼분법에 따라 생각하지 않는 오늘날, 이러한 논쟁들은 먼 이야기로 보일 수 있다. 하지만 오늘날 윤리학과 심리학에서도 인간에 대해 논할 때 가장 중요하고 가치 있는 요소로 의지를 꼽는 경향이 있다. 또한, 공적 세계, 사회에서 인간은 필연적으로 일정한 제약을 받는다는 사실, 의식적인 적응, 자기 수정, 성찰, 의도적 활동에 구속된다는 사실을 인정하지 않는 흐름은 광범위하게 퍼져 있다. 인간의 의지와 결단을 지나치게 강조하는 실존주의 흐름은 그 극단적인 예다. 인간의 가능성이 무한하지 않다면, 의지가 끊임없이 좌절하지 않으려면 추론은 불가피하다. 인간의 가능성이 무한하다면 그가 자신의 의지를 마음껏 발휘할 수 있는 곳은 사적인 영역밖에 없다. 그곳에서만큼은 홀로 모든 제약으로부터 자유로우니 말이다. 이론상 사적 믿음의 세계에서 의지는 자유롭게 작동할 수 있다 (실제로는 그조차 공적 현실과 관련이 있으며 그 제약을 받지만 말이다).

그리스도교는 공공 영역, 사회, 역사에 헌신하기에 순전한 주의주의 성향의 종교로 환원될 수 없다. 공적 현실은 아무리 양가성을 지니고 있더라도 그리스도교에 '차이'를 만들며 그 차이만큼 그리스도교는 인간의 앎 및 성찰의 과정에 관여한다. 이러한 의미에서 그리스도교는 '역사적' 종교다. 이는 그리스도교의 모든 부분을 역사로 증명할 수 있다는 이야기가 아니다. 다만 역사는 그리스도교라는 건축물의 필수적인 부분이며, 특정 역사적 사실들의 진위는 그리스도교에서 매우 중요하다. 이를 스콜라주의 용어로 번역하면, 인간이 이해를 통해 공적 세계, 물질 세계로부터 받아들이는 것은 신앙의 대상과 불가분의 관계에 있다. 신앙과 앎과 의지가 같다고 여길 때 믿음은 무적이 된다. 하지만 그 결과 신앙은 그 무엇과도 소통할 수 없게 되는 대가를 치른다. 20세기 신학에 대해 조금이라도 안다면, 이는 그저 지나간 이야기로 취급할 수 없다. 무적이 되고픈 유혹은 여전히 매력적이다.

청년 루터

마르틴 루터는 평생 "세상의" 사실과 초월적인, 구원과 관련된 진리 사이의 관계에 관심을 기울였다. 한때 학자들은 루터가 오컴과 같은 유명론에 빚을 지고 있음을 강조하곤 했다. 그러나 최근에는 종교 개혁자들이 당대 신학계 주류에 맞서 신학과 경험 사이의 관계를 옹호하기 위해 고군분투했다는 사실이 점점 더 분명하게 드러나고 있다. 어떤 의미로도 루터는 철학자가 아니었고, 당시 철학계를 지배한 조류가 무엇이든 간에 이에 대한 루터의 반응은 전문가의 반응이 아니었다. 그는 당대 일부 개혁적인 가톨릭 신학자들처럼 플라톤을 복권하기 위해 고전 학문을 연마한 인문주의자도 아니었다. 루터는 성서와 초기 그리스도교 전통을 다시 발견하는 데 관심을 기울인 이들과 훨씬 더 친밀하게 지냈으며, 독자적인 방식으로 바울과 아우구스티누스의 저술들을 읽었다. 젊은 탁발 수도사이자 교사로서 그는 자신이 활동하기한 세기 반 전에 등장한 독일 신비주의 저술 전통, 특히 타울러의 저술들과 익명의 저자가 쓴 「독일 신학」Theologia Germanica(루터는 이 책의 독일어판을 직접 제작하기도 했다)에 호감을 보였다. 당대 루터에게 영향을 미친 사상들은 모두 비非스콜라주의였던 것이다. 유명론으로 루터의 사상중 일부 특징을 설명할 수는 있지만, 그렇다고 해서 유명론을 루터 사상의 주요 원천으로 볼 수는 없다. 루터는 당시 가톨릭 교회를 개혁하는 데 관심이 있던 박식한 "복고주의자"primitivist들, 교회와 신학교를 대대적으로 정화해 신학 본연의 성격을 회복하기를 바랐던 이들, 신학의 본연의 성격은 단순히 교리 언어를 분석하거나 후기 스콜라 학파의 사변과 개념 구조를 정리하는 활동이 아니라 성서와 초기 교부들의 저술들을 해석하는 훈련이라고 여겼던 이들 중 하나로 보아야 한다.

루터가 속해 있던 아우구스티누스회 탁발 수도사들, 혹은 은둔 수도사들은 대체로 이러한 경향을 보였다. 루터가 서원하고 들어간 에어푸르트는 규율이 엄격한 수도원이었고, 그가 교수로 부임한 (당시 신설된) 비텐베르크 신학부에는 아우구스티누스회 수도사들이 교수로 활동하고 있었다. 학부의 초대 학장은 당시 독일 아우구스티누스회 총대리vicar general였던 요한 폰 슈타우피츠Johann von Staupitz로 신학과 성서에 대한 지식이 풍부하며 뛰어난 감수성을 지닌 사목자였다. 루터는 섣불리 누군가를 칭찬하지 않았지만, 자신에게 공감하고 자신이 최대한 자제력을 발휘할 수 있게 해 준 슈타우피츠만큼은 평생 존경했다. 1520년

슈타우피츠가 총대리를 사임한 일(그는 1524년 베네딕투스회 수도사로 세상을 떠났다)은 루터와 수도회 및 당시 교회 전체의 관계가 악화의 길로 들어서는 결정적인 계기가 되었다. 모든 면에서 1520년 청년 루터는 비교적 마음이 맞는 동료들, 급진적이라 해도 온건하게 급진적인 분위기에 둘러싸여 있었다. 그러한 면에서 1519년 면벌부를 판매하기 위해 테첼Tetzel이 벌인 선전 활동으로 인해 루터가 혁명가가 되었다는 견해는 매우 기이해 보인다. 루터가 일으킨 반란을 이런 식으로 보는 건 (많은 사람에게 인기가 있는 견해지만) 사태를 희화화하는 것이다. 1519년에 일어난 일이 위기라면, 루터가 오랜 시간 걸쳐 익힌 생각과 오랜 기간 겪은 고통을 엮어 하나의 무기를 만들어내게 했다는 점에서 위기였다. 이후 그는 그리스도교가 선포한 것들 가운데 자신이 복음이라고 깨달은 바를 진술했으며 당대 교회를 향해 이를 긍정하겠는지, 혹은 부정하겠는지를 물었다. 교회는 얼버무렸고, 루터는 이를 거부로 알고 그에 따라 반응했다. 1519년까지 루터의 내면에서 일어난 투쟁, 그 고통을 헤아리지 못한다면 종교개혁은 제대로 이해할 수 없다.

아주 드물지만, 다수가 진부하다고 여기는 말과 문구를 접하고 강렬한 체험을 하는 경우가 있다. 당시 (전체 교회의 차원에서 감사하게도) 루터가 그랬다. 그는 너무나도 단순하게 자신을 섬기라고 하는 하느님의 얼굴을 보았고, 자신이 본 하느님을 증오했다. 그때 하느님은 다른 무엇보다 의로운 존재로, 자신처럼 의로울 것을 그에게 요구했고, 이 요구에 응하지 않으면 정죄했다. 하지만 끝없이 자기중심적이고, 자기만 바라보며, 동시에 자기 분열적인 인간의 영혼이 어떻게 그런 요구에 순전히 응할 수 있단 말인가? 인간의 행동과 동기는 그 무엇 하나 분명하지 않다. 그런 와중에 누가 감히 자신이 선한 행동을 했다며 이에 만족할 수 있을까? 누구도 그럴 수 없다. 수년간 고해실에서 자기 고문을 한 끝에 루터는 이를 깨달았다. 불가타 성서는 '속죄'penitence를 요구했다. 복음서에 나오는 "회개하라"repent는 구절을 "속죄하라"는 뜻의 '포이니텐티암 아기테'Poenitentiam agite로 번역한 것이다. 죄가 매일 일어나는 실패이자 의심이라는 점에서 악몽이라면, 속죄는 보상을 받기 위해 명백히 선한 행동(보상을 목적으로 한다는 점에서 이미 그 동기는 의심스러워진다)을 하려 끝없이 고군분투한다는 점에서 악몽이었다. 어떻게 진실로 하느님 마음에 드는 행동을 할 수 있을까? 말년에 그가 자주 한 표현을 빌리면, 루터는 지옥, 즉 도덕적, 영적 절망을 경험했다. 청년 루터에게 하느님은 이 끔찍한 세상을 주관하는 분, 그러면서 인간에게 불가능한 것을 요구하고, 이를 따르지 못하면 (현세에서뿐만 아니라 내세에서도) 잔인한 벌을 내리시는 분이었다.[2] '하느님의 의'Justitia Dei는 인간의 삶 전체에 대한 위협이었다. 루터는 한동안 이 표현을 병적으로 혐오했다.[3]

성서를 통틀어 '속죄'만큼 쓰디쓴 말은 없습니다.[4]

---

[2] 이 경험들에 대해서는 다음을 참조하라. Gordon Rupp, Benjamin Drewery(ed.), *Martin Luther* (London: Hodder Arnold, 1970), 4 이하.

[3] Gordon Rupp, Benjamin Drewery, *Martin Luther*, 6.

[4] Betram Lee Woolf(ed.), *Reformation Writing of Martin Luther: Vol. 1* (London : Lutterworth Press, 1952), 57.

이에 (그리스어 학자였던) 슈타우피츠는 루터가 안도할 수 있는 중요한 원천 하나를 마련해 주었다. 그는 루터에게 신약성서에 나오는 속죄는 편협하고 형식을 강조하는 중세의 속죄poenitentia보다 훨씬 풍요로운 개념이라고 말했다. '메타노이아'μετάνοια는 전 인격의 방향 전환을 뜻하는 '회심'과 '전향'이지, 하늘에 있는 독재자를 만족시켜 주기 위해 하는 행동이 아니었다. 루터는 그리스어 본문 연구를 통해 이를 확인했다. 상상력 넘치는 루터의 지성은 이 새로운 개념에 커다란 자극을 받았다.

슈타우피츠의 공감 어린 격려에 용기를 얻은 그는 성서 연구를 하며 성서 본문에서 은총을 베푸시는 하느님을 끌어내기 위해 분투했고, 1513년과 1516년 사이 어느 시점에 그 단서를 찾았다. 이 시기 루터는 시편과 로마인들에게 보낸 편지를 강의하고 있었는데, 이 성서 본문을 살피며 그는 점점 더 하느님의 '의'에 관한 문제를 진지하게 고민했다. 루터가 정확히 언제 이 문제에 관한 돌파구를 찾았는지를 두고 학자들이 논쟁을 벌이고 있지만 시기를 특정하는 문제는 그렇게 중요한 문제는 아니다.[5] 무엇보다 중요한 사실은 이 시기 루터가 '하느님의 의'가 (하느님이 우리를 정죄하신다는 점에서) "능동적"이지 않으며 (우리를 의롭게 하셔서 받아들이신다는 점에서) "수동적"임을 깨달았다는 것이다. 하느님의 의는 그분이 우리를 자신의 것으로 만들기 위해 우리에게 주시는 것이다. '하느님의 의'는 정죄가 아니라 은총이다. 루터는 일종의 유월절 체험, 속박에서 벗어나는 경험을 했다(그는 슈타우피츠에게

---

[5] 이와 관련된 논의들은 루터에 관한 중요한 연구서인 다음 책이 잘 소개하고 있다. Gordon Rupp, *The Righteousness of God: Luther Studies* (London: Hodder and Stoughton, 1953), 129.

이와 관련해 감동적인 편지를 썼다).[6] 이것이 그의 회심이었다. 이 전환을 통해 루터는 온 세상을 새롭게 보았고, 새로운 하느님을 보았다. 그 하느님은 내가 사랑할 수 있고 기도할 수 있고, 심지어 나를 벌하고 죽인다 해도 신뢰할 수 있는 분이었다. 그 하느님은 낯설고 두려운 분이면서 동시에 삶과 희망의 원천이 되는 분이다. 1518년, 루터는 하이델베르크에서 열린 공개 토론에서 자신이 쓴 논제들을 변론하라는 요청을 받았다.[7] 이때 그가 제출한 논제들은 후기 스콜라주의의 특징인 '영광의 신학'theologia gloriae과 대비를 이루는 새로운 신학, 루터의 말을 빌리면 '십자가 신학'theologia crucis을 잘 보여 준다. 영광의 신학은 "악을 선이라고, 선을 악이라고 부른다"(논제 21). '영광의 신학'은 겉모습만 보기에 하느님께서 하시는 활동의 낯설고 역설적인 성격을 감지하지 못한다. 십자가 신학은 하느님의 심판을 두려워하거나 거기에 움츠러들지 않고 직면해 이를 선이라 부르고, 의심, 직무 유기, 두려움이라는 '악'을 정확하게 바라본다.

> 십자가 신학이 없으면 인간은 가장 선한 것을 가장 악한 방식으로 오용한다. (논제 24)

율법은 인간에게 자신의 무력함을 일깨워 준다. 율법을 단순히 반드시 따라야 할 규정으로 취급하는 율법주의로 율법의 파괴적 효과를 누그

---

[6]   Betram Lee Woolf, *Reformation Writing of Martin Luther: Vol. 1*, 58.
[7]   발췌본을 다음 책에서 볼 수 있다. Gordon Rupp, Benjamin Drewery, *Martin Luther*, 27-29.

러뜨려서는 안 된다. 마찬가지로 인간의 지혜와 이성은 우리의 가난을 있는 그대로 보는 데 써야 하며 자신의 힘을 부리기 위한 도구, 신성한 진리를 밝히기 위한 사변의 도구가 되어서는 안 된다. 인류와 하느님의 관계에서 '율법'은 인류에게 절대적인, 그러나 결코 충족될 수 없는 요구를 한다. 율법은 심판자이자 사형 집행자다. 그러나 율법은 그리스도를 죽일 수 없다. 율법이 제거하고 파괴하는 것은 우리 안에 있는, 그리스도가 아닌 모든 것이다(논제 23). 신학이 '하느님의 보이지 않는 것들'invisibilia Dei을 세상에서 분명히 볼 수 있다고, 혹은 경험할 수 있다고 여긴다면 이는 자기기만이다. 이러한 맥락에서 하이델베르크 논제의 핵심 진술은 20번째 논제다.

> 고난과 십자가를 통해 보이는 '하느님의 보이는 것들',
>
> 이들을 통해 드러난 것들을 이해하는 사람은 신학자의 자격이 있다.

이 논제에 대한 "증거"로 루터는 고린토인들에게 보낸 첫째 편지 1장에 나오는 "하느님의 어리석음", "하느님의 약함"을 든다. 하느님은 오직 굴욕과 고문을 당한 예수의 모습으로만 자신을 '가시적으로', 공공연히, 역사 속에 드러내신다. 그런 모습으로 자신을 드러내시는 이유는 인간이 자신의 이성을 따라, 사변을 통해 눈에 보이지 않는 신성한 진리의 영역으로 들어갈 수 있다는 왜곡된 믿음을 갖고 있기 때문이다. 하느님께서는 자기 자신을 지상의 현실로 만드심으로써 사변적인 신학을 뒤엎으신다.

한 가지 측면에서 루터는 경험을 중심으로 하는 철학적 선구자들의 자식이라 할 수 있다. 루터 역시 인간의 앎은 역사의 제약을 받으며 이를 넘어선 무언가를 직관으로 파악할 수는 없다고 보았다. 이를 진지하게 받아들이면 종교적 조명을 통해 전달된 명제가 어떤 특권과 권위를 지니고 있다는 생각을 거부하게 된다. 여기서 하느님에 관한 모든 말은 그분의 부재에 관한 말이다. 우리가 살아가는 세계에서 하느님은 결코 단순한 사실로 우리에게 다가올 수 없다. 우리는 하느님을 십자가, 버림받은 가운데 죽은 한 인간을 통해 안다. 달리 말하면 모든 사람이 하느님을 만날 수 있는 곳은 죄, 지옥, 고통과 죄책감, 외로움, 절망 등 하느님을 반대하거나 그분과 대립하는 곳들이다. 신학은 바로 여기서, 가장 극단적인 '하느님 없는 세상'the godless world에서 시작된다. 하느님과 관련해 인간이 만들어낸 모든 개념이 부정당하고 조롱당하는 곳에서만 하느님은 하느님이실 수 있다. 역설적이지만, 초월의 흔적이 전혀 보이지 않는 상황과 경험, 어떤 종교적 단서도 찾아볼 수 없는 상황과 경험 속에서만 하느님의 진정한, 그리고 절대적인 초월성을 이해할 수 있다. 루터가 20번째 논제에서 주장했듯 십자가의 무신성 godlessness of the cross 가운데서 일어난 인간과 하느님의 만남을 제쳐두고 하느님의 초월성, "그분의 영광과 위엄"을 고찰하는 것은 아무런 쓸모가 없다. 모든 신학적 사변, 깔끔하게 통제된 개념이 사라지는 십자가에서 하느님은 하느님으로 계신다. 이러한 방식으로 루터는 부정 신학 전통을 경험과 역사에 초점을 맞추어 재구성한다. 하느님은 예수의 십자가를 통해 우리가 만들어낸 (당신에 관한) 모든 심상을 깨뜨려 버리시는 위대한 "부정 신학자"다. 하느님의 참된 생명, 활동, 그분이 우리와 함께하신다는 흔적을 찾으려 한다면, 우리는 이와 대립하는 것처럼 보이는 그리스도의 고통과 죽음, 그리고 우리 자신의 죽음과 지옥을 바라보아야 한다. 십자가 신학은 눈에 보이는 것, 세상에 속한 것에만 관심을 기울인다. 이때 눈에 보이는 것, 세상에 속한 것은 '하느님의 옷'the garment of God이다. 영광의 신학은 세상에 속한 것에서 벗어나려 함으로써 하느님께 등을 돌린다.

> (요한복음서 14장 8절에서) 빌립은 영광의 신학을 따라 우리에게 아버지를 보여 달라고 말했다. 이에 그리스도께서는 다른 곳에서 하느님을 보려는 허황한 생각을 버리라 조언하시고 자신에게로 인도하시며 말씀하셨다. "빌립아 ... 나를 본 사람은 아버지를 보았다." (요한 14:9)[8]

이 무렵 루터의 사상과 신비주의 전통의 연관성을 의식했던 과거 몇몇 루터교 학자는 십자가 신학을 루터가 '가톨릭'에서 점차 벗어나는 과정의 한 단계로만 치부하곤 했다. 그러나 1929년 처음 출간된 발터 폰 뢰베니히Walter von Löwenich의 『루터의 십자가 신학』Luther's Theology of the Cross은 십자가 신학이 루터 전체 사상의 기초를 이루고 있음을 분명히 했다. 그리고 고든 럽Gordon Rupp이 영역한 5판(1967년) 서문에서 언급했듯, 뢰베니히는 루터의 사상이 독일의 관상 훈련 전통과 연속성이 있

---

[8] 20번째 논제에 대한 증명, Gordon Rupp, Benjamin Drewery, *Martin Luther*, 28.

음을 기꺼이 인정한다. 하느님을 억제하거나 통제하려는 인간의 모든 노력이 수포로 돌아갈 때 비로소 진정한 그리스도교 신앙이 시작된다는 견해는 가톨릭 전통에서 주류를 이루는 관점이다. 루터가, 그리고 금세기까지 고전적인 개신교가 반대한 것은 관상을 중시하는 방식이 '하느님을 인간의 경험에 가두는' 신비주의로 변질되는 것이다. 어떠한 종교 체험도 하느님을 분명하게 매개할 수 없으며, 내면의 평화 그 자체에 천착해서는 안 된다는 에크하르트의 주장은 루터의 생각과 매우 유사하다. 에크하르트(그리고 루터가 폭넓게 연구한 에크하르트의 제자 수소와 타울러)에 비추어 루터를 읽는다면 이 종교개혁가를 단순히 관상 신학과 관상 훈련의 적으로 볼 수는 없다. 오히려 그는 관상의 근간에는 우상 파괴가 있음을 강하게 옹호한 사람이었다.

그렇다면 (일부 비평가들이 주장했듯) 루터는 그리스도인의 삶을 순전히 의지에 기대어 특정 관점에 따른 해석을 실천하는 것으로 여겼을까? 그는 인간이 하느님의 생명에 참여하는 것을 경험할 가능성을 완전히 거부하는 유명론자일까? 이는 루터가 그리스도인의 삶에서 발전과 변화에 커다란 관심을 기울였다는 점을 심각하게 오해한 것이다. 루터의 비판자들은 루터가 '의'를 전적으로 인간 밖에 있는 것, 전적으로 하느님에게만 속해 있는 것으로 보았다고 여긴다. 하지만 실제로 이 이야기를 들었다면 루터는 극렬히 거부했을 것이다. 물론 그는 거룩함이란 '수동적'이라고, 즉 인간이 성취할 수 있는 것이 아니라 하느님께서 우리 안에서 활동하심으로써 드러나는 것이라고 여겼다. 그러나 그렇다고 인간의 경험이 공허한 일이 되지는 않는다. 하느님께서 활동하시면, 그 활동을 우리는 경험한다. 루터의 강조점은 그 경험을 십자가라는 틀에 비추어 엄격하게 해석해야 한다는 데 있다. 십자가만이 그러한 경험의 유일한 해석틀이다. 신앙은 자기 고발accusatio sui의 경험, 자기 자신으로부터 소외되는 경험에서, 죄책감과 정죄를 감지하는 데서 시작한다. 율법과 진노가 가득한 곳에 그리스도께서 십자가를 지고 계심을 볼 때 우리는 회심한다.[9] 그리스도인의 겸손은 바로 여기서 나온다. 그리스도인에게 겸손이란 자신이 완전히 궁핍한 존재임을 인정하고, 자신이 상상하는 지혜, 자신이 상상한 의를 "비우는" 것이다. 사물들, 사태들에 진실로 걸맞은 이름을 부른다는 점에서, 세상에서 성공을 이루었다는, 참된 집에 있다는 착각, 그러한 외양을 꿰뚫어 자신이 처한 절박한 상황, 그 진실을 드러낸다는 점에서 회심은 참된 "자기 자신에게로 돌아오는 것"이다. 의심할 여지 없이 회심은 경험이지만, 전통적인 의미에서 '종교적' 경험은 아니다. 회심은 십자가 이야기라는 빛에 비추어 자신의 경험을 "다시 이야기하는 것"이다. 자기기만에 사로잡혀 있던 인간이 하느님의 진노와 마주하면 그는 자기기만에서 벗어나 회개한다. 이는 결코 한순간에, 일시적으로 일어나지 않는다. 칭의는 한 번에 문제를 해결하거나 제거해주는 사건이 아니다. 그리스도인의 이중적인 경험, 즉 하느님의 진노와 은총을 발견하는 일은 일평생 교차해 일어난다.[10] 망상, 망상에 바탕을 둔 자기만족을 제거하

---

[9] Gordon Rupp, *The Righteousness of God*, 167-73.

[10] Gordon Rupp, Benjamin Drewery, *Martin Luther*, 27. 그리고 다음을 참조하라. Regin Prenter, 'Holiness in the Lutheran Tradition', *Man's Concern with Holiness* (London: Hodder and Stoughton, 1970), 127-28.

지 않는 곳에 은총은 없다.

은총과 용서의 모든 순간은 자기 고발의 경험에 달려 있다. 인간은 하느님과 화해하기 전에 먼저 자신의 소외를 보아야 한다. 이것이 바로 (수없이 인용되었지만 그만큼 많은 오해를 받은) 그리스도인은 "의인인 동시에 죄인"simul justus et peccator이라는 말의 의미다. 그의 중요한 글 중 하나인 「노예의지론」De Servo Arbitri에서 루터는 이를 명확히 설명한다. 그가 보기에 그리스도인은 매일 체험하는 거부당함과 받아들여짐, 거리감과 친밀감, 죄의식과 은총과 같은 양극을 십자가 사건이라는 이중의 의미를 지닌 하느님의 활동, 진노와 자비의 현현과 결합한다. 바로 이것이 그리스도인의 경험을 빚어내는 근본 구조다. 지옥 한가운데서도 그리스도의 십자가로 인해 그리스도인은 자신이 하느님께 용서받았음을 안다. 그렇기에 그리스도의 십자가는 참된 그리스도교 신앙의 기준이다.

> 어둠과 흑암 가운데 있기에 나는 아무것도 보지 못하며 오직 믿음, 소망, 사랑으로 산다. 나는 약하다. 달리 말하면 나는 고통받는다. 내가 약할 때 나는 강하기 때문이다.[11]

분명 루터는 인간의 성화에 관심을 갖지만, 이때 성화는 '수동적'이다.

---

[11] 'the Operationes in Psalmos', *Weimar edition of Luther's works*, Vol. V, 176. 16. Walter von Löwenich, *Luther's Theology of the Cross* (Minneapolis: Augsburg Publishing House, 1976), 83에서 재인용.

성화는 (하느님으로부터 버림받는) 시련Anfechtung(좀 더 강한 의미로는 시험에 드는 것)과 분리될 수 없다. 하느님께서는 "당신의 권능을 약함 가운데서만 드러내실 수 있기 때문이다".[12] 은총으로 나아가는 길은 자기 자신을 끊임없이 포기할 때, 자기 의심이라는 지옥을 받아들일 때 열린다. 회심하지 않은 인간, 진짜 죄인은 하느님이 없어도 행복하다고 생각한다. 죄로 인한 고통은 여기서 나온다. 반면, 그리스도인의 고통은 하느님께서 부재하신다는 감각에서 나온다.[13] 다른 누구보다 그리스도께서 이 지옥의 고통을 통과하심으로써 모든 인간 경험을 거룩하게 하셨다(루터의 이러한 이야기는 교부들과 유사하다). 몸소 요단강에 잠기심으로써 물을 거룩하게 하셨듯 그분은 이 세상에 넘쳐흐르는 고통을 거룩하게 하신다.[14] 바로 이를 통해 그리스도인들은 힘을 얻고 삶을 감내한다. 그리스도 안에서, 그리스도를 통해 우리는 가장 극한의 시련 가운데서 가장 온전히 거룩함이 나타남을 본다. 그리스도께서 겪으신 고통은 그리스도와 성부의 완전한 하나됨에 영향을 미치지 않는다. 이러한 맥락에서 그리스도의 십자가는 거룩함이 마음의 상태와는 전혀 관계가 없음을 보여 주는 가장 분명한 증거다.

---

[12] Theodore G. Tappert(ed.), 'Table Talk, Dec. 1531, recorded by John Schlaginhaufen', *Luther's Letters of Spiritual Counsel* (Philadelphia: The Westminster Press, 1955)

[13] Gordon Rupp, *The Righteousness of God*, 189-190.

[14] 'the Operationes in Psalmos', *Weimar edition*, Vol. V, 619. 14. 다음 글에서도 루터는 동일한 심상을 활용한다. Betram Lee Woolf, 'the Fourteen Comforts for the Weary and Heavy-Laden', *Reformation Writing of Martin Luther: Vol. II*, 41-42.

믿음과 경험

그러므로 신앙은 (매우 강한 의미에서) "보이지 않는 것들에 대한 확신", 즉 신뢰와 희망을 가지고 시련 가운데 살아가는 것이다. 루터가 보기에 이는 매 순간 실재를 느끼는 것과는 다르다.[15] 인간은 자신이 하느님과 어떠한 관계를 맺고 있는지는 사변으로 추론할 수 없으며, 자신의 상태를 감지한다고 해서 파악할 수도 없다. 말년에 루터는 신앙의 긍정적인 내용에 대해 좀 더 많이 말하고 싶어 했다. 그리고 나이가 좀 더 들었을 때 그는 (이를테면 창세기에 관한 강연들the Lectures on Genesis에서) 시련이라는 어둠과 역설을 통과한 뒤, 그 너머에는 확신이, 화해와 안정을 좀 더 분명히 누릴 수 있다고 말했다. 그러나 이때도 신앙과 경험 사이의 간극과 그 중요성은 사라지지 않는다. 폰 뢰베니히는 루터의 후기 자료들을 문자 그대로 읽는 것을 경계하면서 그의 신학에는 언제나 사목자로서의 관심이 들어가 있음을 상기한다.[16] 누군가 그리스도인이 시련을 겪지 않게 되는 시점이 있다고 말하면 루터는 이를 부정했을 것이다. 그는 어둠의 시기가 지나면 조명의 시기가 온다는 깔끔한 도식을 제시하지 않았다. 조명이란 어둠 속에서 살기 위해, 그 안에 머물기 위해 매일 분투할 때 어둠을 그 자체로 생명과 은총의 원천으로 받아들이게 되는 과정이다. 신자는 개인의 내적 증언이 아니라 자신의 삶 전체로 하느님을 '증명'한다.

루터는 확신을 가지고 성령이 경험을 통해 우리를 가르치신다고 말

---

[15] Walter von Löwenich, *Luther's Theology of the Cross*, 82.

[16] Walter von Löwenich, *Luther's Theology of the Cross*, 88.

할 수 있었다.[17] 이때 경험과 대립하는 것은 신앙이 아니라 이성, 그리고 무언가 특별한 '신비 체험'이다. 우리를 가르치는 경험은 매일매일 신뢰 가운데 빚어지는 삶, 그 자체로 하느님을 증거하는 삶이다. 이 지점에서 루터는 후기 스콜라주의와 현격한 차이가 있다. 분명 그는 경험을 신학에서 중요한 부분으로 회복시켰다. 그러나 그렇다고 해서 개인의 직관, 특별한 체험에 어떤 특권을 부여하지도 않았다.

폰 뢰베니히가 적절하게 기술했듯, 루터는 신앙과 경험 사이에 다리를 놓는 건 신뢰trust라고 보았다. 신뢰는 '의지'가 반영된 활동이기도 하고 그렇지 않기도 하다. 신뢰는 아무런 근거 없는 의지의 운동으로 환원될 수 없으며, 설득력 있는 합리적 논증의 결과도 아니기 때문이다. 신뢰는 '경험'에 의해 형성되고, 다른 한편으로는 경험을 형성하기도 하는 성정이다. 그리스도교에서 신뢰는 그리스도의 십자가에 대한 이해에 바탕을 둔 확신, 하느님께서 그리스도 안에서, 그리스도를 통해 진실로 화해를 이루셨고 이루고 계신다는 확신, 하느님께서 '나를 위해'pro me, 내 편에서, 나를 대신해 활동하고 계신다는 확신 없이는 존재할 수 없다. 이러한 역사에 바탕을 둔 확신은 그리스도인의 경험이 순전한 주관주의로 빠지지 않도록 보호해 준다. 종교개혁이 전개되고 성장하면서 루터는 교회를 정화하기 위해서는 극단적이고 폭력적인 방법도 정당하다고 말하고, 이를 고취하는 이른바 종교개혁 좌파, 예언자 및 은사주의자들을 상대하는 데 커다란 어려움을 겪었다. 이러

---

[17] Betram Lee Woolf, *Reformation Writing of Martin Luther: Vol. II*, 191.

한 움직임에 대한 그의 반응은 그리스도교 이해의 시금석은 십자가라는 주장에서 분명하게 드러난다. 그는 하느님과 직접 대화를 나누었다는 종교개혁 좌파의 주장에 충격을 받았으며, 이를 창조주의 무시무시한 위엄, 십자가에 못 박힌 예수의 육신에 가려져야 할 정도로 인간은 견딜 수 없는 그분의 영광을 신성모독에 가까울 정도로 하찮게 여기는 것이라고 여겼다. 1522년 1월 13일 멜랑히톤Philipp Melanchthon에게 보낸 편지에서 루터는 "예언자들"에게 "영적 고통과 신성한 탄생, 죽음, 지옥을 경험했는지" 물어보라고, 그들이 어떤 영적 체험을 했는지만을 이야기한다면 그들의 말을 듣지 말라고 이야기한다.

그러면 인자의 징표가 사라집니다.

'크루스 프로바트 옴니아'Crux probat omnia, 십자가가 모든 것을 검증한다.[18] 앞에서 언급한 편지에서 루터가 에크하르트의 "신성한 탄생"이라는 표현을 활용했다는 점을 주목해 볼 필요가 있다. 앞에서 언급했듯 그는 라인란트 신비주의자Rhineland mystics들이 남긴 유산에 깊은 영향을 받았다. 그러나 영혼 안에서 말씀이 탄생하는 일은 시련을 거친 뒤에나 일어날 수 있다고 보았다는 점에서 루터는 저 신비주의자들과 다르다. 하느님은 '버림받음'abandonment이라는 지옥에서 태어난다. 여기서 '경험에 바탕을 둔' 신학은 승리를 거두고 단순한 경험 신학은 패배

---

[18]   *Weimar edition*, Vol. V, 179. 131.

한다. 특정한, 한 번 일어났다가 이내 사라지는 경험은 그리스도인의 정체성을 규정할 수 없다. 그리스도인의 삶은 지극히 자유롭다. 하느님께서는 합리주의와 신비주의라는 관점 모두로부터 자유로우시다는 진리가 인간의 자유를 보장한다. 하느님께서 인간의 삶 속 다양한 조건 가운데서도 자유롭게 활동하시고 우리와 함께하신다면, 우리 역시 모든 조건 가운데 자유롭게 하느님을 발견할 수 있다. 바로 이 때문에 루터는 수도원 생활을 가혹할 정도로 공격하고 희화화했다. 세상으로부터 분리된 공동체라는 수도원의 성격, 구별된 행동들, 의복들은 하느님이 비범한 것에 관심을 기울이신다는 생각을 반영하며, 결국 복음을 무의미하게 만든다고 그는 진단했다. 이러한 거친 공격과 희화화로 인해 유럽 절반에서 수도원들이 텅텅 비게 되었다는 사실은 그 자체로 루터 세대가 교육받은 수도회 신학이 얼마나 빈약했는지를 보여 준다. 루터의 수도원 제도, 수도 운동에 대한 이해가 얼마나 잘못되었는지를 지적하기란 쉽다. 그러나 이러한 공격에는 도덕적, 신학적 열정이 담겨 있으며 당시 수도원들이 얼마나 병들어있었는지 수도원 안팎에서 감지했음을 알려 준다. 1524년까지 루터는 수도복을 입고 있었다. 하지만 1525년 당시 많은 전직 수도사를 따라 수녀 출신 카타리나 폰 보라Katharina von Bora와 결혼함으로써 과거와 완전히 결별했음을 알렸다. 수도원 밖에서, 가정과 사회에서 그리스도인으로서 살 수 있음을 루터가 개인적으로, 신학적으로 확언한 것은 그가 어떻게 자신의 신학을 발전시켰는지를 고려하면, 피할 수 없는 결과였다고 할 수 있다. 수많은 사람은 이를 해방의 선언으로 받아들였고, 일부는 값싸게,

간편한 방식으로 이해했다. 그러나 그렇다고 해서 루터의 선언에 담긴 진정성이 약화되거나 힘이 감소하지는 않는다. 루터가 최초로 '세속화' 신학을 주창했다고 보는 이들도 있다. 그러나 이들은 "세상으로의 회심" 바탕에 놓인 신앙에 대한 이해가 얼마나 심오한지, 얼마나 커다란 대가를 치러야 하는지를 간과한다. 1520년에 쓴 「그리스도인의 자유」De Libertate Christiana에서 이미 그는 그리스도인의 자유의 본질이 무엇인지 깊이, 그리고 상세히 설명한 바 있다. 이 글 저변에는 특정 의무는 신앙과 아무런 관련이 없으며, 그리스도인의 삶을 어떤 삶의 '기술'technique로 환원하는 모든 개념을 거부해야 한다는 확신이 있다.[19] 하느님께서 복음을 통해 하신 약속을 따라,[20] 그리고 신앙이 가져다주는 영혼과 그리스도의 연합으로 인해 그리스도인은 왕이자 사제이며, "만유의 주"다.[21] 자신에게 신실한 영혼을 받아들이실 때, 하느님께서는 인류의 굴욕과 죄악에 참여하신다. 이로써 인류는 그리스도의 자유를 받는다.[22] 그러므로 구원은 우리의 행위로 얻을 수 없다. 이는 수련이나 섬김이 무의미하다고 이야기하는 것이 아니다. 신앙은 성장해야 한다. 하느님께서는 인간의 영혼을 완전히, 그리고 궁극적으로 의롭게 하실 수 있다. 그러나 인간에게는 영혼 외에도 많은 것이 있다. 인간은 물질 세계에 속한, 물질로 이루어진 존재다. 그렇기에 우리는 (하느님

---

[19]   Betram Lee Woolf, *Reformation Writing of Martin Luther: Vol. 1*, 358(Ch. 4, 5).

[20]   Betram Lee Woolf, *Reformation Writing of Martin Luther: Vol. 1*, 364-365(Ch. 14, 15).

[21]   Betram Lee Woolf, *Reformation Writing of Martin Luther: Vol. 1*, 363(Ch. 12).

[22]   Betram Lee Woolf, *Reformation Writing of Martin Luther: Vol. 1*, 363(Ch. 12).

께서 의롭게 하신) 영혼의 상태에 걸맞게 (역사 가운데 있고, 그 속에서 전개되는) 우리의 몸, 공적인 삶과 사회적 삶을 거룩하게 해야 한다.[23] 그리고 이 단계에서 루터는 그리스도교 전통에서 덕을 세우기 위해 고안해 낸 실천이 가치가 있음을 기꺼이 인정한다.[24] 내적으로나, 외적으로나 그리스도인의 전체 삶은 그리스도를 닮아야 한다. 내적으로 자유로울지라도 그리스도인은 그리스도를 위해 "속박"될 준비가 되어 있어야 하며, 다른 이들을 경멸하지 않도록 기꺼이 규율을 준수해야 한다.[25] 좀 더 중요한 차원에서, 하느님이 예수 그리스도라는 인격체 안에서, 인격체를 통해 인류를 섬기려 자신의 초월적 자유를 떠나 스스로 '속박'되셨듯 그리스도인은 "성육신", 즉 "인간이 되는" 과정을 거쳐야 한다. 그리스도께서는 거룩하게 되기 위해 선행을 하신 것이 아니었다. 그처럼 그리스도인 역시 그리스도처럼 "자발적으로 종이 되어 이웃을 도와야 한다. 하느님께서 그리스도를 통해 하느님 자신을 대하셨듯 이웃을 대해야 한다".[26] 모든 면에서 우리는 이웃에게 "자유롭게, 열심히, 기쁜 마음으로 ... 어떠한 보상을 바라지 않고 기쁨으로 섬기는 삶"을 사는 그리스도가 되어야 한다.[27] 이러한 맥락에서 인간은 이중의 "자기 초월"을 행하라는 부름을 받았다고 할 수 있다. 한편으로 인간은 믿음

---

[23] Betram Lee Woolf, *Reformation Writing of Martin Luther: Vol. 1*, 369-370(Ch. 20).

[24] Betram Lee Woolf, *Reformation Writing of Martin Luther: Vol. 1*, 377-378(Ch. 28).

[25] Betram Lee Woolf, *Reformation Writing of Martin Luther: Vol. 1*, 377-378(Ch. 28). 금세기 프리드리히 폰 휘겔Friedrich von Hügel이 로마 가톨릭 지식인들, 혹은 지식인들이 되고자 하는 이들에게 묵주 기도를 권한 것도 같은 맥락에서 이해할 수 있다.

[26] Betram Lee Woolf, *Reformation Writing of Martin Luther: Vol. 1*, 376(Ch. 27).

[27] Betram Lee Woolf, *Reformation Writing of Martin Luther: Vol. 1*, 376(Ch. 27).

으로 하느님께 나아가는 동시에 자기를 비우는 사랑으로 타인의 필요를 돕기 위해 몸을 낮추어야 한다. 그리스도인의 자유는 그리스도인이 "자기 안에서 사는 것"이 아니라 "그리스도와 이웃 안에서 사는 것"이다.[28] 루터가 외면과 내면을 구분하는 방식은 다소 투박해 보이지만, 핵심은 그리스도인의 자기 초월 행위가 불가분하다는 데 있다. 자신만을 중시하고, 자신만을 지향하던 욕망은 신앙을 통해 하느님과 인간에 대한 공경으로 바뀐다. 에크하르트, 혹은 니사의 그레고리우스가 그랬듯 루터 역시 내적으로 하느님을 향해 돌아서는 것과 외적으로 세상을 섬기는 것의 기초는 동일하다. 그곳에는 하나의 현실, 하나의 회심이 있다.

루터가 이야기한 "세상으로의 회심"은 기도, 혹은 의식적으로 우리를 성찰하고 상상하며 하느님께 나아가려는 움직임보다는 세상, 혹은 다른 사람들에 대한 섬김을 통해 하느님을 찾아야 한다는 (오늘날 유행하는) 생각과는 거의 관련이 없다. 각자가 처한 지옥에서, 자신을 십자가에 못 박고, 스스로 십자가에 못 박히신 하느님과 만남으로써 회심이 일어나지 않는다면, 두 번째 단계에서의 회심은 일어날 수 없다. 다만 루터는 우리의 내면에서 하느님의 의가 승리를 거두고 자아가 패배한 것을 몸을 지닌 삶으로 '번역'한다면 그건 오직 하나, 이웃을 섬기는 것뿐임을 말하려 했을 뿐이다. 하느님께서 죽이신 '나'는 사회, 공적 세계에서, 다른 이들에게 죽임당해야 다시 (새롭게) 살 수 있게 된다.

---

[28] Betram Lee Woolf, *Reformation Writing of Martin Luther: Vol. 1*, 379 (Ch. 30).

날마다 죽고 날마다 십자가를 지는 일은 바로 이렇게 다른 사람들의 필요에 자신을 노출하는 것이다. 루터는 이를 "능동적인 거룩함"active holiness이라고 말한다. 십자가를 짊어지는 일은 내적으로는 '시련'을 감내하는 방식으로, 외적으로는 우리가 처한 삶에 따르는 모든 것을 견디는 방식으로 이루어진다. 루터는 수도 서원을 통해 '십자가를 짊어지는 것'을 강조하는 수도원의 수사(修辭,rhetoric에 분노했다. 십자가를 짊어지는 일은 선택의 문제가 아니기 때문이다. 내면에서, 그리고 외적으로 십자가를 짊어지는 일은 명령이다. 하느님께서 이를 우리에게 부과하신다. 그렇지 않으면 이는 인간의 발명품, 기술, 일이 된다.[29] 수도 생활은 십자가를 제도화함으로써, 하느님께서 우리에게 요구하시는 범위를 통제함으로써, 이를 사실상 무효화한다. 이렇게 루터는 당시 사람들이 가장 높은 소명, 만인의 모범이 되는 소명으로 간주하던 것을 본질적으로 소명이 될 수 없는 것으로 여겼다. 루터는 (구스타프 빙그렌Gustaf Wingren이 『그리스도인의 소명』The Christian Calling에서 자세히 논의했듯) 소명과 관련된 과거의 모든 사고를 근본적으로 수정했다. 그는 누군가 종교적 원리에서 도출된 제한된 의무를 수행하는 상태로 부름 받는다는 식으로 소명을 이해하는 것을 부정한다. 루터에게 소명이란 언제 어떤 삶을 살든, 바로 그곳에서 하느님을 섬기라는 부름이다. 어떤 일이든 하느님에 대한 응답으로 여긴다면 그 일은 소명이 될 수 있다. 일을 소명으로 만드는 것은 그 일이 종교적이냐 종교적이지 않느냐가

---

[29] 다음을 보라. Walter von Löwenich, *Luther's Theology of the Cross*, 84.

아니라 그 일을 하는 사람의 사심 없는 신앙과 사랑이다. 한 사람의 사회 속 의무와 책임은 그 일을 행해야 하는 현실의 여건, 그 일의 기능에 따라 규정되어야 하지, 신학적 토대 같은 것을 필요로 하지 않는다(루터는 '일의 신학theology of work'에 별다른 감흥을 느끼지 못했을 것이다). 사회에서 그리스도인은 그가 하는 일이나 일의 방식에 있어서 다른 사람들과 구별되지 않는다. 그리스도인의 삶은 다른 사람들의 삶과 구별할 수 없을 정도로 사회 속 평범한 사람들의 평범한 삶과 밀접하게 연결되어 있다.[30] 그리스도인의 삶은 하느님의 다른 활동과 마찬가지로 감추어져 있다. 우리는 그리스도인을 눈에 보이는 행위, 어떤 자질로 설명할 수 없다.[31] 인간의 필요에 응하는 일이라면 무엇이든, 필요에 응한다는 사실만으로 성화될 수 있다고 루터는 생각했다. 종종 비평가들은 루터의 이러한 견해에 다양한 약점이 있다고 말했다. 그들은 루터의 사상이 사회와 사회의 요구들에 대한 비판의 여지를 거의 남기지 않으며 사회에서 중시하는 어떤 일은 '하느님의 부름에 응답하는 장소'가 될 수 없을 수도 있지 않느냐는 질문에 답변할 수 있는 별다른 기준을 제시하지 않는다고 말했다. 그리스도인인 교수형 집행자에 대한 루터의 변호를 진지하게 여길 수 있는 이가 얼마나 될까? 루터처럼 그리스도인이 군인이 되는 건 전혀 문제가 되지 않는다고 생각하는 사람이 얼마나 될까? 그가 생각한 이상적인 사회는 모든 직업의 사회적 효용

---

[30] 다음을 참조하라. Gustaf Wingren, *The Christian's Calling* (Edinburgh: Oliver and Boyd, 1957) 그리고 다음도 참조할 만하다. Gustaf Wingren, *Gospel and Church* (Edinburgh: Oliver and Boyd, 1957), 143-144.

[31] Walter von Löwenich, *Luther's Theology of the Cross*, 123-125.

이 명확하고 복잡하지 않은 체제였지만, 이런 사회는 루터가 살고 있던 16세기 초 독일과도 거리가 멀었다. 그는 사회가 점점 더 복잡해지고 있음을 알고 있었지만, 이에 대한 신선한 대안을 제시하지는 못했다(루터는 중세인으로서 고리대금업을 혐오했다). 그의 사회 이론은 중세 이후 시대에는 잘 들어맞지 않았고, 사회 속 인간에 대한 그의 이야기는 중세를 기준으로 보더라도 매우 수동적이고 정적이었다. 사회 속 삶, 정치적 삶에 적절한 창조성을 발휘할 수 있다는(그리고 성화될 수 있다는) 생각, 인간이 (오늘날 표현을 빌리면) "자신의 역사 속 주체"가 되도록 부름을 받을 수 있다는 생각이 그의 사고 지평 안으로 들어온 경우는 거의 없다. 그러나 루터가 암묵적으로 보였던 신정theocracy에 대한 거부는 여전히 중요한 의미를 갖는다. 그는 단 한 번도 교회를 유사 국가 pseudo-state나 하나의 통치 세력으로 보지 않았다. 사회에서 해야 할 일은 교회가 결정할 수 없으며, 그리스도인은 자신의 활동을 종교에서 규정한 의무로 제한해서는 안 된다. 다시 말해, 그리스도교가 인류에게 제시하는 건 도덕규범이 아니라 완전히 변화된 삶이라는 선물이다. 그러한 새로운 삶은 기존의 삶과는 다른 윤리, 다른 정치적 행동의 가능성을 포함할 수 있다고 이야기할 수도 있지만, 루터 본인은 여기에 어떤 신학적 근거를 제시하기를 꺼렸다. 실제로는 그렇게 행동했음에도 불구하고 말이다. 그러나 루터가 복음은 사적 영역에 국한된다고 보지 않았다는 점, 소극적이었다 할지라도 그를 '개인주의자', 혹은 '경건주의자'로 볼 수 없다는 점은 분명하다. 이러한 관점에서 디트리히 본회퍼Dietrich Bonhoeffer는 루터가 제시한 소명론을 깊이 받아들임과 동시에 커다란 대가를 치르면서 (신앙에 입각한) 다른 정치적 행동의 가능성을 보인 인물이라고 할 수 있다. 본회퍼의 옥중 저술에 나타난 "세속적인 거룩함"worldly holiness, 신앙의 "비밀 훈련"secret discipline의 관계는 그리스도인의 삶의 원천들이 감추어져 있다는 루터의 이해를 분명하게 반영한다. 또한, 본회퍼가 말한 "하느님 없이" 살 수 있는 자로서 하느님 앞에서 살아야 한다는 본회퍼의 이야기는 루터 특유의 역설을 반영하고 있다. 그는 20세기 루터가 말했던 '시련'의 의미를 가장 탁월하게 해석한 사람이다. 그는 자신의 영이 갈등과 모호함으로 뒤덮인 곳, 외롭고 어디로 가야 할지 모르는 곳에 있음을 알았고, 신뢰와 행동을 통해 그곳을 하느님에 대한 응답의 장소로 만들었다. 루터의 영성을 수동적이고 사적인 영성으로 치부하고픈 유혹을 받는 이들은 본회퍼가 자신의 전통에 얼마나 깊이 뿌리 내리고 있는지를 생각해 보아야 한다.

하느님의 의에 대한 모든 '법적', '문자적', '외적' 논의를 강력히 비난했음에도 불구하고 루터는 하느님의 은총을 우리가 당신의 모습을 닮도록 변화시키는 힘이라고 믿었다.[32] 「그리스도인의 자유」에서 다른 이를 위해 그리스도가 되어야 한다는 이야기를 그는 1522년 새로 번역한 로마인들에게 보낸 편지 서문에서 다른 방식으로 전한다.

> (신앙은) 마음과 영과 정신과 능력이라는 면에서 우리를 완전히 다른 사람으로 만들어 준다.[33]

---

[32] 이를테면 다음을 보라. Gordon Rupp, *The Righteousness of God*, 181.

[33] Gordon Rupp, Benjamin Drewery, *Martin Luther*, 95.

어떻게 그렇지 않을 수 있겠는가? 신앙이란 '나'를 비우는 것이며, 그 비움은 참된 사랑을 가능케 한다. 신앙은 삶을 새롭게 하며, 이는 신앙과 사랑으로 하느님의 활동을 가로막는 '나'의 부분들을 완전히 제거하는 상태로 귀결된다. 이러한 맥락에서 그리스도인은 진실로 '의인인 동시에 죄인이다'Simul justus et peccator. 그리스도인은 오직 하느님께서 모든 사람과 화해하신다는 약속에 기대어 기뻐한다. 이것이야말로 그리스도인의 유일한 희망이다. 지상에서의 삶, 육체를 입은 삶에서 그리스도인은 (구원받은 영혼에 걸맞게) 성장해야 한다. 앞에서 말했듯 완전히 '구원받은' 영혼과 불안정한 육체라는 루터의 구분은 그리 섬세한 구분이라고 할 수는 없다. 또한, 루터는 육체를 지니고 살아가는 역사를 육체가 지닌 고유한 권리에 따른 발전으로 보기보다는 영원히 의롭게 된 영혼에서 육체가 멀어지지 않게 하려는 분투로 보려는 면이 있다. 그러나 이는 루터가 자신이 물려받은, (만족스럽지 않은) 인간학의 용어들로 그리스도인이 받은 것과 그리스도인이 실현해야 하는 것 사이의 (바울의 영향권 아래 있는) 긴장을 첨예하게 표현하려 했기 때문에 일어난 결과라 할 수 있다. 그에 따르면 영혼은 매일의 신뢰와 '경험' 사이에서 끝없이 일어나는 긴장 가운데 살아간다. 여기에 안일한 경건에 빠질 여지, 영적 성취감을 느낄 수 있는 여지는 없다. 신앙의 삶과 관련해 어떻게 이를 발전시킬 수 있을지에 대한 그림, 지도를 루터가 제시하지 않은 이유는 그가 그리스도의 제자로 살아가는 가운데 겪게 되는 갈등들에 별다른 관심을 보이지 않아서가 아니다. 그는 자신의 임무가 근본적으로 중세 후기 기계화된 종교성, 복잡한 불가지론에 맞서 하느님의 본성과 활동에 인간이 헤아리기 힘든 면모가 있음을 인정하고, 또 숙고하는 그리스도교 신학을 재구성하는 것이라고 믿었다. 가톨릭 전통이 보유한 무기들(가장 분명하게는 아우구스티누스, 간접적으로는 라인란트 신비주의자들이나 클레르보의 베르나르두스와 같은 이들)을 많이 활용했지만, 신앙을 재건하기 위해 그는 전통을 포괄적으로 비판하고 전통 중 많은 부분을 노골적으로 거부했다. 권위에 대한 외적이고 법적인 개념에 사로잡혀 있던 가톨릭 교회에 맞섰던 그에게 당시 가톨릭 교회 위계 질서상 위에 있던 이들이 가장 부정적인 반응을 보인 것은 그리 놀라운 일이 아니다.

종교개혁은 모든 그리스도인에게 너무나도 중요한 질문, 하느님에 대한 인간의 응답의 연속성과 신뢰성에 관한 질문을 던졌다. 종교개혁은 교회가 오류를 범할 수 있고, 아무리 잘 정돈된 신학을 갖고 있다 하더라도 그것이 하느님에 대한 신실함을 보장하지 않으며, 교회에 의심할 필요가 전혀 없는 확고한 권위란 존재하지 않음을 사람들에게 알려 주었다. 또한, 종교개혁은 인간의 망가짐, 이성과 질서의 실패를 힘 있게 지적했다. 교회의 안전은 바로 이 실패에 있음을, 실패가 보여 주는 자신의 불안정함과 뿌리내리지 못함을 깨닫고 말씀이라는 원천으로 거듭 돌아가야 함을, 그 말씀은 십자가에 달린 예수의 부서진 육체에 있음을 종교개혁은 보여 주려 했다. 그렇게 그리스도교 세계의 자기만족self-sufficiency에 맞서 루터는 십자가를 제시했다. 이는 결정적인 사건이었으며, 올바른 일이었다. 표징과 확신을 찾는 그리스도인들에게 십자가는 그리스도의 죽음 속에 숨어계신 하느님, 즉 "사람의 아들"이라는 "징표"만을 제시한다. 신학(과 그 외 모든 신앙 활동)의 근거로 십자가는 합리적인 추론이 아니라 지옥의 경험을 제시한다. 오직 그곳에서만 인간은 복음의 선함이 무엇인지 들을 수 있게 되기 때문이다. 루터는 로마 가톨릭 신자와 개신교 신자 모두에게 그리스도교의 강점은 인간에게는 자기를 파괴하려는 성향이 있다는, 너무나 중요하나 쓰라린 사실을 외면하지 않는 데 있음을 상기시켜 주었다. 그리고 그리스도께서 거두신 승리가 얼마나 심오한지를, 얼마나 광범위한지를 온전히 음미할 수 있는 곳, 모든 경험이 그 안에서부터 변화되는 은밀한 기쁨을 누릴 수 있는 곳, 감추어져 있지만 만물에 스며들어 있는 해방이 이 지상에서 일어나는 곳은 가장 비참한 소외의 장소임을 루터는 모두에게 일깨워 주었다.

비밀 계단

부정의 길

그리스도교 세계에서 '경험'에 뿌리 내리고 비판적인 신학을 회복하려 한 이들은 종교개혁가들만이 아니었다. 가톨릭 교회와 수도원 세계에서도 광범위한 쇄신이 일어났다. 이 쇄신은 트리엔트 공의회를 대표로 하는 제도 개혁과는 별다른 관련이 있지 않았지만, 한 세기에 걸쳐 교회의 공적 영역 전반에서 상당한 결실을 얻었다. 유럽에서 종교개혁의 영향을 가장 적게 받은 지역에서 이런 일이 일어났다는 사실은 어쩌면 그리 놀라운 일이 아닐지 모른다. 당시 막 통일을 이루었던 가톨릭 스페인은 자신감으로 가득 차 있었다. 당시 스페인은 이슬람과의 전쟁에서 마침내 승리를 거두었고, 식민지 확장에 여념이 없었다. 물론, 이 국가를 그리 좋은 국가라 말할 수는 없다(부유하고 세력 확장을 지향하는 사회치고 호감을 주는 국가는 거의 없다). 스페인 내 소수인들이었던 무어인과 유대인에 대한 처우는 중남미 원주민들에 대한 처우만큼이나 끔찍했다. 그러나 승리를 만끽하며 자신감 넘치던 당시 스페인의 분위기는 그 시대에 활동하던 성인 중 가장 승리주의와 거리가 멀고 가장 자신감이 없던 인물인 십자가의 요한John of the Cross(1542-1591)이 가톨릭 영성을 철저하게, 극단까지 밀어붙이며 탐구할 수 있는 안전망이 되어 주었다. 활동한 지역과 시대 배경을 염두에 두고 보면 요한의 위상은 더 선명하고 뚜렷해진다. 그는 예언자 같은 인물이었다. (두 사람은 이런 식의 비교를 결코 좋아하지 않겠지만) 요한은 루터와 같은 사막, 같은 지옥에 들어갔고, 그곳에서 (아마도) 더 오래 살았다. 그는 진실하고 신실하게 종교계에서 유능하고 성공한 이들의 망상을 폭로했다.

요한은 오랜 기간 자신이 속한 수도회와 긴장 관계를 이루었고 불명예스럽게 세상을 떠났다. 아씨시의 프란치스코Francis of Assisi가 그랬듯 그가 심혈을 기울여 육성한 운동은 말년에 그의 적으로 돌아섰다. 생애 중반에는 개혁에 반발하는 이들로 인해 고통을 받았고, 수개월 동안 감옥 생활을 했으며 노년에는 그의 개혁을 지지했던 이들에게 모든 직책을 박탈당하고 외딴 수도원에 감금당했다. 그를 종교 재판소에 고발했다는 증거들이 있으며, 그래서인지 그의 후기 저술 중 상당 부분은 남아 있지 않다. 종교 재판소는 요한이 세상을 떠난 뒤에도 오랜 기간 그의 저술들을 의혹의 눈초리로 바라보았다. (그가 세상을 떠난 뒤인) 1622년 살라망카의 탁발 수도사 바실리오 퐁세 데 레온Basilio Ponce de León은 종교 재판소에 요한이 남긴 논란의 여지가 있는 명제들에 대한 변론을 보낸 바 있다.[1] 오늘날까지 수도사들의 세계는 단 한 번도 십자가의 요한을 쉬운 작가, 혹은 '안전한' 작가로 여긴 적이 없다. 베네딕투스회의 커스버트 버틀러Cuthbert Butler 아빠스는 서방 교회의 신비주의에 관한 고전인 『서방 교회의 신비주의』Western Mysticism에서 십자가의 요한이 결코 서방 교회 영성의 '주류'가 아님을 입증하기 위해 많은 노력을 기울였다. 20세기 최고의 십자가의 요한 연구자인 존 채프먼John Chapman 아빠스도 말했다.

15년간 나는 십자가의 요한을 미워했고 그를 불교도라고 생각했다.

그리고 이런 말을 덧붙였다.

그 결과 나는 기도에 관해 15년간 허비했음을 깨달았다.[2]

이렇듯 오늘날에도 십자가의 요한은 논란의 여지가 있고 도발적인 인물로 남아 있다. 십자가의 요한이 활동하던 시기 종교 재판소의 활동이 증가하면서 가르멜 수도회 개혁의 전체 배경은 흐려졌다. 16세기 초 스페인에서 일어난 인문주의 운동, 즉 새로운 학문과 신앙의 회복에 대한 열정은 16세기 중반에 이르러 침묵 기도나 관상 기도의 중요

---

[1] 해당 글은 다음에 실려 있다. E. Allison Peers(tr.), *The Complete Works of St John of the Cross*, Vol. III (London: Burns & Oates, 1935), 382-434.

[2] Dom Roger Hudleston, *The Spiritual Letters of Dom John Chapman*, 269.

성을 강조하는 이들에 대한 두려움으로 바뀌었다. 도덕과 관련된 교회의 가르침, 성사와 관련된 규율을 엄격하게 따르지 않으면서 자신이 거룩함과 분별이라는 특별한 선물을 받았다고 주장하는 이들(평신도들, 특히 여성들)이 등장하자 교회는 자신들이 허락한, 눈에 보이고 측정할 수 있는 경건 생활 외의 다른 방식으로 기도의 삶을 추구하는 모든 이를 의심했다. 당시 가톨릭 개혁 운동에 활력을 불어넣은 대표적인 인물은 십자가의 요한의 '영적 어머니'기도 했던 아빌라의 테레사Teresa of Avila(1515-1582)였다. 관상에 관심이 많았던 그녀는 당시 교회 권위를 대표하던 이들에게 의심을 받았으며, 살아있을 때도, 세상을 떠난 뒤에도 종교 재판으로 인해 많은 어려움을 겪었다. 그녀의 일부 저술에는 1559년 종교 재판소가 수많은 경건 도서를 금서 목록에 올린 것을 두고 냉소하는 발언들이 실려 있다. 당시 상황을 염두에 두었을 때, 남녀 모두가 온전히 관상 생활을 할 수 있도록 하는 수도 운동, 당대 수도원의 관습과는 확연히 다르며, 그러한 관습의 기반이 되는 사회적, 신학적 가정에 매우 비판적인 관점을 유지하는 수도 운동은 우리가 상상하는 것보다 훨씬 더 전복적인 성격을 지니고 있었다.

아빌라의 테레사와 달리 십자가의 요한은 대중 앞에 나서거나 권위를 행사하는 것을 즐기지 않았으며 논쟁이나 혁명을 일으키려 하지도 않았다. 다만 그와 아빌라의 테레사는 자신이 이해한 자신의 소명에 충실했고, 그로 인해 급진적인 입장을 취하게 되었다. 두 사람은 자신들이 속한 가르멜 수도회가 십자가에 못 박힌 그리스도와 함께하라는 부름에, 그 부름을 충실히 따르고 있음을 보여 주는 순종과 가난이라는 원리를 구현하는 데 실패하고 있음을 깨달았다. 이렇듯 십자가의 요한이 쓴 글은 그가 살아가는 동안 겪은 갈등을 떠나서는 제대로 이해할 수 없다(제럴드 브레넌Gerald Brenan이 쓴 전기인 『십자가의 성 요한』 St John of the Cross은 그의 신학을 이해하는 데 커다란 도움을 준다). 이를테면 요한이 톨레도의 감옥에서 탈출할 때, 감옥에서 쓴 걸작 시詩인 「영가」the Spiritual Canticle가 담긴 비망록을 가지고 나왔다는 사실은 이 밀도 높고 읽기 까다로운 작품을 어떻게 읽어야 하는지를 말해 준다. 이 시에 담긴 풍부한 감흥을 일으키는 강렬한 심상들은 감옥에 갇혔을 때 그가 겪은 심각한 정신적 고통과 대비를 이룬다. 브레넌은 감옥에서 요한이 "어떤 위로의 순간을 체험했을 것"이라고, 그러지 않았다면 그런 시를 쓰지 않았을 것이라고 말하지만, 진실은 훨씬 더 복잡하다.[3] 그는 자신의 정신적 고통을 은총으로, 하느님께서 자신을 친밀히 여기심을 드러내는 인장印章으로 여겼다. 이런 관점으로 「영가」를 읽으면, 이 시는 훨씬 더 놀랍게 다가온다. 요한의 모든 저술은 자신이 속한 수도회에서 그리스도인의 '내면'이 지닌 특징인 가난, 초연함, 모든 선입견에서 자유로운 상태를 반영하는 삶의 방식을 창조하기 위한 실천적, 정치적 투쟁의 산물이다.

십자가의 요한은 살라망카에서 스콜라 철학과 신학을 배웠다. 그래서인지 영적 삶을 분석할 때 그는 건조한 스콜라주의 용어를 활용한다. 이와 관련된 저술 중 가장 중요한 저술은 「가르멜의 산길」The Ascent

---

[3] Gerald Brenan, *St John of the Cross: His Life and Poetry* (Cambridge: Cambridge University Press, 1973), 33.

of Mount Carmel인데, 요한은 본래 이를 「영혼의 노래」Songs of the Soul라는 시에 대한 주석으로 의도했다. 그가 체계적인 해설가가 되고자 했던 이유는 다른 무엇보다 그가 시인이었기 때문이다. 최초 독자들의 반응에 그는 자신의 밀도 높은 시를 산문으로 해명할 필요를 느꼈다. 그러나 여기서 '시'라는 본문과 '산문'이라는 해설 사이의 관계는 터무니없을 정도로 느슨하다. 해설은 오직 시의 시작 부분만을 다룬다. (40여 개의 시와 이에 대한 해설을 담고 있는) 「영가」에서는 좀 더 시들과 이에 대한 해설이 긴밀하게 엮여 있지만, 이때 그의 해석은 종종 어색하고 기계적이다. 요한은 시에 담긴 심상 하나를 설명하기 위해 수많은 설명이 필요할 수 있으며, 시 한 줄에 담긴 의미를 풀어내기 위해 장황한 주석이 필요할 수 있음을 알 정도로 섬세한 시인이었다. 산문 해설은 그 특성상 시가 다룬 주제들을 산만하게 풀어 제시할 수밖에 없다. 시는 다양한 관점을 상상력을 발휘해 언어를 압축시켜 구체화한다. 달리 말하면, 시는 논증하지 않고 경험에 대한 전체 관점을 반영하고, 수정하고, 재창조한다. 산문을 통한 분석은 이를 분리하고 다시 배열할 수밖에 없다. 요한은 시가 정밀한 예술, 단순히 감정을 분출한 결과가 아니라 깊이와 진지함을 담은 신학적 진술임을 상기하기 위해 해설을 썼다. 하지만 해설의 복잡한 내용, 건조한 언어 때문에 요한이 영적 삶에 지극히 엄격한 접근을 취하고 있다고 생각해서는 안 된다. 그의 삶에서 성찰과 경험이 그러하듯 시와 산문은 하나로 엮여 있다. 그의 모든 글에 흐르는 주제, 모든 글을 조율하는 주제는 지금까지 살핀 그리스도교 전통의 근본 사고와 다르지 않다. 즉, 하느님은 다른 어떤 존재와도 같지 않으시다. 그 무엇도 하느님을 대체할 수 없으며, 일단 영혼이 하느님을 '맛보면', 이 지상의 어떠한 아름다운 것도, 어떠한 아름다운 피조물도 그분의 아름다움을 충분히 드러내지 못함을, 그들은 모두 하느님을 애타게 하는 부족한 암시와 반영일 뿐임을 깨닫게 된다. 니사의 그레고리우스, 토마스 아퀴나스와 마찬가지로 요한은 하느님과 마주할 때 영혼의 '기능들'은 평상시처럼 작동하지 않으며, 그럴 수도 없다고 생각했다. 그리고 평상시에 영혼은 극심한 고통과 좌절을 겪는다. 「영가」는 신부의 입을 빌려 이를 강렬하게 표현한다.

아, 누가 내 아픔을 치유해 줄 수 있을까?
오셔서, 제가 최후의 항복을 하게 하소서.
저는 열망합니다.
이제 마무리 지어주세요.
제가 애타게 기다리는 소식이 아닌
다른 소식을 전하는 심부름꾼들은 그만 보내 주세요.
이 자리에 나타나는 모든 이는 당신의 매력을
이야기하고 제게 상처를 입힙니다.
저는 모르는 소리로 옹알거리며
그들은 상기합니다. 이상한 환희를.
그렇게 그들은 저를 팽팽하게 잡아당기다

제가 넘어지면 죽습니다.[4]

아름다운 피조물들에 대한 아우구스티누스의 반응을 연상시키는 구절이다. 하느님께서는 피조물들을 지나치시며 만지신다(노래 5). 하느님께서 사랑으로 피조물들에게 옷을 입히시기에 그들은 아름답다. 하지만 이를 통해 영혼은 하느님의 독특하고 완전하며, 모방할 수 없는 아름다움을 더 강렬히 느낀다. 신부는 세상을 바라보며 그 아름다움을 느낌과 동시에 하느님의 부재를 감지한다. 이러한 면에서 신앙의 성숙은 피조물들로부터 초연해지는 것이다.

여느 스콜라학자들과 마찬가지로 요한은 인간은 자신이 사랑하는 대상을 닮는 방식으로 성장한다고 생각했다.[5] 피조물을 갈망하고, 피조물을 알려 할 때 인간의 자아는 갇히게 된다. 피조물에 대한 앎과 사랑으로 자신이 결정될 때, 이들을 자신의 내적 삶의 결정적 실재로 삼을 때 하느님을 알고 사랑하는 일은 불가능하게 된다. 과격한 말로 들릴 수도 있지만, 이는 당시 앎에 대한 일반적인 이해에서 출발해 논리를 따라 이르게 된 결론이다. 이때 앎은 통합한다. 앎은 참여이기에 알고자 하는 이는 알려지는 대상의 형태를 취하게 된다. 인간은 피조물의 형태를 취할 수도 있으며 창조주의 형태를 취할 수도 있지만, 둘을 동시에 취할 수는 없다. 하느님을 더 진실하게 알수록, 하느님과 더 친

---

[4] Stanzas 6 and 7. 『영가』(기쁜소식)

[5] 다음을 보라. *The Ascent of Mount Carmel*, I. iv. 나는 다음 영역본에 수록된 본문을 사용했다. E. Allison Peers(tr.), *The Complete Works of St John of the Cross*, Vol. I (London: Burns & Oates, 1934), 80. 『가르멜의 산길』(기쁜소식)

밀해질수록 피조물에 대한 앎은 더 옅어지고 멀어진다. 반대의 경우도 마찬가지다. 그러므로 영혼은 성장하면서 자신에게서 "피조된 모든 것, 자신의 행동과 능력을" 벗겨내야 한다.[6] 하느님의 것을 받기 위해서는 "자신의 것", 관습에 물든 행동 방식, 경험 방식을 버려야 한다.

이러한 요한의 이야기는 자연과 은총, 창조와 구원 사이의 철저한 분리를 암시하는 것처럼 보인다. 영혼이 하느님과 연합하기 위해서는 자신에게 "자연스러운 것"을 버려야 한다고 말하기 때문이다. 그러나 이는 지나치게 단순한 해석이다. 요한은 하느님께서 피조물과 함께하심을 확언하기 위해 애쓰고 있다. 다른 모든 피조물과 마찬가지로 그분은 모든 영혼 안에 계시며, 그분 없이는 그 무엇도 존재할 수 없다. 하느님이 그들을 지탱하시고, 유지하시기에 그들은 존재한다. 이는 하느님과 인간의 '자연적' 연합이다. 그러나 신학에서 더 중요한 것은 "사랑으로 인해 그 모습을 닮는" "초자연적" 연합이다.[7] (자연적으로 하느님과 연합하고 있는) 인간은 하느님과 사랑의 관계를 추구한다. 인간은 근본적으로 이러한 관계를 지향하며 이 관계로 나아가는 과정에 따르는 정화를 갈망한다. 인간은 삶의 궁극적인 방향에 대한 질문을 받는다. '무엇을 위해 사는가?' 이 물음에 자신을 향하는 방식으로, 유한한 문제들에 관심을 기울이는 방식으로 답한다면 이는 제대로 된 응답이라 할 수 없다. 인간은 자신의 존재가 지닌 가장 깊은 소명, 즉 자아와 눈에 보이는 세계라는 한계를 넘어 하느님의 자유에 참여하라는 부

---

[6] *The Ascent of Mount Carmel*, II. v(E. Allison Peers, Vol. I, 80).

[7] *The Ascent of Mount Carmel*, II. v.

름, 그렇게 하느님을 닮으라는 역설의 부름에 응해야 한다. 이를 창조 질서를 경시하거나 평가 절하하는 태도와 혼동해서는 안 된다. 요한은 피조 세계로부터의 '탈출'을 추구하지 않았다. 오히려 그는 '자연'은 '초자연'을 지향한다고 생각했다. 창조 질서의 목적은 영혼을 자기 초월로 이끄는 데 있다. 따라서 자아, 혹은 영혼은 언제나 기존의 자신을 제거하는 방향, 단순화하는 방향으로 나아간다. 이는 자신에게 익숙한 것, 자신이 안전하다고 여기는 것을 버리는 과정이기에 엄청난 대가를 치러야 한다.

바로 이 때문에 십자가의 요한은 신앙생활, 영적 생활과 관련해 인간에게 지나치게 가혹하며 부정적이고 불편한 관점을 갖고 있다고 평가받곤 한다. 실제로 그는 그와 견줄 수 있는 여느 작가들(심지어 루터)보다 무자비하게, 신앙을 삶으로 살아낼 때 얼마나 커다란 대가를 치러야 하는지 강조했다. 그렇지만 이 움직임은 공허가 아니라 충만을 향한 움직임, 소멸이 아니라 아름다움과 생명을 향한 움직임이다. 그가 즐겨 쓴 심상을 빌려 말하면 하늘은 밝아지기 전에 더 어둡다.[8] 밤은 자발적으로 영혼을 "어둡게 하는" 활동, 막을 치는 활동, 자기 외부에 있는 사물들, 세상의 재물들로부터 갈망을 해방하는 활동에서 시작된다. 그리고 두 번째 밤, 가장 어두운 한밤중에 영혼의 모든 앎은 완전히 소멸되고 신앙과 사랑만 남는다. 세 번째 밤에 이르면 하느님께서 당신의 비밀을 영혼에게 알려 주신다. 이 세 번째 밤이 '밤'인 이유

---

[8] *The Ascent of Mount Carmel*, I. ii(E. Allison Peers, Vol. I, 19-21).

는 이때 영혼에서 일어나는 일은 말로 표현할 수 없기 때문이다. 충분히 짐작할 수 있지만, 요한은 단순히 시간의 흐름을 따라 밤의 상태를 나열하지 않았다. 본질상 밤의 상태는 삶을 살아가면서, 경험을 통해 영혼에 일어나는 일에 대한 세 가지 설명, 세 단계로 이루어진 '회심'을 가리킨다. 밤이 짙어질수록 영혼은 근본적인 실재, 영혼 안에서 활동하시는 하느님에게 점점 더 가까워진다. 물론, 요한이 묘사하는 밤에는 연대기의 요소가 있다고도 말할 수 있다. 즉 첫 번째 밤이라는 '능동적' 정화가 없다면 신앙의 밤은 존재할 수 없다. 첫 번째 밤은 활동적인 삶에 뿌리를 두고 있다. 그리고 두 번째 밤이라는 소름 돋는, 헤아리기 어려울 정도로 어두운 단계에서 영혼은 하느님께서 자신에게 내어주시는 것이 실제로 무엇인지를 깨달을 수 있다. 그러므로 "능동적인 밤"에 대한 요한의 긴, 때로는 지루한 세부 묘사는 실제 신앙생활과 매우 깊은 관련이 있다. 그는 의식적으로 하나의 계획과 과정, 혹은 하느님의 은총을 온전히 받아들이기 위해 인간이 갖추어야 할 조건을 가능한 한 철저하게 진술한다. 「가르멜의 산길」 제1권에서는 주로 세속적인 야망, 물질적인 쾌락, 안락함에 대한 추구에서 벗어나는 길을 다룬다.[9] 여기서 그는 현세에서의 부와 성공을 갈망할 때 영혼이 겪는 고통과 연약함을 상세히 설명하며(I. vi-x), 하느님에 대한 갈망과 지상의 재화에 대한 갈망이 왜 양립할 수 없는지를 매우 명확하게 진술한다(xi). 세상과 관련해 일어나는 갈망 모두가 똑같이 해롭지는 않다.

---

[9] *The Ascent of Mount Carmel*, I. iv.

어떤 갈망은 기질에 따라, 혹은 자신의 의지와 무관하게 일어나기 때문이다. 이러한 갈망들은 하느님과의 완전한 연합에 방해가 되기는 하나 순전히 걸림돌이기만 한 것은 아니다. 요한은 먼저 하느님을 따르느냐, 거스르냐는 질문과 관련해 자유롭게 선택할 수 있는 부분에 집중해야 한다고 말한다. 하지만, 동시에 요한은 우리가 하느님을 향해 나아가면 나아갈수록 하느님을 따르느냐, 거스르냐를 두고 더 많은 문제(이를테면 장소와 사물에 대한 (무해해 보이는) 집착, 심각한 죄는 아니라 할지라도 여전히 자기를 향해 움직이는 습관)를 마주하게 될 것이라고 말한다. 방치하면 이들은 결국 의도적으로 죄를 저지르는 것만큼이나 하느님을 향해 나아가는 길에 커다란 걸림돌이 될 것이라고 그는 지적한다. 은총의 빛 아래 '나'를 향하고 있는 습관들을 보게 되면, 이것들로부터 벗어나기 위해 분투해야 한다. 그 외 다른 길은 없다.

우리는 반드시 이 길을 계속 걸어가야 한다.[10]

영적 자유를 얻기 위해서는 영원한 경계警戒라는 대가를 치러야 한다. 이 자유에 우리는 도달할 수 없고, 성취할 수 없으며, 그렇기에 안전하다 장담할 수도 없다.

---

[10]   E. Allison Peers, Vol. I, 55.

영혼의 어두운 밤

이 모든 세부 내용은 회심의 진정성을 검증하는 데 그 목적이 있다. 「가르멜의 산길」에서는 하나의 질문이 끊임없이 울려 퍼진다.

당신이 정말로 원하는 것은 무엇인가?

어떤 곳에서, 어떤 결정을 하든 자신의 마음과 맞지 않는 길을 선택하라고 요한은 권고한다.[11] 널리 알려진(혹은 악명 높은) 이런 권고는 문맥을 무시하면 불가능하고 비인간적이며 부정적인 조언으로 들린다. 그러나 논의를 충분히 헤아리면 이런 권고들은 그가 계속해온 이야기들의 정점에 있음을, 논의의 논리상 불가피한 결론임을 알게 된다. 요한은 '나'에게 잘 맞는 것은 실제로는 인간의 궁극적인 성취를 향하게 해주는 것이 아니며, 사소하고 일시적인 것이기 때문에 '나'를 노예로 만들어 버릴 수 있다고 생각했다. 인간의 욕망이 값싸고 일시적인 것에 만족하면 본연의 초월 지향성은 부정되거나, 혹은 그렇지 않더라도 위협받는다. 금욕 수행은 자신의 욕망에 진실로 집중하는 법, 그렇기에 현재 자신에게 안락하고 편안한 것을 추구하려는 움직임을 배제하는 법을 포함해야 한다. 물론 요한에게 이는 수단이지 그 자체로 목적이 아니다. 목적은 '나'의 만족에 신경을 기울이지 않는 것을 "제2의 천성"으로 삼는 데 있다. 이는 참된 "기쁨, 위로"와 관련이 있다.[12] 이렇게 선

---

[11]   *The Ascent of Mount Carmel*, I. xiii(E. Allison Peers, Vol. I, 61).

[12]   E. Allison Peers, Vol. I, 42.

택을 정돈하는 과정이 요란한 육체의 고행보다 더 중요하다고 그는 말한다.[13]

지금까지 요한의 이야기는 영혼의 "분별", 육체의 욕망과 선호에 휘둘리는 '나'를 정화하는 것과 관련이 있다. 이는 영혼의 여정에서 예비 단계에 해당한다. 요한은 고상한 영적 즐거움을 추구하기 위해 물질을 통한 즐거움을 포기하기란 비교적 쉬운 일임을 알고 있다. 「가르멜의 산길」에서 주로 다루는 내용은 바로 이 영적 만족의 영역이다. "감각의 밤"은 비교적 간단하다. "영의 밤"에 이르면 영혼은 한층 더 깊고 쓰라린 경험을 한다. 이때 그는 망상의 뿌리를 더 세게 쳐내어 인간의 영적 활동들을 신앙과 열망이라는 하나의 활동으로 모은다. 요한은 스콜라주의 용어를 빌려 (그리고 우리에게도 친숙한 아우구스티누스와 중세의 구분을 따라) 영혼은 세 가지 방식('지성', 기억, 의지(혹은 사랑))으로 작동한다고 말한다. '나'가 온전히 하느님에게 나아가기 위해서는 이 모든 방식이 정화되어야, 유한한 대상들에 휘둘리지 않고 떨어져 나와 하느님을 받아들이기 위해 자신이 비워져야 한다. 「가르멜의 산길」에서 그는 영의 "능동적인" 밤, 이 과정 중 인간 쪽에서 벌어지는 일, 인간이 자신의 상태를 식별하고 해석하기 위해 어떠한 일을 할 수 있는지, 어떠한 정신의 습관을 길러야 하는지, 어떠한 위험을 피해야 하는지를 기술한다. 이와 달리 「가르멜의 산길」의 속편이라 할 수 있는 (미완의) 「영혼의 어두운 밤」The Dark Night of the Soul에서는 "수동적인" 밤, 하

---

[13] *The Ascent of Mount Carmel*, I. viii. 4(E. Allison Peers, Vol. I, 42-3).

느님께서 하시는 정화를 인간이 어떻게 경험하는지를 다룬다. 요한에 따르면 수동적인 밤은 능동적인 밤보다 훨씬 더, 헤아릴 수 없을 정도로 끔찍하며 커다란 대가를 치러야 한다. 이때 영혼은 끝없이 결단을 내려야 하나 어떠한 영적 위로도 받을 수 없다. 더 나아가 그는 위로의 부재를 경험한다. 이때 그에게 하느님은 멀리 계신 분, '나'를 거부하시는 분, '나'에게 적대적인 분으로 다가온다(루터의 '시련'과 분명한 유사성이 있다). 능동적이든, 수동적이든 '영의 밤'은 여명이 오기 전 찾아오는 짙은 밤, "한밤중"이다. 요한은 이 칠흑 같은 밤을 통해 영혼은 예수가 서셨던 그곳에 이르게 된다고, 그가 졌던 십자가를 짊어지게 된다고 말한다.[14] 이 밤을 지내는 것은 그 어떤 "길이나 방법"을 따르는 것, 혹은 어떤 영적 기술을 익히는 것보다 훨씬 더 단순하나 훨씬 더 어렵다.[15] 그러나 그리스도를 진지하게 따르기를 바라는 모든 그리스도인에게 이는 의무다.

> 달콤하고, 편하게 걷기 위해 그리스도를 닮으려 하지 않는 신앙, 이를 회피하는 영성은 아무런 가치도 없다.[16]

"그리스도는 길이시다." 그분은 "내적 생명"의 규범이다. 그분은 세상을 구원하시기 위해 가장 능동적으로 활동하시나 십자가에서는 철저

---

[14] *The Ascent of Mount Carmel*, II. vii. 7(E. Allison Peers, Vol. I, 90-1).

[15] *The Ascent of Mount Carmel*, II. vii. 8(E. Allison Peers, Vol. I, 91).

[16] *The Ascent of Mount Carmel*, II. vii. 8.

하게 버림받으셨고, 아무런 위로도 받지 못하셨다. 그런 식으로 그분은 하느님의 뜻을 가장 완전히 이루셨다. 십자가 사건은 평생에 걸친 그리스도의 가난과 무방어 상태의 절정이다. 그분은 스스로 아무것도 아닌 것이 되셨다.[17] 하느님께서 당신의 뜻대로 우리 안에서 활동하시려면 우리는 그리스도처럼 되어야 한다. 달리 말하면, 안팎에서의 어둠, 아무런 위로도 없는 "살아있는 죽음"living death을 감내해야 한다. 이 지점에서 요한은 그리스도인의 영혼이 그리스도의 인격에 다가갈 때 자칫 방종에 빠질 수 있음을 예리하게 지적하며, 기이해 보일 정도로 강도 높게, 단호하게 글을 쓴다. 그가 염두에 두고 있는 이들은 세상과 관련된 염려와 욕망에 휘말린 이들이 아니라, 스스로 독실하다고 믿는 이들이다. 누군가 그리스도 안에서 '자기' 만족을 추구하고, 그리스도를 '자기애'의 도구로 삼는다면 그는 "세상에 속한" 사람만큼이나 그리스도에게서 멀어진 사람이다.

> 자신을 그리스도의 친구라고 여기는 이들에게 그리스도께서는 당신을 거의 알려 주지 않으신다.[18]

요한에게 예수 그리스도는 신앙의 "진정성"authenticity을 가늠할 수 있게 해주는 궁극적인 시금석이다(요한의 '신비 신학'mystical theology이 예수에 관한 역사 기록과 아무런 관련이 없다고 생각하는 이들이 진지하게 곱씹어 봐야 할 부

---

17 *The Ascent of Mount Carmel*, II. vii. 9-11(E. Allison Peers, Vol. I, 91-2).

18 *The Ascent of Mount Carmel*, II. vii. 12(E. Allison Peers, Vol. I, 93).

분이다). 그리스도께서는 종교를 통해 안락함을 추구하는 것이 얼마나 부정직하고 이기적인 일인지를 몸소 보여 주셨다. 이는 '영의 밤' 중에 일어나는 일, 어둠 가운데 망상이 부서지는 일을 두고 신학자들이 역설적으로 "조명의 길"illuminative way이라고 부른 이유를 설명해 준다. 신앙의 성숙, 영적 성장의 첫 번째 단계인 '영의 밤'에서는 능동적이든, 수동적이든 정화만 일어나는 것이 아니다. 이때 영혼은 새로운 차원의 통찰, 깨달음을 얻기 시작한다. 인간과 하느님의 관계에 대한 진리가 모호하고 혼란스러운 가운데서 분명해지기 때문이다. 한 현대 가르멜 수도회 수녀는 이를 명확하고도 깊이 있게 표현한 바 있다.

의식의 수준 아래서 우리는 하느님께서 친밀하게 우리 곁에 계시기에 우리가 고통스러워함을 안다. 고통이 사라졌을 때도 마찬가지다. 그때, 우리는 고통 가운데 있던, 하느님과의 깊은 동반자 관계를 잃어버렸음을 깨닫는다. 이를 깨달은 사람들은 고통 가운데 자신이 더 자신의 본래 고향에 있음을 안다. 어두운 밤이 좀처럼 걷히지 않는 이유는 하느님께서 당신의 섭리 가운데 사람들이 그 의미를 깨닫도록 돕기 위해서일 수 있다. 고통을 겪을 때 그들은 만족감을 느낄 수는 없을지라도, 자신이 진리 안에 있으며, 실재에, 따라서 하느님에 더 가까이 있음을 안다. 그래서 그들은 하느님이 아닌 것으로 채워지기보다는 황량하고, 공허하고, 허무함을 느낄지라도 그분이 아닌 모든 것이 완전히

비워지기를 바란다.[19]

그녀는 이어서 이를 고통에 대한 뒤틀린 갈망, 혹은 가혹 행위와 혼동해서는 안 되며, 자칫하면 이 또한 또 다른 종교 놀음, 또 다른 '나'의 확장, 안정에 대한 추구로 빠질 수 있음을 지적한다. 이는 십자가의 요한이 이야기하고자 했던 바이기도 하다. 우리가 짊어져야 할 십자가는 우리가 선택하거나 계획하는 것이 아니라는 루터의 말에 요한은 동의할 것이다. 이 십자가와 관련한 고통은 하느님의 손에서 우리에게 오는 것으로 이해되는 현실의 제약, 그 가운데 일어나는 사건들, 달리 말하면 하느님께서 우리에게 '주신' 사건들로 인해 일어나는 고통, 이를 정직하게 받아들임으로써 일어나는 고통이다. 이러한 맥락에서 신앙은 경건한 생각, 심지어 일관된 생각으로 정신을 가득 채운다고 해서 성숙해지지 않는다. 오히려 채프먼 아빠스가 묘사했듯 십자가로 인한 고통은 정신의 혼란, 공허함을 동반한다.

저도 모르게, 어떤 관점이 제게 몰려들어왔고 제 정신을 점령했습니다. 그래서인지 아무것도 생각할 수 없네요. 이런 일이 구체적으로 어떻게 일어나는지 거의, 혹은 전혀 감지할 수 없기에 정신은 텅 비어 있는 것만 같습니다. 누군가 제 모습을 본다면 바보처럼 보이겠지요.[20]

---

[19] Ruth Burrows, *Guidelines for Mystical Prayer* (London: London: Sheed&Ward, 1976), 101-2.

[20] Dom Roger Hudleston, *The Spiritual Letters of Dom John Chapman*, 88.

이것이 바로 조명illumination이다. 조명은 어떤 신비로운 최면 상태, 환상, 황홀경에 빠지는 체험이 아니라 철이 자석에 끌리듯, 자신이 모호한 중심부로 빨려 들어가고 있음을 감지하는 것이다. 조명의 길에서 우리의 언어와 사고는 고갈된다. 좀 더 적절하게는, 우리가 만들어낸 개념이라는 장치로 도달할 수 있는 범위를 완전히 넘어선 실재가 우리의 언어와 사고를 고갈시킨다. 조명은 십자가에 달린 예수로 대표되는 그리스도교 신앙의 핵심, 그 '모순'으로 들어가는 입구다. 이 지점에 이르렀을 때 인간은 모든 지적 활동을 내려놓아야 한다. 이런 이야기를 할 때 요한은 지적 성격이 두드러졌던 당시 '묵상' 풍조를 염두에 두고 있다. 묵상으로 인한 "피로와 염증"에 대해 말하면서, 그는 가톨릭 종교개혁 시기 많은 수도사가 이야기한 강렬한 종교 체험들에 관해 언급한다(웨일스 출신의 탁월한 베네딕투스회 수도사인 어거스틴 베이커Augustine Baker는 자서전에서 17세기 초 수도 공동체에서 활용한 묵상 '기술'들이 영혼에 얼마나 끔찍한 영향을 미치는지를 쓴 바 있다).[21] 이러한 상황 가운데서 요한은 주변부에서 중심부로 관심을 돌이킬 것을 촉구하며, 은총을 조작하고 그렇게 하느님으로부터 자립하려는 인간 지성에 대해 질문을 던진다. "정신"이 "텅 비어 있는" 것 같고, "누군가" "바보" 같다고 하면 또 어떤가? 눈에 보이지 않는다 해도, 지적으로 잡히지 않는다 해도, 마음은 하느님을 향해 깨어 있다. 그런 마음으로 살아가는 삶은 결코 황홀하지 않으며, 비범하지도 않다. 「가르멜의 산길」 제2권에서 요한은 상상에 기

---

[21] *The Ascent of Mount Carmel*, II. xiv(E. Allison Peers, Vol. I, 117-27).

댄 것이든, 지성을 발휘한 것이든, 영적인 것이든, 초자연적인 것이든, 자연적인 것이든 일반적으로 '조명'을 받아 일어난 체험으로 여기는 것들(환상, 방언, 투시)을 신중하게 검토한다.[22] 여기서 요한은 예민함을 발휘해 신앙생활에서 자기기만이 얼마나 위험한지를 드러내고 이와 관련된 종교 체험들, 이를 중시하는 경향을 가차 없이 비판한다. 어떤 '영적' 경험도 하느님께서 자신에게 호의를 보이신다는 분명한 징표가 될 수 없다. 어떤 특별한 종교 체험도 확실한 안전을 보장해 주지 않는다. 하느님에 대한 참된 앎은 말로 결코 온전히 표현할 수 없다. '이해 가능한 말'은 하느님에 대한 참된 앎, 인격적인 앎을 포섭할 수 없다.[23] 물론 이러한 앎의 현현으로써, 우리는 일순간이나마 할 말을 잃을 정도로 강렬하고 확실한 체험을 할 수 있다. 요한은 이러한 일이 일어날 수 있음을 인정하나 이를 원하거나 의존해서는 안 된다고 말한다. 이러한 체험들이 일시적이고 "우연적"이며 무엇보다도 말로 온전히 담아낼 수 없다는 점에서 마냥 부정적으로 볼 필요는 없다.[24] 그러나 이를 묘사하고, 분석하고, 지적으로 "처리"할 수 있는 "신비 체험"으로 명명하는 순간 그 체험은 망상이 될 것이라고 요한은 생각했다. 하느님에 대한 앎은 개별적인 것들, 우연히 일어나는 일들에 대한 앎과는 완전히 다르다. 누군가가 세상에서 일어나는 일들에 대한 직관적인 통찰을 얻는다 해도, 이 세상과 관련해 우리의 감각을 넘어서는 어떤 깨

---

[22] *The Ascent of Mount Carmel*, II. xvi-xxxii.

[23] *The Ascent of Mount Carmel*, II. xxvi(E. Allison Peers, Vol. I, 194-5).

[24] *The Ascent of Mount Carmel*, II. xxvi(E. Allison Peers, Vol. I, 197).

달음을 얻는다 해도, 이것이 하느님께서 그를 통해 활동하신다는 증거나 징표가 될 수는 없다. 오히려 요한이 보기에 이는 악마의 활동일 가능성이 높다.[25] (하느님의 어루만지심으로 인한) 참된 "연합의 감촉"의 특징은 지극한 모호함이다.

마찬가지로 (본래는 "의지"에 속한) "느낌"이 이해에 영향을 미치는 방식을 다루며 그는 무언가를 하려고 해서는 안 된다고 이야기한다. 느낌들은 수동적으로 받아들여야지 무언가 느끼려, 느낌을 통해 어떤 깨달음들을 얻으려 애를 써서는 안 된다.

> 지성이 자기 안에서 다른 무엇을 만들지 못하게 하고, 악마가 다양하고 거짓된 깨달음을 가지고 들어오지 못하게 하려면 영혼은 (느낌을 통한) 깨달음들을 얻으려 애를 쓴다거나 욕심을 부리지 말아야 한다.[26]

이렇듯 그는 지적인 삶의 모든 면에는 초연함detachment이 필요하다고 역설한다. 하느님께서 하시는 일을 우리는 이해할 수도 있고, 이해하지 못할 수도 있다. 중요한 건 그분께서 우리와 함께하시며 우리 가운데서 활동하심을 신뢰하는 것이다. 이때 '나'를 지탱해 준다고 내가 생각하는 것들은 오히려 진리로 나아가지 못하게 하는 장애물일 뿐이다. 우리가 버팀목이라 여기는 장애물들에서 벗어날 때 우리는 신뢰의 참된 속성을 알 수 있다. 요한이 이해의 퇴위를 요구하는 이유는 이

---

25 *The Ascent of Mount Carmel*, II. xxvi.
26 E. Allison Peers, Vol. I, 223.

해가 현재 '나'의 자존감 아래 있는 뿌리이기 때문이다. 그는 이 뿌리를 뒤흔들어야 한다고 생각했다.

일상을 살아가는 가운데 추론 활동을 통해 상황을 지적으로 "지배" 할 수 있다고 믿더라도, 하느님과 관련해서는 이를 자제해야 한다. 하느님을 지적으로 완전히 파악하는 것, 그래서 '지배'하는 것은 불가능하기 때문이다. 지성은 스스로 만족하기를 원하기 때문에 거의 필연적으로 거짓을 만들어낸 다음 이에 만족할 것이다. 그러므로 하느님과 관련된 지적 만족은 체계적으로 거부해야 한다. 지성은 신앙으로 전환되어야 한다.

「가르멜의 산길」 제3권에서 요한은 정신적, 영적 삶의 정화 과정을 진술한다. 이제 이해는 신앙으로, 기억은 희망으로, 의지는 사랑으로 전환된다.[27] 앞에서 이해를 다루며 한 이야기가 많이 포함되어 있기 때문에 제3권에서 하는 이야기(기억에 관한 논의)는 제2권보다 간략하다. 요한은 기억과 관련된 과정 역시 제2권에서 진술한 내용과 유사하다고 생각한 듯하다. 즉 정신이 피조물들 가운데 일정한 형태를 갖추고, 그러한 과정을 거쳐 안정을 누리려 하면 그 안정을 박탈하고 형태를 벗겨내야 하듯, 기억도 마찬가지의 정화를 거쳐야 한다. 제3권 2장에서 그는 기억이 정화되는 초기 단계에서 정신에서 일어나는 혼란에 대해, 그리고 이러한 혼란은 하느님의 은총이 인간의 본성을 온전하게 하기보다는 파괴하는 것이 아니냐는 논의에 대해 이야기한다. 여기서

---

27   *The Ascent of Mount Carmel*, III. I(E. Allison Peers, Vol. I, 225).

요한은 앞서 채프먼 아빠스나 다른 사람들이 말한 바보처럼 보이는 상태, 공허함에 시달리는 상태를 염두에 둔 것처럼 보인다. 그는 이러한 상태가 일종의 예비 단계, 정신이 새로운 방식으로(우리에게는 낯선 방식으로) 작동하기 전 단계의 특징임을 강조한다. 요한에 따르면 이때 일어나는 혼란은 엄밀히 말해 혼란이 아니나 이전 상태와는 분명한 간극이 있고, 어떠한 형태도 잡히지 않아 좌절감과 충격을 가져다 준다는 점에서 혼란스럽다. 이후 연합의 상태에서는 "자연적인 것"과 "초자연적인 것"의 조화가 회복되고, 은총은 우리가 "본성"을 따라 해야 할 바를 할 수 있게 해 준다.[28] 그러나 초연함을 향한 첫 번째 움직임, 질서, 형태, 구조, '파악 가능성'graspability에서 벗어나는 움직임은 필연적으로 정신이 퇴행하는 것처럼, 붕괴한 것처럼, 방향을 잃은 것처럼 보인다. 채프먼이 자신의 서신들에서 여러 번 언급한 말을 빌리면 이는 일종의 "정신의 부재" 상태다. 다시 한번, 요한은 자신의 주장을 반복한다.

> 영상들과 형상들이 좋은 것인지 나쁜 것인지 구별해야 하는 불안 … 어떤 것이 좋은 것인지, 나쁜 것인지, 그리고 어떤 것이 받아들일 수 있고 또 받아들일 수 없는지 확인하려는 열망으로부터 자유로워져야 한다. 그 어떤 것에도 상관하지 말아야 한다.[29]

이에 수반되는 당혹스러움과 좌절은 진리를 위해 치러야 할 대가로 받

---

[28] E. Allison Peers, Vol. I, 229.

[29] *The Ascent of Mount Carmel*, III. xiii(E. Allison Peers, Vol. I, 247-249).

아들이라고 그는 권고한다.

기쁨, 희망, 두려움, 슬픔이라는 네 가지 "정념들"에서 점점 더 멀어
짐으로써 의지는 정화된다. 「가르멜의 산길」에서 실제로 다루고 있는
정념은 기쁨뿐이며, 요한은 끝내 위 정념들을 모두 다루지는 못했다.[30]
물론 모든 만족 경험을 아우른다는 점에서 "기쁨"은 요한에게 전체 논
의의 기초가 되며 상세히 다룰 필요가 있다. 기쁨을 다룰 때도 그는 일
상을 살아가는 동안 잠시 만족하는, 현세와 관련된 기쁨에서 도덕성
과 영성과 관련해 만족하는 좀 더 미묘한 차원의 기쁨으로 나아간다.
요한에 따르면 고차원의 기쁨에 다가갈수록 우리에게는 만족감보다
는 쓰라림이 더 커진다. 제3권 중 윤리적 선을 행할 때 일어나는 기쁨
을 다루며 그는 초연함과 무감정의 차이를 지적한다.[31] 요한이 보기에
인간은 당연히 도덕적으로 올바른 행동을 추구해야 하고, 이를 소중히
여기며, 이를 행하지 않을 때 애통해해야 한다고 믿는다. 하지만 하느
님의 사랑에서 분리된 올바른 행동은 결국 인간에게 해로울 뿐이다.
자신이 도덕상 올바른 행동을 하고 만족하는 기쁨에서 벗어나는 것은
하느님을 섬기고 그분에게 영광을 돌리겠다고 결단하는 것, 그렇게 의
지를 작동시키며 행동하는 것, 내적 만족이나 외적 칭찬과 무관하게
하느님을 향한 사랑으로 행동하는 것을 의미한다. 참된 그리스도인은
자신의 만족이나 성공을 위해서가 아니라, 하느님을 섬기고 그분께 영
예를 드리는 데만 눈을 고정하며 선행을 한다. 그렇기에 그리스도인은

---

[30]   The Ascent of Mount Carmel, III. xvii-xlv.

[31]   The Ascent of Mount Carmel, III. xxvii-xxix.

다른 사람들에게 자신의 "선행"을 밝히지 않고, 거기에 의지하지도 않는다.[32] 이는 『바가바드 기타』Bhagavad Gita에 나오는 "행동의 결실"로부터의 초연함, 혹은 종교개혁자들이 이야기했던 선행에 대한 철저한 회의와 유사한 측면이 있다. 바리사이주의가 얼마나 위험한지 요한은 날카롭고도 솔직하게 분석한다. 그러나 그렇다고 해서 적절한 초연함에 이르게 되는 것이 '선행'에 대한 폄하로 이어지지는 않는다. 은총을 풍성히 누리기 위해, 혹은 초연해지기 위해 죄를 지어야 한다고 그는 말하지 않았다. 요한이 순전히 "세상을 부정"한다고 보는 이들은 이를 유념해 두어야 한다. 「가르멜의 산길」 제3권 마지막 부분에서 그는 영적 문제에서 초연함에 관한 논의를 하면서 이와 관련된 미신들을 매우 강렬한 어조로 비판한다. 특히 그는 당시 가톨릭 신자들이 보이던 성화와 성상들, 특정 성인, 성지, 특정 헌신 방법에 대한 숭배에 대해 날카롭게 비판한다. 가톨릭 종교개혁은 예술과 경건 분야에서 바로크 양식을 낳은 운동 그 이상도 그 이하도 아니라고 생각하는 이들에게 이러한 비판은 매우 낯설게 보일지도 모른다. 요한의 비난은 (개신교와 가톨릭을 아우르는) 종교개혁이 우상숭배의 위험에 대한 "공교회"의 직관에서 나왔으며 가톨릭 종교개혁에도 엄격한 우상파괴의 측면이 있음을 알려 준다. 개신교 종교개혁이든, 가톨릭 종교개혁이든 극복해야 할 최후의 적은 '종교'였다.

물론 요한이 상상한 올바른 그리스도교는 삶에 대해 어떠한 덕을

---

[32] E. Allison Peers, Vol. I, 295.

세우려는 노력도 할 필요도 없으며, 모든 성사를 준수할 필요도 없는 근대적이고 급진적인 그리스도교 형태가 아니었다. 루터, 그리고 다른 많은 종교개혁가와 마찬가지로 그는 교회를 비판하는 이들이 제대로 무장하기 위해서는 교회의 규율을 따라야 한다고 보았다. 누군가가 현실 속 교회가 어떤 면에서 아무런 쓸모도 없는 일을 하고 있는지, 공허한 행동을 하고 있는지를 알기 위해서는 교회의 실천들에 충실한 가운데, 그 실천들 아래 흐르는 핵심을 감지해야 한다. 형식, 방법, 심상과 이들을 부정케 하는, 어떠한 형식도 없는 중심 영역 사이의 관계는 언제나 미묘하다. 요한에게 형식과 심상은 밤으로 들어가는 길이다. 그렇기에 요한은 분별력을 가지고 이들을 활용해야 하며, 이들 자체에 대한 숭배로부터 멀어져야 한다고 역설한다.[33] (극단적인 가톨릭 의례주의자, 극단적인 청교도처럼) 형식과 심상을 어떻게 적절하게 활용할지에는 아무런 관심도 갖지 않은 채 기계적으로 찬성하거나 거부하는 것은 신앙의 성숙, 영적 성장에 필수적인 변증법적 순간dialectical moment을 회피하는 것이다.

신앙과 연합

「가르멜의 산길」은 결국 "능동적인 정화"active purgation, 즉 우리가 할 수 있는 일, 철저하게 초연함을 익힘으로써 우리 안에서 하느님이 활동하실 수 있도록 길을 닦고 그분을 위해 공간을 열어두는 법에 관한

---

[33] *The Ascent of Mount Carmel*, III. xxxv(E. Allison Peers, Vol. I, 311-13).

이야기다. 달리 말하면, 하느님의 활동을 방해하지 않는 방법에 관한 이야기라고도 할 수 있다. 하지만 그는 성화sanctification의 본질이 무엇인지 기술하는 데 관심이 없기에, 완전에 이르는 구체적인 길 같은 것을 제시하지는 않는다. 초연함을 익힌다고 해서 정화가 이루어지지는 않는다. 우리가 할 수 있는 일은 정화가 이루어질 수 있는 여건을 조성하는 것이다. 정화는 하느님께서 하시는 일이다. '능동적인 밤'에 고행을 한다고 해서 우리 안에 있는 죄의 뿌리가 제거되지는 않는다. 그렇기에 「가르멜의 산길」의 속편에 해당하는 「영혼의 어두운 밤」The Dark Night of the Soul은 고행, 혹은 금욕 생활로는 개선되지 않는 인간의 불완전한 면모들을 제시하고, 자기만족self-satisfaction의 위험을 경고하면서 시작된다.

루스 버로우스Ruth Burrows의 말을 빌리면 요한은 "죄의 습관은 우리에게 너무 깊게 뿌리 내리고 있어 오직 하느님만 이를 파괴하실 수 있다"고 보았다.[34] 덕을 세우기 위해 분투하는 가운데 우리는 이전과는 비교할 수 없을 만큼, "소름이 끼칠 정도로 무서운" 경험을 한다. 하느님께서 정면으로 '나'를 공격하시기 때문이다.[35] '능동적인 밤' 가운데, 고통과 황량함, 상실감, 갈피를 잃은 경험을 하는 '선한' 이들은 많다. 그러나 '수동적인 밤'을 온전히 체험하는 이들은 소수에 불과하다고 요한은 말한다. 「가르멜의 산길」과 마찬가지로 「어두운 밤」은 미완성으로 남아 있으며, 분석보다는 여러 경고, '수동적인 밤'에 대한 대

---

[34] Ruth Burrows, *Guidelines for Mystical Prayer*, 75.
[35] *The Dark Night of the Soul*, I. viii(E. Allison Peers, Vol. I, 371) 『어둔 밤』(기쁜소식)

략적인 묘사, 암시가 주를 이룬다. 이를 통해 그는 하느님께서 우리 영혼 안에서 하시는 일을 조금이라도 직접 체험할 때 이는 거부당한다는 느낌, 굴욕감, 무가치함과 같은 '나'가 낱낱이 해체되는 느낌을 수반하며 그 고통은 '능동적인 밤'의 황량함과 공허함보다 훨씬 더 가혹함을 드러내려 했다. 하지만 이는 하느님과의 연합을 위해 필연적으로 따르는 '나'를 향한 공격, 자기방어와 자립을 둘러싸고 하느님께서 펼치시는 최후 공격의 서곡이다. 요한은 '나'를 비우는 '기술'이나, '나'를 낮추는 습관을 익히는 법을 제시하지 않는다. 그보다 그는 하느님과 점점 더 친밀해질 때 일어나는 일들에, 그 일과 더불어 솟구치는 감정들에, 이들을 어떻게 해석해야 하는지에 관심이 있다. 낯설고 기이하지만, 그가 다루는 것은 분명 '조명의 길'이다. 하느님께서는 그러한 방식으로 우리를 깨우쳐 주신다.[36] 그리고 이러한 앎은 자기혐오, 두려움과 혼란, 하느님에게 버림받은 느낌, 지옥으로 떨어지는 것 같은 느낌과 같은 강렬한 감정들과 결코 분리되지 않는다.[37] 요한은 욥기, 시편, 몇몇 예언서의 이야기를 광범위하게, 인상적으로 인용하며 원수이자 압제자처럼 다가오는 하느님을 생생하게 묘사한다.

요한이 이야기하듯 이런 상태는 정말 소수만 겪는 것일까? 아마도, 아닐 것이다. 앞서 언급했듯 신앙과 경험 사이의 긴장에 관한 요한의 논의는 루터와 유사한 부분이 많다. 이를 고려할 때 "영적으로 숙달된 이들'"spiritual proficients만 이런 경험을 한다는 요한의 이야기는 그리스도

---

[36] *The Dark Night of the Soul*, I. xii(E. Allison Peers, Vol. I, 387).

[37] *The Dark Night of the Soul*, II. vi(E. Allison Peers, Vol. I, 409-12).

인의 신앙 여정에서 경험의 근본적인 역할, 신앙이라는 활동의 중심을 이루는 경험의 특성을 올바로 평가하지 못한 것이다. 대다수 신자가 이와 비슷한 경험을 한다는 증거가 없다 할지라도 말이다. 여기서 요한이 이야기하는 것은 단순히 '영적인' 상태, 혹은 내면의 상태가 아님을 유의해야 한다. 소외와 두려움은 일상에서도 흔히, 어떤 일에 좌절하거나 굴욕감을 느낄 때 일어난다. '수동적인 밤'에 대한 묘사에는 요한 본인이 겪은 일들, 이를테면 수도사들과 동료들이 자신에게 보인 적대적 태도로 인한 고통, 생의 마지막 몇 달 동안 겪은 고통이 반영되어 있다. 그리고 같은 맥락에서 어거스틴 베이커는 독자들에게 노년에 겪는 온갖 질병 가운데, 정신 장애를 겪는 가운데, 평판과 인기를 상실하고 동료나 가족에게 거추장스러운 존재가 되어버렸음을 깨닫는 가운데 하느님께서 자신을 정화하시기 위해 내미는 손길을 느끼도록 준비하라고 권한다. 또한, 루스 버로우스는 중요한 건 내면에서 일어나는 극적이고 신비로운 일이 아니라고 경고한다.

모든 걸 고려해보았을 때 결국 남는 질문은 이것이다. 삶을 사는 동안 당신이 슬픔에 잠길 때 그 바탕에는 무엇이 있는가? 결국, 두 가지가 아닐까? '하느님의 부재'라고 부르든, '하느님께 버림받았다고' 말하든 어쨌든 하느님이 곁에 계시지 않는다는 느낌, 그리고 자신이 얼마나 비참하고 무력한 존재인지에 대한 뼈아픈 깨달음이 있지 않은가? 물론, 십자가의 요한은 이렇게 이야기하지 않았다. 어쩌면, 당신은 당신의 고통이 그렇게 숭고한 여정 중에 일어나는 건 아니라고, 일상 가운데, 문득문득 느끼는 공허함, 하느님이 계시지 않는 것 같은 느낌 때문에 일어나는 것이라고, 요한이 이야기하는 것에 견주면 하찮고 소소한 고통이라고 말할지도 모르겠다. 하지만, 요한이 말하고자 하는 바가 바로 그것이다.[38]

요한이 말하고자 하는 바가 바로 그것이다. 그는 내면과 외면을 가리지 않고 일어나는 두려움, 부적응, 실패를 통해 얻는 쓰라린 깨달음, 커다란 대가를 치른 자각, "영적 삶"이 증발되는 느낌, 하느님을 기쁘게 해드릴 수 없다는 느낌, 심지어 그런 마음이 들지 않을 정도로 하느님을 믿지 못하겠다는 느낌, 모든 영성이 무로 돌아간 것만 같은 느낌에 관해 이야기한다. 그리고 이것이야말로 조명의 길이다. 이 길 외에 하느님과 '나'의 참된 연합을 위한 길은 없다. 연합의 상태는 「영가」 후반과 이에 대한 해설에 가장 잘 나와 있다.[39]

먼저 염두에 두어야 할 부분이 있다. 여기서 요한은 분명 하느님에 관한 직접적인, 그리고 기쁨이 솟아나는 경험, 이를 통해 영혼이 신비에 대한 통찰과 앎을 얻게 되는 상태를 다루고 있음이 분명하다. 하지만 그는 인간의 입장에서 이 경험이 정확히 어떠한지를 밝히고 있지는 않다. 영혼 안에 하느님이 끊임없이 살아 계신다는 느낌, 어떠한 상황에서도 하느님께서는 선하시다는 깨달음, 주고 또 받는 사랑의 따뜻함

---

[38]   Ruth Burrows, *Guidelines for Mystical Prayer*, 88.

[39]   다음에 실려 있다. E. Allison Peers(tr.), *The Complete Works of St John of the Cross*, Vol. II (London: Burns & Oates, 1943) 「영가」(기쁜소식)

에 관해 이야기하나 이는 어떤 황홀경 체험 가운데 어떤 계시를 보는 것이 아니다. 그는 영혼이 자신의 근본적인 성향에 충실하면, 그러한 성향에 충실해 어떤 태도를 익히게 되면, 일상에서 일어나는 일들, 일상에서 마주하는 것들을 새로운 빛의 관점으로 보고, 또 이해하게 된다고 이야기한다. 루스 버로우스에 따르면 이 '연합'의 상태는 (요한이 인정한 것보다 훨씬 더) 다양한 감정과 양립할 수 있다.

또한, 어떤 측면에서 이 '연합'은 인간이 피조물들을 향해 새로운 방식으로 돌이키는 과정을 수반한다. '연합'은 일상에서 일어나는 일들과 일상에서 마주하는 것들을 새롭게 볼 수 있게 해주는 "빛"이며 피조물의 아름다움과 하느님의 아름다움 사이의 불연속성과 연속성에 대한 새로운 감각을 선사한다. 세계를 하느님의 세계로 감지할 수 있게 해주는 것이다. 이때 영혼은 "하느님의 활동과 피조물들의 조화에서 번뜩이는 하느님의 지혜를 탁월하게 음미한다".[40] 그리고 영혼은 "피조물들이 하느님께 받아 각각, 그리고 서로 현명하고 질서 있게 교류하면서 자아내는 은총과 아름다움을 보고 싶어 한다. ... 이것이 관조를 통해 피조물들을 아는 것이다. 이는 영혼에게 큰 기쁨이 된다. 이 앎은 하느님에 관한 앎을 얻는 것이기 때문이다".[41]

"관조"를 통해 피조물을 아는 것이 하느님을 아는 것이라는 말은 상당히 중요하다. 이 말은 피조물이 지닌 헤아릴 수 없는 신비를 받아들이는 것은 하느님이라는 헤아릴 수 없는 신비를 받아들이는 것과 다르

---

[40] *The Spiritual Canticle*, commentary on stanzas XIII and XIV (E. Allison Peers, Vol. II, 76).

[41] *The Spiritual Canticle*, commentary on stanza XXXVIII (E. Allison Peers, Vol. II, 180).

지 않다는 니사의 그레고리우스의 주장을 떠오르게 한다. 어떤 면에서는 어떤 일에든 사심 없는 관심을 갖는 것, '나'를 잊고 관심을 기울이는 활동은 하느님을 관조하기 위한 적절한 준비라는 시몬 베유Simone Weil의 말을 예고하는 것이기도 하다. 피조 질서, 혹은 아름다움의 타자성otherness에 몰입하는 것은 하느님을 향한 문을 여는 것이라 할 수 있다. 이는 신앙의 성숙, 영적 성장을 거부하고 지배를 추구하는 '나'의 전환을 포함하기 때문이다.

이 책은 신약성서를 탐구하는 것으로 시작해 십자가의 요한에서 마무리된다. 왜 그러한가? 그리스도교 영성은 1591년(*십자가의 요한이 세상을 떠난 해)에 종결되지 않았다. 16세기 말 그리스도교 신앙의 여정에 관한 모든 중요한 논의가 나왔다고 말한다면 이는 얼토당토않은 이야기다. 이런 견해를 내세울 의도는 전혀 없다. 다만 십자가의 요한은 여러 측면에서 그리스도교 영성의 고전적인 주제들, 신앙, 혹은 영적 성장에 관한 그리스도교의 고유한 이해를 포괄적으로 다루고 있으며 이를 충분히 검토하지 않은 채 전통을 새롭고 유익한 방식으로 탐구하기란, 그리고 명료하게 이해하고 표현하기란 불가능하다. 그는 깔끔한 개념, 그리스도의 십자가 사건을 통해 인류가 받은 것과 무관한 사적 계시와 종교 체험에 대해 강하게 의심했다. 이러한 의심은 그리스도교 전통 가운데 일관되게 발견되는 흐름이다. 이 흐름 위에서 십자가의 요한은 형식, 말, 심상에 대한 유아적 의존infantile dependence, 곧 그리스도 인의 삶의 중심에는 '나'를 고갈시키고 십자가에 못 박는 갈등이 있다 는 사실을 직면하지 않고, 받아들이지 않고, 견디지 않는 즐거움과 찬 양을 거부한다. 그와 루터는 그리스도교의 위대한 사상가 중 영성, 혹 은 종교가 그리스도로부터 도피할 수 있는 길이 될 수 있음을 누구보 다 예리하게 의식했다. 그 둘 모두에게 누군가가 진실로 그리스도인인 지, 신앙의 길을 걷고 있는지는 부활 밤이라는 어둠 가운데 살았는가, 그리고 어째서 하느님께서 자신의 피조물들에게, 그들이 만든 종교에 죽임당하셨는지를, 또한 어떻게 그분이 연약함, 실패, 모순을 통해 활 동하시며 모든 종교 언어를 부수어 버리시고 재구성하시는지를 알고 있는가에 달려 있다고 보았다.

　　코넬리우스 에른스트Cornelius Ernst는 '세계 종교들과 그리스도교 신 학'World Religions and Christian Theology을 주제로 「뉴 블랙 프라이어」New Blackfriars 에 두 편의 중요한 논문(1969년 10월과 11월)을 기고한 바 있다. 그는 말했다.

　　(모든 그리스도교 경험의 뿌리가 되는 운동, 그리스도교의 정체성을 규정하는 근

　　본적인 이해는) 창조 질서에서 무언가 새로운 것이 인간으로 드러났음을

　　경험함과 동시에 그 궁극적 원천은 숨어계시는 하느님Deus absconditus, 죽

　　음이라는 어둠 가운데 자신의 초월성을 알리는 분임을 경험하는 것이

　　다. 이 두 경험을 동시에 겪지 않는다면, 그리스도교 신앙은 진보를 맹

　　신하는 (혹은 교만에 바탕을 둔 혁명을 맹목적으로 지지하는) 무미건조한 인

본주의와 이 세상을 부정하는 난해한 신비주의로 분열될 것이다.[42]

나는 이것이 고전적인 그리스도교 영성의 핵심이라고 믿는다. 이 책을 쓴 이유는 역사의 흐름 가운데 그리스도인의 정체성이 무엇인지를 알기 위해서는 (이와 결코 분리되지 않는) 체계적인 신학만큼 우리가 '영성'이라고 부르는 반성과 질문의 영역을 살펴야 한다고 확신했기 때문이다. 그리스도인은 언제나 이중의 경험을 한다. 한편으로 그리스도인은 인간과 우연적인 것, 유한한 것을 하느님께서 긍정하심을 경험한다. 동시에 그리스도인은 인간이 만들어낸 그 어떤 것도 하느님을 온전히 중재하지 못함을, 그리스도교 전통은 언제나 이를 강하게 거부함을 경험한다. 이 두 경험 사이에는 명백한 긴장이 있다.

말씀이 육신을 입고 세상에 왔으며, 우리는 육신(역사적 전통, 인간과의 만남, 성사)을 통해 그 말씀과 친교를 나눈다. 이러한 친교 가운데 말씀은 인간의 가능성을 다시 주조하고 공적 영역, 사회, 역사적 세계에서 새로운 인간성을 창조하도록, 행동과 관계의 변혁을 이루도록, 그러한 방식으로 우리 가운데서 활동하시고, 그러한 방식으로 우리를 빚어내시는 하느님을 알도록 우리를 부른다. 한편, 우리는 십자가 사건이라는 거대한 위기, 부활 사건이라는 거대한 해결을 통해 말씀이 진실로 육신이 되셨음을 깨닫는다. 세상은 말씀을 거부했고 십자가에 못

---

42   *New Blackfriars*, Nov. 1969, 732. 다음에서도 볼 수 있다. Cornelius Ernst, 'World Religions and Christian Theology', *Multiple Echo: Explorations in Theology* (London: Darton, Longman & Todd, 1979), 28-40.

박았다. 이렇게 세상에 말씀이 설 자리가 없음을 알 때만, 우리는 그가 하느님의 말씀, 숨어계시고 초월적인 창조주의 말씀임을 알 수 있고, 그를 볼 수 있다. 그러고 나서야, 오직 그렇게 할 때만 우리는 창조주 하느님의 창조가 지닌 새로움, 부활과 은총, 궁극적인 부정과 절망을 뚫고 나오는 새로운 생명, 새로운 삶을 보고, 듣고, 경험할 수 있다. 에른스트의 지적대로, 부정과 어둠을 겪지 않은 새로움과 변혁에 대한 믿음은 무미건조한 믿음, 값싼 믿음으로 전락할 수 있다. 이 지저분하고 쓰라린 세상에서 벗어나 순수하고 분명한 전망, 평안을 추구하는 것은 일종의 도피이며 궁극적으로는 세상에 대한 부정으로서 평화를 추구하는 것이다. 그리스도교에서 선포하는 평화는 부정이 아니다. 이 평화는 끊임없이 움직이고 교류하는 평화, 하느님과 관계를 맺는 가운데 생명을 얻는 평화다. 그리스도교는 우리가 살아가는 이 세상에서 예수가 언약의 하느님과 만나 그분께 자신을 바침으로써 평화가 실현된다고, 그렇기에 평화는 만남이자 선물의 활동이라고 말한다. 하느님께서는 이 세상에 넘치는 버림받음의 순간, 죽음의 순간을 부정하거나 그 심각함을 누그러뜨리시지 않은 채 이들을 생명으로 일구어내신다. 예수와 하느님 아버지와의 만남을 통해 끝없는 교류, 친교가 가능해졌고 우리는 그 삶, 제한 없는 (우리가 성령의 교제fellowship of the Holy Spirit라고 부르는) 생명의 나눔을 선물로 받았다. 이와 관련해 또 다른 저서에서 에른스트는 말했다.

예수와 성부가 나누는 사랑은 십자가를 넘어선다. 이 사랑의 교류를 그리스도교 전통에서는 성령이라고 부른다. 이를 통해 우리는 궁극적인 부정에서 복된 평화로 나아간다. 이는 하느님만큼이나, 인간만큼이나, 예수만큼이나 실재하는 통로다.[43]

그리스도교는 모순 가운데, 하느님께서 이 세상에 당신을 드러내신 당혹스러운 면모, 그 복합성과 다양성(율법과 복음, 심판과 은총, 십자가에 못박힌 아들이 아버지를 향해 울부짖는 모습)을 안고 살아가려 고통스럽게 분투하는 가운데 시작했다. 그리스도인은 한 단계에서 그 다음 단계로 나아가 거기에 머물지 않으며 십자가라는 중심, 열매를 맺는 어둠에 끊임없이 이끌린다. 긍정의 바깥으로, 비움의 안쪽으로 나아가는 이 끊임없는 움직임에 생명과 성장이 있다. 아직 끝이 나지 않았다. 여정을 끝내기를, 집에 도착하기를 바라는 열망은 결코 좌절을 피할 수 없다. 그러나 커다란 대가를 치르는 가운데, 시련 가운데 우리는 알게 될 것이다. 다채롭게 움직이는 하느님의 생명, 아버지와 아들이 성령 안에서, 성령을 통해 영원히 서로에게 다가가는 삶으로 더 깊이 들어가고 있음을. 우리의 '공허'를 발견하는 그곳에서, 십자가에 못 박힌 예수의 '비움'을 발견하는 그곳에서 우리는 하느님을 발견한다. 인간이 겪는 고통, 견딜 수 없는 모순으로 인해 그분이 파괴되거나 분열되지 않으신다는 것을 알게 된다.

성령 안에서 하느님은 한 분이시다. 성령 안에서, 성령을 통해 그분

---

43   Cornelius Ernst, *The Theology of Grace* (Notre Dame, Ind.: Fides Publishers, 1974), 72.

은 우리와 우리의 경험을 끌어안으시며 우리를 그분의 독생자 예수가 서 있는 곳에, 자신의 생명 안에 두신다. 은총에 힘입어 우리는 저 영원한 사랑의 관계에 참여하게 된다. 그 안에서 우리는 온전해진다. 저 불 한가운데서 우리는 치유되고 회복된다. 이제 저 불에서 우리는 빠져나올 수 없다. 아우구스티누스가 말했듯 그분의 음성이 들리는 시기는 밤이다. '밤', 커다란 대가를 치르며 의심, 공허함과 마주해 투쟁하기를 벗어나고자 한다면, 이는 십자가에 못 박힌 예수 안에서, 십자가에 못 박힌 예수로서 말씀하시는 하느님이 아닌 다른 신을 좇는 것이다. 십자가가 모든 것을 검증한다. 다른 시금석은 없다.

나는 여러분 가운데서 예수 그리스도 곧 십자가에 달리신 그분 밖에는, 아무것도 알지 않기로 작정하였습니다. ... 그것은 여러분의 믿음이 사람의 지혜에 바탕을 두지 않고 하느님의 능력에 바탕을 두게 하려는 것이었습니다. (1고린 2:2,5)

참고 도서

1차 문헌들, 특히 초반부 문헌들은 대체로 직접 번역했으며 영역본들을 활용했을 때는 * 표시를 해두었다. 성서는 개정표준판Revised Standard Version을 따랐다.

1장

· Cheslyn Jones, Geoffrey Wainwright and Edward Yarnold, S.J.(ed,), **The Study of Spirituality** (London:SPCK, 1986)
- 그리스도교 영성의 전개 과정을 다룬 여러 안내서 중 특히 가치가 있는 책이다.

· Gordon Wakefield(ed.), **A Dictionary of Christian Spirituality** (London:SCM, 1983)
- 특히 교부와 동방 자료들을 살피는 데 좋은 책이다.

· Louis Bouyer, **Mysterion: Du mystère à la mystique** (Paris: Francois-xavier De Guibert, 1986)
- 성서와 교부 문헌을 살피며 신비주의라는 용어의 기원을 연구한 책. 하느님의 목적 아래 이루어지는 계시와 인간성을 중심으로 전체 논의를 펼치고 있다.

· Andrew Louth, **The Origins of the Christian Mystical Tradition** (Oxford: Clarendon Press, 1981) 『서양 신비사상의 기원』(분도출판사)
- 플라톤주의를 그리스도교인들이 어떻게 전유했으며 또 변혁했는지를 다룬 책 중 가장 좋은 책이자 가장 신뢰할 만한 책이다.

· Aelred Squire, **Asking the Fathers** (London:SPCK, 1973)
· Simon Tugwell, **Ways Of Imperfection: An Exploration Of Christian Spirituality** (London: Darton, Longman & Todd, 1984)
· Bernard McGinn, John Meyendorff, Jean Leclercq(ed.), **Christian Spirituality I: Origins to the Twelfth Century** (London: Routledge & Kegan Paul, 1986) 『기독교 영성1』(은성)

아래 책 세 권은 이 장을 구성하는 데 특히 커다란 도움을 주었다.
· John Bowker, **The Religious Imagination and the Sense of God** (Oxford: Clarendon Press, 1978)
· Sebastian Moore, **The Crucified is No Stranger** (London: Darton, Longman & Todd, 1977)
· Dorothee Sölle, **Suffering** (London: Darton, Longman & Todd, 1976) 『고난』(한국신학연구소)

· C. F. D. Moule, **The Origin of Christology** (Cambridge:Cambridge University Press, 1977)
- 신약 관련 도서 중 특히 많은 도움을 받은 책이다.

· E. P. Sanders, **Jesus and judaism** (London: SCM, 1985) 『예수와 유대교』(알맹e)
- 이스라엘 및 율법과 예수의 관계라는 복잡한 질문에 관한 기존의 설명은 이 책을 참고해 수정했다.
· John Riches, **Jesus and the Transformation of judaism** (London: Darton, Longman & Todd, 1980)
- 결론 중 많은 부분이 E.P.샌더스에 의해 뒤집혔지만, 여전히 가치 있는 통

찰을 간직하고 있는 책이다.

안티오키아의 이그나티우스가 남긴 일부 저술들에 대한 영역본은 다음 두
책에서 볼 수 있다.

· Kirsopp Lake(tr.), **Apostolic Fathers: Volume I**, Loeb Classical Library No. 24 (London :
W. Heinemann, 1912)

· Cyril. C. Richardson(ed.), **Early Christian Fathers**, Library of Christian Classics(LCC)
(London: SCM Press, 1953) 『초기 기독교 교부들』(두란노)

· Hans Urs von Balthasar, **Word and Revelation** (New York: Herder and Herder, 1964)
 - 특히 이 책에 수록된 '말씀과 침묵'World and Silence이 읽어볼 만하다.

2장

영지주의에 관한 책으로는 다음 책들의 도움을 받았다.
· Hans Jonas, **The Gnostic Religion** (Boston 1958)
· W. Foerster, **Gnosis: A Selection of Gnostic Texts**, 2 vols (Oxford 1972 and 1974)
* Edgar Hennecke, Wilhelm Schneemelcher(ed.), **New Testament Apocrypha** (London:
Lutterworth Press, 1963)
· Kurt Rudolph, **Gnosis: The Nature and History of an Ancient Religion** (Edinburgh: T.
& T. Clark, 1983)

이레네우스의 「이단 반박」의 영역본은 다음 책에 수록되어 있다.
· Alexander Roberts, W. H. Rambaut(tr.), **Ante-Nicene Christian Library: Translations of
the Writings of the Fathers down to A.D. 325**, Vols. V, VI (Edinburgh: T. & T. Clark, 1910)

「이단 반박」과 관련해 나는 다음 판본을 사용했다.
· William Wigan Harvey(ed.), **Sancti Irenaei episcopi Lugdunensis Libros quinque**

adversus haereses (Cambridge: Typis Academicis, 1857)

이레네우스의 「사도적 가르침의 논증」의 영역본은 다음과 같다.
· J. Armitage Robinson(tr.), **The demonstration of the apostolic preaching** (London:SPCK, 1920)

이레네우스에 관한 대표적인 책으로는 다음을 들 수 있다.
· Gustaf Wingren, **Man and the Incarnation** (Edinburgh: Oliver & Boyd, 1959)

필론의 저술들 영역본은 다음에서 찾을 수 있다.
· Loeb Classical Library, No. 226, 227, 247, 261, 275, 289, 341, 363, 379, 380, 401.

알렉산드리아의 클레멘스의 「어떤 부자가 구원받는가?」, 「갓 세례받는 이들에게」, 「권고」의 영역본은 다음에서 찾을 수 있다.
· Loeb Classical Library, No. 92. 『어떤 부자가 구원받는가?』(분도출판사)

알렉산드리아의 클레멘스의 「양탄자」 중 중요한 일곱 번째 책의 영역본은 다음 선집에 수록되어 있다. 이 선집은 오리게네스의 「기도론」, 「순교 권면」, 「헤라클리데스와의 대화」Disputatio cum Heracleida 영역본도 수록하고 있다.
· Henry Chadwick, J. E. L. Oulton(ed.), **Alexandrian Christianity**, Library of Christian Classics II (London: SCM, 1954) 『알렉산드리아 기독교』(두란노)

오리게네스의 「원리론」 영역본은 다음이 있다.
· G. W. Butterworth(tr.), **On First Principles** (London: SPCK, 1936) 『원리론』(아카넷)

오리게네스의 「켈수스 반박」 영역본은 다음이 있다.
· Henry Chadwick(tr.), **Contra Celsum** (Cambridge: Cambridge University Press, 1953) 『켈수

스를 논박함』(새물결)

오리게네스의 「아가 강해」 영역본은 다음 책에 수록되어 있다.

· R.P. Lawson(tr.), **Origen: The Song of Songs, Commentary and Homilies**, Ancient Christian Writers No. 26 (London: Longmans, Green, 1957)

그 외에도 참조할 만한 책들은 다음을 들 수 있다.

· Jean Daniélou, **Origen** (London: Sheed and Ward, 1955)
  - 인용문과 참고 자료가 풍부한 탁월한 입문서다.

· Rowan A. Greer(ed.), **Origen: Selected Writings, Classics of Western Spirituality Series** (Vendor: Paulist Press, 1979)
  - 오리게네스의 「기도론」, 「순교 권면」, 그리고 「원리론」 일부가 수록되어 있다.

내가 주로 참조한 판본은 오리게네스 '베를린 전집'Berlin corpus이다.

3장

아타나시우스의 「아리우스파 반박」, 「이탈리아의 리미니와 이사우리아의 셀라우키아 교회회의」, 「성 안토니우스의 생애」 영역본은 다음 책에 들어 있다.

· Alexander Roberts (tr.) **Nicene and Post-Nicene Fathers(NPNF): Series II**, Volume IV (Mass: Hendrickson Publiher, 1979)
  - 이 책에는 많은 자료와 탁월한 주석, 소개글이 있다.

· Robert C. Gregg(tr.), **Athanasius: The Life of Antony and the Letter to Marcellinus**, Classics of Western Spirituality Series (Vendor: Paulist Press, 1979) 『사막의 안토니우스』 (분도출판사)

· Andrew Louth, **The Origins of the Christian Mystical Tradition** (Oxford: Clarendon Press, 1981)

\- 이 책의 아타나시우스 부분은 탁월하다. 하지만 그의 일부 결론은 논쟁의 여지가 있다.

니사의 그레고리우스의 「에우노미우스 반박」, 「인간 만듦」, 「동정」, 「대 교리교육」 영역본은 다음 책에 수록되어 있다.

· William A. Moore, Henry Austin Wilson(tr.), **Nicene and Post-Nicene Fathers(NPNF): Series II**, Volume V, (Mass: Hendrickson Publiher, 1979)

니사의 그레고리우스의 「선행」, 「주님의 기도」 영역본은 다음 책에 수록되어 있다.

· Hilda C. Graef(tr.), **St. Gregory of Nyssa: The Lord's Prayer, The Beatitudes**, Ancient Christian Writers No. 18 (London: Longmans, Green, 1954)

니사의 그레고리우스의 「모세의 생애」 영역본은 다음 책에 수록되어 있다.

· Everett Ferguson, Abraham J. Malherbe(ed.), **Gregory of Nyssa: Life of Moses, Classics of Western Spirituality Series** (Vendor: Paulist Press, 1978)

니사의 그레고리우스의 「아가 강해」 발췌 영역본은 다음 선집에 수록되어 있다.

· H. Musurillo(ed.), **From Glory to Glory: Texts from Gregory of Nyssa's Mystical Writings, selection and introduction Jean Daniélou** (London: John Murray, 1962)

그리스어 본문은 다음을 참조했다.

· Wernerus Jaeger(ed.), **Gregorii Nysseni Opera I: Contra Eunomium Libri, Iteratis Curis, Pars Prior: Liber I et II**(Vulgo I et XIIb), Volume I (Leiden: E.J. Brill, 1960)

- Wernerus Jaeger(ed.), **Gregorii Nysseni Opera II: Contra Eunomium libri Pars Altera Liber III** (Vulgo III-XII), **Refutatio Confessionis Eunomii** (Vulgo II) (Leiden: E.J. Brill, 1960)
- Wernerus Jaeger(ed.), **Gregorii Nysseni Opera VIII. 1: Opera Ascetica De instituto Christiano, De professione Christiana, De perfectione** (Leiden: E.J. Brill, 1952)
- Jacques-Paul Migne(ed.), **Patrologia Graeca**(PG).

나지안주스의 그레고리우스의 일부 저술 영역본은 다음 책에 수록되어 있다.

- Charles Gordon Browne, James Edward Swallow(tr.), **Nicene and Post-Nicene Fathers(NPNF): Series II**, Volume VII (London: Parker & company, 1894)

폰투스의 에바그리우스의 저술 중 중요한 저술 두 개의 영역본은 다음 책에 있다.

- John Eudes Bamberger(ed.), **Evagrius Ponticus: The Praktikos, Chapters on Prayer** (Spencer, MA: Cistercian Publications, 1970) 『프락티코스』(분도출판사)

그외 이 장을 쓰며 참조한 책은 다음과 같다.

- Maurice Wiles, **Working Papers in Doctrine** (London: SCM, 1976)
- Jean Daniélou, **Platonisme et théologie mystique: Essai sur la doctrine spirituelle de saint Grégoire de Nysse** (Paris, Aubier, 1944)
- Ekkehard Mühlenberg, **Die Unendlichkeit Gottes bei Gregor von Nyssa: Gregors Kritik am Gottesbegriff der klassischen Metaphysik** (Gottingen: Herder 1969)
- Josef Hochstaffl, **Negative Theologie: Ein Versuch zur Vermittlung des patristischen Begriffs** (Munich: Kösel, 1976)
- Vladimir Lossky, **The Vision of God** (London: Faith Press, 1963)
  - 이 책에는 카파도키아 교부들에 관한 좋은 장이 있다.

사실 이 분야에서 영어로 쓰인 좋은 연구서는 거의 없다. 하지만 바실리우스를 다룬 다음 두 책은 시간의 흐름을 견뎠고 여전히 읽을 만한 가치가 충분하다.

· W. K. Lowther Clarke, **St. Basil the Great** (Cambridge: Cambridge University Press, 1913)
· E. F. Morison, **St. Basil and his rule: a study in early monasticism** (Oxford: Oxford University Press, 1912)

4장

아우구스티누스가 남긴 저술에 대한 좋은 영역본은 많이 있다. 특히 「고백록」과 「신국론」은 모두 펭귄 클래식 시리즈로 볼 수 있다.

· R.S. Pine-Coffin(tr.), **Confessions** (London: Penguin Books, 1961) 『고백록』(경세원)
· Henry Bettenson(tr.), **City of God** (London: Penguin Books, 1972) 『신국론 1-3』(분도출판사)

「삼위일체론」은 다음 책에 수록되어 있다.

· John Burnaby(ed.), **Augustine: Later Works**, Library of Christian Classics VIII (London: SCM, 1955) 『아우구스티누스: 후기 저서들』(두란노), 『삼위일체론』(분도출판사)

「시편 상해」에 관한 아래 영역본은 거의 읽을 수 없는 영어로 쓰여 있다.

· E.B. Pusey(ed.), **A library of fathers of the holy Catholic church: anterior to the division of the East and West** vols. 24, 25, 32, 37, 39 (London: John Henry Parker, 1847-53)

아우구스티누스의 시편 1-37편에 관한 설교에 대한 읽기 쉬운 영역본은 이 책이다.

· Dame Scholastica Hebgin, Dame Felicitas Corrigan(tr.), **St. Augustine on the Psalms Vol. 1, 2**, Ancient Christian Writers No. 29, 30 (London: Longmans, Green, 1960, 1961)

아우구스티누스의 라틴어 본문은 다음을 참조했다.
· **Corpus Christianorum Series Latina** (Turnhout: Brepols, 1960)

아우구스티누스에 관한 두 권의 필독서는 아래와 같다.
· Peter Brown, **Augustine of Hippo** (London: Faber & Faber, 1967) 『아우구스티누스』(새
물결)
· John Burnaby, **Amor Dei: A Study of the Religion of St. Augustine** (London, Hodder &
Stoughton, 1938)

또한 이 장을 쓰면서 참조한 책은 다음과 같다.
· John Edward Sullivan, **The Image of God: The Doctrine of St. Augustine and its
Influence** (Dubuque: Priory Press, 1963)
· Iris Murdoch, **The Sovereignty of Good** (London: Routledge and Kegan Paul, 1970) 『선의
군림』(이숲)

5장

카이사리아의 에우세비우스가 쓴 「콘스탄티누스 찬가」 중 가장 중요한 부
분에 대한 영역본은 다음 책에 수록되어 있다.
· Maurice Wiles, Mark Santer(ed.), **Documents in Early Christian Thought** (Cambridge
University Press, 1975)

베네딕타 와드가 번역한 두 권의 사막 교부 금언 모음집은 탁월하다.
* Benedicta Ward(tr.), **The Sayings of the Desert Fathers: the alphabetical collection**
(London: Mowbray, 1975) 『사막 교부들의 금언』(분도출판사)
* Benedicta Ward(tr.), **The Wisdom of the Desert Fathers: the Apophthegmata Patrum**
(Oxford: SLG Press, 1975)

안토니우스가 쓴 편지들은 다음의 영역본을 사용했다.

* Derwas Chitty(tr.), **Letters of Saint Anthony the Great** (Oxford: SLG Press, 1975)

초기 수도 문헌들에 대한 배경 지식을 제공하는 팔라디우스의 「라우수스에
게 바친 수도자 이야기」Historia Lausiaca에 대한 영역본은 다음과 같다.

· W.K.Lowther Clarke(tr.), **The Lausiac History of Palladius** (London: SPCK, 1918)

사막 수도 운동에 대한 탁월한 연구서로 다음을 들 수 있다.

· Derwas Chitty, **The Desert a City: An Introduction to the Study of Egyptian and
Palestinian Monasticism under the Christian Empire** (Oxford: Basil Blackwell, 1966)

· Peter Brown, **Society and the Holy in Late Antiquity** (London: Faber and Faber, 1982)

피터 브라운의 다음 책도 탁월하다.

· Peter Brown, **The Body and Society: Men, Women and Sexual Renunciation in Early
Christianity** (New York: Columbia University Press 1988)

바실리우스의 '규칙' 영역본은 다음 책에 수록되어 있다.

· W.K.Lowther Clarke(tr.), **The ascetic works of Saint Basil** (London: SPCK, 1925)

요한 카시아누스의 「담화집」과 「공주 수도자 규정집」 영역본은 다음 책에
수록되어 있다(이 책에는 베네딕투스의 규칙도 들어 있다).

· Owen Chadwick(ed.), **Western Asceticism**, Library of Christian Classics XII (London:
SCM, 1958) 『요한 카시아누스의 담화집』(은성), 『요한 카시아누스의 제도집』(은
성)

다음 책은 고전이다.

· Owen Chadwick, **John Cassian: A.Study in Primitive Monasticism** (Cambridge:

Cambridge University Press, 1950)

그리고 나는 다음 책들을 참조했다.

· John Coventry, Abbot Rembert Weakland(ed.), **Religious Life Today** (Tenbury Wells: Fowler Wright Books, 1971)

· David Knowles, **The Monastic Order in England: A History of its Development from the Times of St Dunstan to the Fourt Lateran Council 940-1216** (Cambridge: Cambridge University Press, 1963(2판))

· Benedicta Ward(ed.), **The Influence of St. Bernard** (Oxford: SLG Press, 1976)
  - 이 책에는 내가 쓴 「수도 개혁의 세 가지 방식」Three Styles of Monastic Reform이 수록되어 있다. 이 글을 통해 나는 초기 수도 개혁자들과 베르나르두스의 관계를 탐구하려 노력했다.

'시토회 교부 시리즈'The Cistercian Fathers series는 클레르보의 베르나르두스의 많은 저술을 번역해 출판했다.

· Kilian Walsh(tr.), **On the Song of Songs I** (Spencer, MA: Cistercian Publications, 1971)
· Kilian Walsh(tr.), **On the Song of Songs II** (Spencer, MA: Cistercian Publications, 1976)
  - 이 번역본들은 베르나르두스의 아가서 설교 46까지 수록하고 있다.

클레르보의 베르나르두스 영문판 전집은 다음과 같다.

· S. J. Eales(tr.), **The Life and Works of St. Bernard,** 4 Vols (London: SPCK, 1889-96)

클레르보의 베르나르두스의 「하느님의 사랑에 관하여」 영역본은 다음 책들에도 수록되어 있다.

· Robert Walton(tr.), **On Loving God** (Spencer, MA: Cistercian Publications, 1973)
· Ray C. Petry(ed.), **Late Medieval Mysticism,** Library of Christian Classics XIII (London: SCM, 1957) 『중세 후기 신비주의』(두란노)

클레르보의 베르나르두스가 쓴 편지들은 다음 영역본을 사용했다.

* Bruno Scott James(tr.), **The Letters of St. Bernard of Clairvaux** (London: Burns & Oates, 1953)

베르나르두스에 대한 유용한 입문서는 다음과 같다.

· G. R. Evans, **The Mind of St. Bernard of Clairvaux** (Oxford: Oxford University Press, 1983)

장 마비용Jean Mabillon(1632-1707)이 편집한 고전적인 베르나르두스 비평판이 있지만, 요즘에는 다음 비평판을 쓰고 있다.

· Jean Leclercq, C. H. Talbot, Henri Rochais(ed.), **Sancti Bernardi Opera** (Roma: Editiones Cistercienses, 1957-1977)

6장

다음 책은 위디오니시우스의 모든 저술에 대한 영역을 담고 있다. 해당 책의 번역가 중 한 사람이자 주석을 맡은 폴 로렘Paul Rorem의 논문 「위디오니시우스 종합의 성서적 상징과 전례적 상징」Biblical and Liturgical Symbols within the Pseudo-Dionysian Synthesis은 기존의 위디오니시우스 독해에 도전하는 가치 있는 연구물이다.

· Colm Luibheid, Paul Rorem(tr.), **Pseudo Dionysius: The Complete Works Classics of Western Spirituality Series** (Mahwah: Paulist Press, 1987)

위디오니시우스에 관한 좋은 입문서는 다음과 같다.

· Andrew Louth, **Denys the Areopagite** (London : G. Chapman, 1989)

고백자 막시무스가 남긴 저술 중 「수덕서」Liber asceticus, 「사랑에 관한 단상」Capita de caritate 영역본은 다음과 같다.

- Polycarp Sherwood(tr.), **St. Maximus the Confessor: The Ascetic Life; The Four Centuries on Charity,** Ancient Christian Writers No. 21 (London: Longmans, Green, 1955)

고백자 막시무스에 관한 중요한 연구서로는 다음을 들 수 있다.
- Lars Thunberg, **Microcosm and Mediator: The Theological Anthropology of Maximus the Confessor** (Lund: Hakan Ohlssons Boktryckeri, 1965)

고백자 막시무스와 관련해 나는 다음 책도 참조했다.
- Alain Riou, **Le monde et l'Église selon Maxime le Confesseur** (Paris: Beauchesne, 1973)

후기 교부 사상의 배경을 알 수 있게 해주는 저술들로는 다음의 책들을 들 수 있다.
- A. H. Armstrong(ed.), **The Cambridge History of Later Greek and Early Medieval Philosophy** (Cambridge: Cambridge University Press, 1967)
- John Meyendorff, **Christ in Eastern Christian Thought** (New York: St Vladimir's Seminary Press, 1975(2판))
- John Meyendorff, **Byzantine Theology: historical Trends and Doctrinal Themes** (New York: Fordham University Press, 1974) 『비잔틴 신학』(정교회출판사)

생티에리의 기욤이 쓴 「하느님에 대한 관상에 관하여」 영역은 다음 책에 수록되어 있다.
- Sister Penelope(tr.), **William of St. Thierry: On Contemplating God, Prayer, Meditations,** Cistercian Fathers Series No. 3 (Spencer, Mass.: Cistercian Publications, 1971)

토마스 아퀴나스의 「신학대전」은 다음 비평판을 사용했다.
- **Summa Theologiae, Blackfriars edition,** 61 vols. (London: Eyre & Spottiswoode, 1964-1980)

기도에 관한 아퀴나스의 글들에 대한 영역본은 다음 선집으로 나와있다.

· Hugh Pope(ed.), **On Prayer and The Contemplative Life** (London: R.&T. Washbourne, Ltd., 1914)

또한, 나는 이 장을 쓰며 다음을 참조했다.

· Dom Roger Hudleston(ed.), **The Spiritual Letters of Dom John Chapman** (London: Sheed and Ward, 1935(2판))

· D. M. MacKinnon, **The Problem of Metaphysics** (Cambridge: Cambridge University Press, 1974)

· Sebastian Moore, 'Some Principles for an Adequate Theism', **The Downside Review** (Volume 95, Number 320, Jul 01, 1977)

마이스터 에크하르트의 저술 인용 방식은 아직 확립되지 않았다. 프란츠 파이퍼Franz Pfeiffer가 19세기에 편집한 비평판은 치명적인 결함을 많이 갖고 있으며 요제프 퀸트Josef Quint가 파이퍼 비평판의 출처를 철저하게 조사하고 수정 및 확대하여 1936년부터 비평판을 내놓고 있다. C. de B. 에반스C. de B. Evans가 파이퍼 비평판 대부분, 몇 가지 추가 본문을 영어로 번역한 책은 다음과 같다.

· C. de B. Evans(tr.), **Meister Eckhart**, 2 vols. (London: John M. Watkins, 1924, 1931)

최근 모리스 O'C. 월쉬Maurice O'C. Walshe는 거의 완전한 영역본을 내놓았다.

· Maurice O'C. Walshe(tr.), **Meister Eckhart: Sermons and Treatises**, 3 vols. (London: Watkins Publishing, 1979, 1987)

이 장에서 에크하르트의 독일어 설교 번호는 에반스의 방식을 따랐는데, 대체로 파이퍼와 동일하다(본문에서는 PIE로 표기했다), 파이퍼판이 아닌 다른 출처를 사용했을 경우 에반스의 번역본이 사용한 번호를 따랐다(본문에서는

E로 표기했다). 퀸트가 개선한 본문을 사용했을 경우 그의 번호도 사용했다 (본문에서는 Q로 표기했다. 이때 번역은 에반스판을 기초로 하되 좀 더 명확하고 현대적인 용어로 수정했음을 밝힌다).

에크하르트의 저술 중 상당수는 선집 형태로 나와있다.

· Edmund Colledge, Bernard McGinn(tr.), **Meister Eckhart: The Essential Sermons, Commentaries, Treatises and Defense,** Classics of Western Spirituality Series (Mahwah: Paulist Press, 1981)

· Bernard McGinn(ed.), **Meister Eckhart: Teacher and Preacher** (Mahwah: Paulist Press, 1986)

· Matthew Fox(ed.), **Breakthrough: Meister Eckhart's Creation Spirituality in New Transition** (New York: Image, 1980)

   - 이 책은 좋은 선집이지만, 소개문과 주석의 관점에는 별난 구석이 있다.

에크하르트에 관한 유용하고 평이한 입문서는 다음을 들 수 있다.

· Cyprian Smith, **The Way of Paradox: Spiritual Life as Taught by Meister Eckhart** (London : Darton, Longman and Todd, 1987)

· Oliver Davies, **God Within: The Mystical Tradition of Northern Europe** (London : Darton, Longman and Todd)

   - 에크하르트에 관한 명쾌한 비평과 함께 그의 지적, 신앙의 배경에 관한 탁월한 설명을 제공해 주는 책이다.

7장

- Ray C. Petry(ed.), **Late Medieval Mysticism**, Library of Christian Classics XIII (London: SCM, 1957)
  - 앞서 언급했던 이 책은 이 장과 관련된 문헌도 몇 개 수록하고 있다.
- Eugene R. Fairweather(ed.), **A Scholastic Miscellany: Anselm to Ockham**, Library of Christian Classics X (London: SCM, 1956)
  - 이 책 후반부는 후기 스콜라 신학이 어떠했는지를 가늠하는 데 도움을 준다.

영국 신비주의 작가들의 저술은 비교적 손쉽게 구할 수 있다.

- Richard Rolle, **The Fire of Love**, Penguin Classics (London: Penguin Books, 1972)
- Julian Of Norwich, **Revelations of Divine Love**, Penguin Classics (London: Penguin Books, 1966) 『사랑의 계시』(가톨릭출판사)
- Clifton Wolters (tr.), **The Cloud of Unknowing and Other Works**, Penguin Classics (London: Penguin Books, 1978) 『무지의 구름』(바오로딸)
- Walter Hilton, **Scale of Perfection** (London: Geoffrey Chapman Publishers, 1975)

최근 몇 년 동안 수많은 사람이 노리치의 줄리안에 열광했고 관심을 기울였다. 도움이 되는 두 권의 책을 꼽자면 다음과 같다.

- Robert Llewelyn, **With pity, not with blame: reflections on the writings of Julian of Norwich and on 'The Cloud of Unknowing'** (London: Darton, Longman & Todd, 1982)
- Grace Jantzen, **Julian of Norwich: Mystic and Theologian** (London: SPCK, 1987)

마르틴 루터가 쓴 다양한 저술의 영역본을 제공하는 책으로는 우선 다음을 들 수 있다.

- Wilhelm Pauck(tr.), **Lectures on Romans**, Library of Christian Classics XV (Philadelphia: Westminster Press, 1961) 『루터: 로마서 강의』(두란노)

· James Atkinson(ed.), **Luther: Early Theological Works**, The Library of Christian Classics Volume XVI (London: SCM, 1962) 『루터: 초기 신학 저술들』(두란노)
  - 여기에는 1518년 하이델베르크 논쟁이 실려 있다.

· E. Gordon Rupp, Philip S. Watson(ed.), **Luther and Erasmus: Free Will and salvation**, The Library of Christian classics volume XVII (London: SCM, 1969) 『루터와 에라스무스 : 자유의지와 구원』(두란노)
  - 여기에는 「노예의지론」이 실려 있다.

· Theodore G. Tappert(ed.), **Luther: Letters of Spiritual Counsel**, The Library of Christian classics volume XVIII (London: SCM, 1965)

다음 책에는 「그리스도인의 자유」를 비롯한 여러 단편의 영역본을 수록하고 있다.

* Betram Lee Woolf(ed.), **Reformation Writings of Martin Luther**, 2 vols. (London : Lutterworth Press, 1952, 1956)

다음 책은 탁월한 선집이다.

* Gordon Rupp, Benjamin Drewery(ed.), **Martin Luther** (London: Hodder Arnold, 1970)

마르틴 루터에 관련해 빼놓을 수 없는 연구서는 다음 두 권이다.

· Walter von Löwenich, **Luther's Theology of the Cross** (Minneapolis: Augsburg Publishing House, 1976)
· Gordon Rupp, **The Righteousness of God: Luther Studies** (London: Hodder and Stoughton, 1953)

또한, 다음 책들을 참조했다.

· Gustaf Wingren, **The Christian's Calling** (Edinburgh: Oliver and Boyd, 1957) 『크리스찬의 소명』(컨콜디아사)

- 스웨덴을 대표하는 루터교 신학자가 쓴 중요하고 매력적인 연구서다.

· Alister E. McGrath, **Luther's Theology of the Cross: Martin Luther's Theological Breakthrough** (Oxford: Blackwell Publisher, 1985) 『루터의 십자가 신학』(컨콜디아사)

- 기민한 종교개혁 전문가가 폰 뢰베니히의 논의를 가다듬어 쓴 책이다.

루터가 제작한 「독일 신학」 영역본은 다음 책에 있다.

· Bengt Hoffman(tr.), **The Theologia Germanica of Martin Luther Classics of Western Spirituality Series** (Mahwah: Paulist Press, 1980)

루터 사상의 전반적인 내용을 살필 수 있는 책으로는 다음을 들 수 있다.

· Gerhard Ebeling, **Luther: An Introduction to His Thought** (London: Collins, 1970)

루터에 관해 가장 널리 알려져 있는 전기는 다음과 같다.

· Roland Herbert Bainton, **Here I Stand: A Life of Martin Luther** (London: Hodder and Stoughton, 1951) 『마르틴 루터』(생명의 말씀사)

좀 더 학구적인 전기로는 다음을 들 수 있다.

· John M. Todd, **Martin Luther: a Biographical Study** (London: Burns & Oates, 1964)

· Marina Chavchavadze(ed.), **Man's concern with holiness** (London: Hodder and Stoughton, 1970)

- 이 책에 실린 덴마크 학자 레긴 프린더Regin Prenter의 「루터교 전통에서의 거룩함」Holiness in the Lutheran Tradition은 해당 주제에 대한 탁월한 논의를 담고 있다.

8장

십자가의 요한 전집에 대한 가장 탁월한 영역본은 다음일 것이다.

* E. Allison Peers(tr.), **The Complete Works of St John of the Cross**, 3 vols. (London: Burns & Oates, 1934-1935)

다음 책은 십자가 요한이 쓴 시들을 인상적으로 번역했다.

* Roy Campbell(tr.), **The Poems of St John of the Cross; The Spanish text with a translation** (New York: Pantheon Books Inc., 1951)

다음 책은 린다 니콜슨Lynda Nicholson이 번역한 시들을 수록하고 있다.

· Gerald Brenan, **St John of the Cross: His Life and Poetry** (Cambridge: Cambridge University Press, 1973)

십자가의 요한과 아빌라의 테레사에 관한 주요 연구서는 다음과 같다.

· E.W. Trueman Dicken, **The Crucible of Love: A Study of the Mysticism of St. Teresa of Jesus and St. John of the Cross** (London: Darton, Longman and Todd, 1963)

· Edith Stein, **The Science of the Cross: a study of St. John of the Cross** (London: Burns & Oates, 1960)

　- 위대한 영성가의 십자가의 요한 연구서.

입문서로는 다음을 추천한다.

· E. Allison Peers, **Spirit of Flame: A Study of St. John of the Cross** (London: SCM, 1943)

· Alain Cugno, **Saint John of the Cross: Reflections on Mystical Experience** (New York: Seabury, 1982)

　- 어렵지만 매력적이며, 십자가의 요한 저술들의 바탕에 어떤 이론이 담겨 있는지를 알 수 있다.

십자가의 요한 저술들의 전체 체계에 대한 대략적인 소개는 다음을 살펴볼 수 있다.

· Desmond B. Tillyer, **Union with God: The Teaching of St John of the Cross** (London: A.R. Mowbray and Co., 1984)

아빌라의 테레사에 관해서는 다음을 참조하라.

· Rowan Williams, **Teresa of Avila** (London: Geoffrey Chapman, 1991)

이 장을 쓰며 나는 다음의 책들을 주로 참조했다.

· Ruth Burrows, **Guidelines for Mystical Prayer** (London: London: Sheed & Ward, 1976)
· Cuthbert Butler, **Western Mysticism: The Teaching of SS, Augustine, Gregory and Bernard on Contemplation and the Contemplative Life** (London: Constable Publishers, 1926)
 - 광범위한 주제를 다룬 탁월한 책이다. 다만 십자가의 요한에 대한 해석은 신중하게 바라볼 필요가 있다.

· Cornelius Ernst, **Multiple Echo: Explorations in Theology** (London: Darton, Longman & Todd, 1979)
· Cornelius Ernst, **The Theology of Grace** (Notre Dame, Ind.: Fides Publishers, 1974)
 - 이른 나이에 고인이 된 코넬리우스 에른스트 신부가 남긴 책과 논문은 그리 많지 않지만, 심대한 중요성을 지녔다. 나는 첫 번째 책에 실린 '세계 종교와 그리스도교 신학'과 두 번째 책에 커다란 영향을 받았다.

찾아보기

상처 입은 앎
— 그리스도교 신앙의 역사 다시 보기

초판 1쇄 | 2023년 8월 30일
　　2쇄 | 2023년 10월 6일

지은이 | 로완 윌리엄스
옮긴이 | 민경찬 · 손승우

발행처 | 비아
발행인 | 이길호
편집인 | 이현은
편　집 | 민경찬 · 정다운
검　토 | 권헌일 · 윤관
제　작 | 김진식 · 김진현 · 이난영
재　무 | 황인수 · 이남구 · 김규리
마케팅 | 이태훈 · 김미성
디자인 | 민경찬 · 손승우

출판등록 | 2020년 7월 14일 제2020-000187호
주　소 | 서울시 강남구 봉은사로 442 75th Avenue 빌딩 7층
주문전화 | 010-8729-9237
이메일 | viapublisher@gmail.com

ISBN | 979-11-92769-50-9 93230
저작권 ⓒ 2023 ㈜타임교육C&P